Akademie der Wissenschaften und der Literatur | Mainz

Jahrbuch 2023

Akademie der Wissenschaften
und der Literatur | Mainz

Jahrbuch 2023

(74. Jahrgang)

FRANZ STEINER VERLAG · STUTTGART

herausgegeben von der
Akademie der Wissenschaften und der Literatur | Mainz
Geschwister-Scholl-Straße 2
55131 Mainz
Tel.: (06131) 577 0
Fax: (06131) 577 111
www.adwmainz.de

(Redaktionsschluss: 1. März 2024)

Bibliografische Information der Deutschen Nationalbibliothek
Die Deutsche Nationalbibliothek verzeichnet diese Publikation in der Deutschen Nationalbibliografie; detaillierte bibliografische Daten sind im Internet über <http://dnb.d-nb.de> abrufbar.

ISBN: 978-3-515-13713-3

© 2024 by Akademie der Wissenschaften und der Literatur | Mainz
Alle Rechte einschließlich des Rechts zur Vervielfältigung, zur Einspeisung in elektronische Systeme sowie der Übersetzung vorbehalten. Jede Verwertung außerhalb der engen Grenzen des Urheberrechtsgesetzes ist ohne ausdrückliche Genehmigung der Akademie und des Verlages unzulässig und strafbar.
Redaktion: Olaf Meding, Jula Endler
Druck: Verlag und Anzeigenagentur, Büttelborn
Gedruckt auf säurefreiem, chlorfrei gebleichtem Papier.
Printed in Germany

INHALT

Präsidium	7
Verwaltung	8
Jahresfeier der Akademie	12
Begrüßung	12
Grußwort von Staatssekretär Dr. Denis Alt	13
Bericht des Präsidenten	15
Neuwahlen	32
Antrittsreden der neuen Mitglieder	39
Todesfälle	55
Nachrufe	56
Plenarsitzungen	76
Kurzfassungen der im Plenum gehaltenen Vorträge	79
Ausstellungen, Colloquia, Symposien, Videoveranstaltungen	95
Preisverleihungen	104
Mitglieder	110
Sachverständige/externe Mitglieder der Kommissionen	147
Junge Akademie | Mainz	152
Arbeitskreise und Initiativen	164
Akademiezentrum für Mittelalter und Frühe Neuzeit	170
Nationale Forschungsdateninfrastruktur – NFDI4Culture	174
WISSKOMM ACADEMY	179
Zeittafel	185
Ordentliche Mitglieder	185
Korrespondierende Mitglieder	191
Präsidenten und Vizepräsidenten der Akademie	194
Generalsekretäre	196
Preise und Preisträger	197
Stiftungen	211
Poetikdozentur an der Universität Mainz	213
Musikdozentur an der Universität Mainz	214
Verstorbene Mitglieder	215

Kommissionen
    I. Mathematisch-naturwissenschaftliche Klasse 223
    II. Geistes- und sozialwissenschaftliche Klasse 224
        Fach- oder Fächergruppenkommissionen 224
        Projektkommissionen 226
    III. Klasse der Literatur und der Musik 230
    IV. Klassenübergreifende Kommissionen 230

Forschungsvorhaben im Akademienprogramm 231
    I. Laufende geistes- und sozialwissenschaftliche Projekte 231
    II. Laufende musikwissenschaftliche Editionen 243
    III. Sonstige Projekte 251

Fotonachweise 257

Personenregister 258

Die Kommissionsberichte der einzelnen Klassen sind in der Mediathek der Akademie abrufbar.

Der nebenstehende QR-Code führt direkt zur entsprechenden Seite. Sie können die Seite auch über die folgende URL aufrufen:

www.adwmainz.de/kommissionsberichte

PRÄSIDIUM

Präsident
Prof. Dr.-Ing. Reiner Anderl
Sekretariat: Rabea Lucht M.A.

Vizepräsident
Mathematisch-naturwissenschaftliche Klasse
Prof. Dr. Burkard Hillebrands

(Vertreterin: Prof. Dr. Dorothea Bartels)

Vizepräsidentin
Geistes- und sozialwissenschaftliche Klasse
Prof. Dr. Andrea Rapp

(Vertreter: Prof. Dr. Daniel Schwemer)

Vizepräsidentin
Klasse der Literatur und der Musik
Dr. Daniela Danz

(Vertreterin: Prof. Claudia Eder)

Generalsekretär
Prof. Dr. Claudius Geisler

VERWALTUNG

Generalsekretär

Prof. Dr. Claudius Geisler	(Tel.: 577-100)
Prof. Dr. Roland Kehrein (Stellvertreter)	(Tel.: 577-106)
Sekretariat: Ramona Burckhardt	(Tel.: 577-101)

Verwaltungsleitung

Thomas Lauer (ab 1. Juni 2024) (Tel.: 577-180)

**Projektverwaltung im Akademienprogramm
Forschungskoordination**

Prof. Dr. Roland Kehrein (Leitung)	(Tel.: 577-106)
Juliane Grau M.A.	(Tel.: 577-252)
Tina Krings M.A.	(Tel.: 577-250)

Personalverwaltung

Jieqiong Bräsel B.A. (Tel.: 577-132)

Akademiekasse und Finanzverwaltung

Jieqiong Bräsel B.A.	(Tel.: 577-132)
Mario Duvnjak	(Tel.: 577-143)
Birgitt Hatzinger	(Tel.: 577-140)
Claudia Miller	(Tel.: 577-144)
Petra Wörle	(Tel.: 577-145)

Presse- und Öffentlichkeitsarbeit

Petra Plättner	(Tel.: 577-102)
Digitale Kommunikation:	
Larissa Gück M.A.	(Tel.: 577-151)
Jana Sippel B.A.	(Tel.: 577-151)

Referentin der Klasse der Literatur und der Musik

Petra Plättner (Tel.: 577-102)

Koordinierung der musikwissenschaftlichen Editionen

Dr. Tanja Gölz (Tel.: 577-240)
Büro: Angelika Eichstaedt M.A. (Tel.: 577-121)

Koordinierung der Jungen Akademie und der WissKomm Academy

Dr. Aglaia Schieke (Tel.: 577-114)
Tina Krings M.A. (Tel.: 577-250)

Lektorat und Herstellung

Olaf Meding M.A. (Tel.: 577-115)

Digitale Akademie

Prof. Torsten Schrade (Leitung) (Tel.: 577-119)
Hans-Werner Bartz (stellv. Leitung) (Tel.: 577-204)
Prof. Dr. Aline Deicke (stellv. Leitung) (Tel.: 577-118)
Dipl.-Math. Martin Sievers

Patrick Daniel Brookshire M.A.
Alexandra Büttner M.A.
Sebastian Enns
Chantal Gärtner M.A.
Jonathan Geiger M.A.
Constanze Hahn M.A.
Dr. Philipp Hegel
Paul Herdt
Dr. Georg Hertkorn
Julian Jarosch M.A.
Dominik Kasper
Prof. Dr. Franziska Klemstein
Thomas Kollatz (drs)
Tina Krings M.A.
Prof. Dr. Andreas Kuczera
Dr. Carlo Licciulli
Michaela Loos
Maximilian Michel
Dr. Lea Müller-Dannhausen
Dr. Joshua Neumann
Sarah Pittroff M.A.
Dr. Frodo Podschwadek
Berenike Rensinghoff M.Sc.
Dr. Kristina Richts-Matthaei
Annabella Schmitz
Dr. Aglaia Schieke
Dr. Christian Schröter
Linnaea Söhn M.A.
Dr. Jonatan Jalle Steller
Markus Studer M.A.
Elena Suárez Cronauer M.A.
Dr. Jörg Witzel
Robert Zwick

Bibliothek (Tel.: 577-110)

Traudel Gruber
Friederike Luce
Ruth Zimmermann

Veranstaltungsmanagement und technischer Support

Alexander Krings (Tel.: 577-142)

Hausdienst

Monika Belzer (Tel.: 577-153)
Ivan Borovic (Tel.: 577-153)
Emir Kesedžić (Tel.: 01 51-22 22 99 72)

Personalrat

Dr. Johannes Deißler, Mainz (Vorsitz)
Astrid Garth, Mainz (stellv. Vorsitz)
Thomas Kollatz drs., Mainz
Wolfgang Manz, Mainz
Olaf Meding M.A., Mainz (stellv. Vorsitz)
Prof. Dr. Michael Oberweis, Mainz
Sarah Pittroff M.A., Mainz

Sprecher/in der wissenschaftlichen Mitarbeiter/innen

Dr. Andreas E. J. Grote (Würzburg) (Tel.: 0931/3097303)
Viktoria Trenkle (Tübingen) (Tel.: 07071/550611)

Beauftragte

Datenschutz: Hans-Werner Bartz, Sarah Pittroff M.A. (Vertreterin)
Gleichstellung: Dr. Tanja Gölz
IT-Sicherheit: Prof. Torsten Schrade, Dominik Kasper
Sicherheit und
Brandschutz: Alexander Krings
Suchtfragen: Dr. Tanja Gölz

Verein der Freunde und Förderer der Akademie der Wissenschaften und der Literatur zu Mainz e. V.

Vorsitzender: Helmut Rittgen, Bundesbankdirektor i.R.
Stellvertretender Vorsitzender: RA Dr. Stephan Kern

JAHRESFEIER
DER AKADEMIE DER WISSENSCHAFTEN UND DER LITERATUR

am Freitag, dem 10. November 2023 im Plenarsaal der Akademie

BEGRÜSSUNG DURCH DEN PRÄSIDENTEN

Meine Damen und Herren,

ich begrüße Sie ganz herzlich in der Akademie der Wissenschaften und der Literatur. Bitte sehen Sie es mir nach, dass ich bei der Vielzahl von namhaften Persönlichkeiten nur einige Gäste persönlich begrüßen kann. Besonders begrüßen möchte ich
Herrn Denis Alt, Staatssekretär im Ministerium für Wissenschaft und Gesundheit des Landes Rheinland-Pfalz,
Herrn Christoph Markschies, Präsident der Union der deutschen Akademien der Wissenschaften und gleichzeitig Präsident der Berlin-Brandenburgischen Akademie der Wissenschaften,
die Repräsentanten unserer Schwesterakademien:
für die Hamburger Akademie der Wissenschaften, Frau Vizepräsidentin Clemens,
für die Nordrhein-Westfälische Akademie der Wissenschaften, Herrn Vizepräsidenten Kreusel,
für die Niedersächsische Akademie der Wissenschaften, Herrn Präsidenten Göske,
für die Heidelberger Akademie der Wissenschaften, Herrn Präsidenten Kräusslich,
für die Bayrische Akademie der Wissenschaften, Herrn Bernwieser sowie
Herrn Gerald Haug, den Präsidenten der Leopoldina.
Außerdem begrüße ich unsere neuen Ehrenmitglieder Frau Susanne Barner und Herrn Andreas Barner und natürlich auch unsere diesjährigen Preisträgerinnen und Preisträger.

Ich freue mich sehr, dass Herr Staatssekretär Alt heute bei uns ist und ein Grußwort zu uns sprechen wird.

GRUSSWORT VON DENIS ALT
STAATSEKRETÄR IM MINISTERIUM FÜR WISSENSCHAFT UND GESUNDHEIT DES LANDES RHEINLAND-PFALZ

Sehr geehrter Herr Präsident, lieber Herr Anderl,
sehr geehrtes Ehepaar Barner,
meine sehr verehrten Damen und Herren,

ich darf Sie herzlich begrüßen und Ihnen auch die Grüße von Herrn Minister Clemens Hoch überbringen, der heute Abend leider verhindert ist. Als wir über die Veranstaltung gesprochen haben, waren wir uns einig, dass wir beide besonders häufig und auch besonders gerne in die Akademie kommen.

Das hat Gründe:

Zunächst führen die Vielzahl der Aktivitäten der Akademie dazu, dass sich immer wieder Gelegenheiten der Begegnung ergeben. Diese Jahresfeier ist nur eine Gelegenheit. Hinzu kommen Preisverleihungen – wie etwa die Verleihung des „Akademiepreises des Landes Rheinland-Pfalz für vorbildliche Leistung in Wissenschaft und Lehre". Die nächste Preisverleihung steht in Kürze, am 30. November, an.

Die Frequenz der Begegnungen in diesen Räumen hat sich aber auch deshalb erhöht, weil sich die Zusammenarbeit zwischen der Akademie und unserem Haus intensiviert hat:

Wie Sie wissen, führen wir gemeinsam ein viel beachtetes Pilotprojekt zur „Wissenschaftskommunikation" durch. Dieses umfasst nicht nur ein Trainingsprogramm für Wissenschaftlerinnen und Wissenschaftler aus Rheinland-Pfalz. Es geht auch um öffentliche Akzentsetzungen durch gemeinsame Veranstaltungen.

Ich möchte an dieser Stelle zwei Veranstaltungen dieses Jahres hervorheben, die unsere Biotechnologie-Initiative flankieren: So diskutierten im März zum Thema „Warum sollen wir der Biotechnologie und der Wissenschaft vertrauen?" Minister Hoch, die Präsidentin des Europäischen Forschungsrats, Frau Leptin sowie Herr Drosten und das Akademiemitglied

Dr. Denis Alt, Staatssekretär im rheinland-pfälzischen Ministerium für Wissenschaft und Gesundheit.

Herr Carrier. Und vergangene Woche fand hier eine Podiumsdiskussion statt, bei der es um Perspektiven des Zusammenwirkens von Biotechnologie und künstlicher Intelligenz ging.

Die Akademie hat sich bei all diesen Veranstaltungen in vorbildlicher Weise als das erwiesen, was sie in ihrer Satzung beansprucht, nämlich: „ein Ort des fächerübergreifenden Dialogs".

Ich bin überzeugt davon, dass es mehr denn je wichtig ist, dass es solche Orte und Plattformen gibt, die ganz unterschiedliche Perspektiven zusammenführen. Und die sich dabei auch dem Dialog mit Gesellschaft und Wirtschaft öffnen. Denn keine der Fragen, die sich momentan und in Zukunft an Politik, Gesellschaft und Wissenschaft richten, können lediglich aus einer Perspektive beantwortet werden. Insofern ist die Zwecksetzung der Akademie nicht nur traditionell, sondern in hohem Maße modern und zukunftsweisend.

Dies gilt auch für die digitalen Aktivitäten, die in diesem Hause verfolgt werden. Bekanntlich ist die Mainzer Akademie die Trägereinrichtung des Konsortiums NFDI-4Culture. Hier gab es im März ein großes Treffen des Konsortiums in diesem schönen Plenarsaal. Die Akademie nimmt durch solche Formate nicht nur im Land, sondern auch auf nationaler Ebene eine wichtige Rolle ein.

Meine sehr geehrten Damen und Herren,
wir kommen also gerne und häufig in die Akademie, weil es viele Anlässe dafür gibt. Ich komme aber auch deshalb gerne, weil sie eine ganz besondere Atmosphäre hat und einen anregenden Rahmen für Veranstaltungen bietet.

Dieser Effekt hat sich noch weiter dadurch verstärkt, dass es gelungen ist, auf der Grundlage einer privaten Spendeninitiative einen wunderbaren Kammermusiksaal zu errichten. Wahrscheinlich werden Sie, lieber Herr Präsident Anderl, dazu gleich noch berichten.

Von meiner Seite an dieser Stelle nur so viel: Ich bin tief beeindruckt davon, was Sie hier geleistet haben. Die Errichtung des Kammermusiksaals ist in meinen Augen symptomatisch für das Aktivitätspotenzial dieser Akademie.

Wer hier in der Akademie zu Gast ist, spürt gleich, dass Sie, liebe Mitglieder der Akademie, selbst Ihre Einrichtung als etwas besonders Wertvolles ansehen und immer wieder neue Impulse setzen, um sie weiterzuentwickeln.

Das ist Ihnen in diesem Jahr zweifellos gelungen. Insofern darf ich Sie sehr herzlich zu den Erfolgen im Jahr 2023 beglückwünschen und für Ihre Aufmerksamkeit danken.

BERICHT DES PRÄSIDENTEN

Sehr geehrter Herr Staatssekretär Alt,
sehr geehrte Damen und Herren,

die Jahresfeiern der letzten Jahre fanden unter dem Eindruck von Krisen statt. In diesem Jahr 2023 verhält es sich leider nicht anders.

Wir alle haben uns gefreut, die Pandemie überwunden und deren Herausforderungen gemeistert zu haben. Leider wurden wir dann mit kriegerischen Auseinandersetzungen konfrontiert, die wir mit großer Sorge wahrnehmen. Entsetzt waren wir vom Angriff Russlands auf die Ukraine, der im wahrsten Sinne des Wortes zu einer Zeitenwende geführt hat. Und nun der terroristische Überfall der Hamas auf Israel. Gerade in diesem Konflikt sind die Folgen noch gar nicht absehbar. Alte Gewissheiten verlieren ihre Gültigkeit, neue Kräfte kommen zum Vorschein und es gibt Verschiebungen, die uns alle zutiefst beunruhigen und – wenn wir die täglichen Nachrichten betrachten – auch verstören und erschrecken. Die frühere Leichtigkeit, die wir in den letzten Jahrzehnten noch wahrnahmen, ist in Gefahr, abhanden zu kommen.

Gerade weil die weltpolitische Situation im Moment schwierig und besorgniserregend ist, ist es ganz besonders wichtig, auch Entwicklungen wahrzunehmen und hervorzuheben, die zu positiven Zukunftsperspektiven führen und uns neue Hoffnung schöpfen lassen, selbst wenn sie nur einen kleinen Ausschnitt der Welt betreffen. Es gibt solche positiven Entwicklungen und diese haben im Berichtsjahr unsere Akademie maßgeblich geprägt.

Sie alle werden mir sicher zustimmen, dass die Fertigstellung des Kalkhof-Rose-Kammermusiksaals einen ganz besonders schönen Akzent gesetzt hat. Dies möchte ich durch einen kurzen Videoclip verdeutlichen (siehe QR-Code).

Es waren keine leichten Phasen, die wir zu durchschreiten hatten. Schon das Konzept des Bauprojektes – ein Kammermusiksaal in Holzbauweise – ist anspruchsvoll und ungewöhnlich und es gab keine Vorbilder, auf die wir hätten zurückgreifen können. Dennoch haben wir es geschafft.

Unsere ehemalige Präsidentin Frau Lütjen-Drecoll hat bei der feierlichen Eröffnung des Kalkhof-Rose-Saals am 2. September 2023 einen Satz formuliert, der sich mir eingeprägt hat: „Der Saal ist genauso geworden, wie es sich Frau Kalkhof-Rose gewünscht hatte, nur viel schöner." Treffender kann das Ergebnis des Bauprojektes nicht beschrieben werden und wir alle sind für dieses Geschenk von Frau Kalkhof-Rose sehr dankbar.

Der Kammermusiksaal ist in wohltuender Weise ein kultureller Leuchtturm geworden. Es ist gerade jetzt besonders wichtig, dass Orte entstehen, in denen sich unser akademisches Leben mit Musik, Literatur und der Vielfalt der Wissenschaft präsentieren und entfalten kann. Die damit verbundene Rückbesinnung auf unsere wissenschaftlichen und kulturellen Grundlagen ist gerade jetzt wichtiger denn je. Der Kalkhof-Rose-Saal wird ein Ort sein, der dem wissenschaftlichen und kulturellen Dialog einen besonderen Raum geben wird. Insofern verstehe ich den Kalkhof-Rose-Kammermusiksaal auch als einen Ort und ein Symbol, um Kraft und Zuversicht zu vermitteln.

Ich freue mich, Ihnen berichten zu können, dass bereits eine Reihe außerordentlich hochklassiger Konzerte in unserem Kammermusiksaal stattgefunden haben. Dabei ist es uns auch gelungen, ein neues Publikum für die Akademie zu begeistern. Ich bin über diese Entwicklung außerordentlich glücklich. Zugleich darf ich Ihnen an dieser Stelle schon jetzt einen kleinen Ausblick geben. So hat es Frau Claudia Eder, Mitglied der Klasse der Literatur und der Musik, in die Hand genommen, eine eigene Konzertreihe der Akademie für den Kalkhof-Rose-Kammermusiksaal zu konzipieren. Mit Unterstützung durch die Kalkhof-Rose-Stiftung werden in den nächsten Monaten sechs Konzerte einer Akademiereihe stattfinden. Den Auftakt bildet am 21. November 2023 eine Schubertiade mit Peter Gülke, der Mitglied unserer Akademie ist. Hier nur ein kurzer Blick auf das eindrucksvolle Programm zu dieser Veranstaltung, zu der über ein neu eingerichtetes Anmeldesystem Tickets bestellt werden können. Die Veranstaltung wird für die interessierte Öffentlichkeit – also für uns alle – kostenlos sein.

Liebe Frau Eder, ich möchte Ihnen an dieser Stelle sehr herzlich für Ihr Engagement danken. Dabei werden weitere Konzerte folgen, die nicht nur von unserer Akademie

Eröffnung des Kalkhof-Rose-Saals am 2. September 2023

selbst, sondern auch von Kooperationspartnern ausgerichtet werden. Wir werden im nächsten Jahr, also in 2024, sicherlich wieder ein volles Haus haben. Genau das hatte sich Frau Kalkhof-Rose auch gewünscht.

Meine sehr verehrten Damen und Herren, bevor wir jedoch weiter in die Zukunft schauen, möchte ich Ihnen noch einen Rückblick auf die Aktivitäten der Akademie im Berichtsjahr geben. Herr Staatssekretär Alt hatte ja schon einige Highlights aus unserem Programm angesprochen. Ich möchte das gerne aufgreifen und auch noch mit einigen Impressionen versehen.

Einen besonders schönen Akzent setzte im Berichtsjahr wieder die Musik. So wurde der Robert Schumann-Preis für Dichtung und Musik am 17.11.2022 an Herrn Heinz Holliger vergeben. Musikalisch begleitet wurde die Veranstaltung von einem Liedduo von Weltrang, nämlich von Christian Gerhaher und Gerold Huber. Diejenigen, die von Ihnen anwesend waren, werden bestätigen, dass es ein ganz besonderer Abend war. Lieber Herr Hanser-Strecker, auch Ihnen möchte ich an dieser Stelle herzlich danken. Wäre doch eine Preisverleihung ohne die finanzielle Unterstützung Ihrer Stiftung nicht möglich. Wir wissen das sehr zu schätzen und freuen uns auf die weitere Kooperation.

Die Verleihung des Akademiepreises des Landes Rheinland-Pfalz am 30.11.2022 bildete das nächste Highlight im Berichtsjahr. Der Preis, der mit 25.000 € dotiert ist, wurde an Frau Antje Liersch von der Hochschule Koblenz verliehen.

Am 8.12.2022 wurde der Hans Gál-Preis, der vom Ehepaar Barner ins Leben gerufen wurde, an das Javus Quartett verliehen. Es handelt sich um die vierte Verleihung des Preises und alle Veranstaltungen waren ein ganz besonderer Genuss.

Die nächste größere Veranstaltung der Akademie im Februar 2023 hatte indes ein sehr viel ernsteres Thema zum Gegenstand: Es ging um eine Reflexion der von unserem Bundeskanzler Olaf Scholz festgestellten „Zeitenwende". Wir wollten im Rahmen dieser Veranstaltung besser verstehen, was sich durch den russischen Angriffskrieg auf die Ukraine in Europa verändert hat und noch verändern wird.

Einen ganz anderen Akzent setzte die Veranstaltung zur Biotechnologie, auf die Herr Staatssekretär Alt bereits in seinem Grußwort eingegangen ist. Bei der Diskussion des Themas ging es nicht nur um die Diskussion von zukünftig möglichen Entwicklungen, sondern auch um eine Reflexion der Ereignisse der Pandemie. Dabei werden Sie mir sicherlich zustimmen: Auch die Pandemie hat in unserer Gesellschaft eine tiefe Zäsur gesetzt, die über die Fragen der Gesundheit weit hinausreicht. Und mein Eindruck ist, dass wir allmählich erst jetzt in der Lage sind, zu verstehen, wie groß die Tragweite dieser bewältigten Krise ist.

Im März fand das große Plenary des von unserer Akademie geleiteten Konsortiums NFDI4Culture statt. Auch diese Veranstaltung sprach Herr Staatssekretär Alt an. Es waren bei diesem Netzwerktreffen über 200 digital engagierte Experten anwesend, die die neuesten Entwicklungen in ihrem Bereich diskutierten (Einzelheiten dazu auf S. 175ff.).

Im April erfolgte die Verleihung der Alfred-Döblin-Medaille an Ralph Tharayil. Der Preis erinnert an den zentralen Gründungsvater der Akademie der Wissenschaften und der Literatur, an Alfred Döblin. Der Preis wird an Nachwuchsschriftstellerinnen oder -schriftsteller vergeben, die ein vielversprechendes Erstlingswerk verfasst haben und von denen noch viel zu erwarten ist.

Podiumsdiskussion zum Thema „Warum sollen wir der Biotechnologie und der Wissenschaft vertrauen?" am 17.3.2023, organisiert von der WissKomm Academy (siehe auch S. 181f.).

Nicht alle Veranstaltungen fanden aber in diesem schönen Plenarsaal statt. Das Event „Interstellar: Ein menschlicher Blick auf das Universum" betraf eine öffentliche Veranstaltung, die im Kino Capitol in Mainz stattfand. Ein Mitglied der Jungen Akademie, Herr Jens Temmen, diskutierte mit einem Mitglied der mathematisch-naturwissenschaftlichen Klasse, Herrn Matthias Neubert, über die Erforschung des Weltraums und den Blick der Menschen auf das Universum. Im Anschluss wurde vor einem überwiegend studentischen Publikum der Film „Interstellar" gezeigt. Diese Initiative kam sehr gut an und ermutigt uns, weitere Veranstaltungen dieser Art anzubieten.

Am 29. Juni fand eine Lesung der besonderen Art statt: „Mathematik, Leben und Tod – ein Zwiegespräch zwischen John von Neumann und Gott". Es handelt sich dabei um ein Theaterstück des schwedischen Mathematikers Lars Gårding, das von Jochen Brüning und unserem Akademiemitglied Hanns Zischler ins Deutsche

Ralph Tharayil liest am 12.4.2023 aus seinem Roman *Nimm die Alpen weg*.

Öffentliche Vorführung des Films *Interstellar* (Regie: Christopher Nolan) im Mainzer Capitol-Kino am 18.6.2023, mit vorhergehender Podiumsdiskussion.

Gott (Hanns Zischler) und John von Neumann (Jürgen Jost) im Zwiegespräch. Aufführung im Plenarsaal am 29. Juni 2023.

übersetzt wurde. Diese deutsche Übersetzung wurde von unserem Akademiemitglied Jürgen Jost überarbeitet und er und Hanns Zischler brillierten in dieser unvergesslichen Aufführung in unserer Akademie.

Da ich aus der Fülle unserer Veranstaltungen hier nur einige herausgreifen kann, gehe ich nun gleich in den September dieses Jahres. Und hier zu der Verleihung des Joseph-Breitbach-Preises in Koblenz. Dieser Literaturpreis ist – wie Sie wissen – mit 50.000 € dotiert. Er wurde in diesem Jahr an Frau Marion Poschmann verliehen. Nochmals Gratulation zu dieser schönen und wichtigen Auszeichnung.

Ein ganz besonderes Highlight setzte der Akademietag der Union der deutschen Akademien der Wissenschaften, der am 7. November 2023, also am letzten Dienstag, in Berlin stattfand. Es ging dieses Mal um ein Thema, das stets aktuell ist, aber im Moment vielleicht ganz besonders relevant ist: „Was ist gerecht? – Gerechtigkeitsvorstellungen im globalen Vergleich". Es war ein überaus gelungener Akademietag, gehaltvoll und anregend.

Besonders gelungen war auch das Symposium „Geheimnisvolles Universum" und die Abendveranstaltung „Intergalaktische Kooperationen", die erst gestern stattfanden. Thematisiert wurde die Faszination Weltall. Wie verstehen wir die Entstehung von Galaxien und Schwarzen Löchern? Welche neuen Instrumente in der Astronomie können ungelöste Fragen beantworten und welche Antworten gibt es auf die Frage nach außerirdischer Intelligenz. In der Abendveranstaltung wurde unter anderem eine musikalisch-galaktische Reise in die Zukunft – auf den Mars – unternommen.

Meine sehr verehrten Damen und Herren, es gehört auch zu meiner Pflicht, Ihnen über traurige Ereignisse zu berichten. Seit November 2022 sind fünf Mitglieder unserer

Akademiepräsident Reiner Anderl verleiht am 15. September 2023 im Stadttheater Koblenz den Joseph-Breitbach-Preis an Marion Poschmann. Rechts: die Preisträgerin neben Minsterin Katharina Binz (Ministerium für Familie, Frauen, Kultur und Integration des Landes Rheinland-Pfalz) und Katrin Hillgruber (Laudatorin).

Akademie verstorben. Ich bitte Sie, sich im Gedenken an unsere verstorbenen Mitglieder zu erheben.

Verstorben sind:

- Wulf Kirsten. Er war seit 1994 ordentliches Mitglied der Klasse der Literatur und der Musik.
- Helmut Ringsdorf. Er war seit 1976 ordentliches Mitglied der Mathematisch-naturwissenschaftlichen Klasse.
- Clemens Zintzen. Er war seit 1977 ordentliches Mitglied der Geistes- und sozialwissenschaftlichen Klasse; von 1986–1993 Vizepräsident der Klasse und von 1993–2005 Präsident der Akademie.
- Friedhelm Debus. Er war seit 1958 korrespondierendes Mitglied der Geistes- und sozialwissenschaftlichen Klasse.
- Dorothee Gall. Sie war seit 2003 ordentliches Mitglied der Geistes- und sozialwissenschaftlichen Klasse.

Wir werden ihnen ein ehrendes Andenken bewahren.

Meine sehr verehrten Damen und Herren,
ich möchte Ihnen noch einen kleinen Ausblick auf bereits feststehende Veranstaltungen geben, die noch für die nächsten Monate terminiert sind. Auf die Schubertiade mit Peter Gülke am 21. November hatte ich bereits hingewiesen.

Wir werden am 29. November 2023 im Landtag Rheinland-Pfalz einen parlamentarischen Abend veranstalten, bei dem wir den rheinland-pfälzischen Landtagsabgeordneten eine Auswahl aus unserem vielfältigen akademischen Leben vorstellen werden.

Am 30. November 2023 findet die Verleihung des Akademiepreises des Landes Rheinland-Pfalz an Frau Prof. Dr. Concettina Sfienti von der Johannes Gutenberg-Universität Mainz statt.

Der Hans Gál-Preis wird am 1. Dezember 2023 an das *Trio Incendio* vergeben. Die Veranstaltung findet im Kalkhof-Rose-Saal statt.

Ein kleiner Ausblick noch auf das Jahr 2024:

Das kommende Jahr 2024 wird für unsere Akademie ein sehr besonderes Jahr, denn wir begehen unser 75-jähriges Jubiläum. Gegründet wurde die Akademie der Wissenschaften und der Literatur am 9. Juli 1949. Die Wurzeln unserer Akademie gehen auf die Gründung der „Kurfürstlichen Brandenburgischen Sozietät der Wissenschaften" durch Gottfried Wilhelm Leibniz im Jahre 1700 zurück. Leibniz' Anliegen, auf den das Siegel der Mainzer Akademie mit dem Motto „Genio Leibnitii" (im Geiste Leibniz) Bezug nimmt, war die Vereinigung herausragender Wissenschaftler aller Disziplinen zur Förderung interdisziplinärer Spitzenforschung und des Dialogs über brennende Gegenwarts- und Zukunftsfragen der Gesellschaft. Dieser Gründungsidee fühlen wir uns heute mehr denn je verpflichtet. In unserem Jubiläumsjahr werden wir mit einer Vielfalt von Veranstaltungen an unsere Gründung vor 75 Jahren erinnern.

Die Akademie präsentierte sich auf dem „Parlamentarischen Abend" im rheinland-pfälzischen Landtag am 29. November 2023.

So legen wir großen Wert darauf, in die Gesellschaft hineinzuwirken. Dazu werden wir unsere Initiative zur Wissenschaftskommunikation WissKomm Academy weiter ausbauen.

Unser Symposium Zukunftsfragen der Gesellschaft am 23. Februar 2024 wird sich dem Thema „Wie Künstliche Intelligenz unser Leben verändert" widmen. Auch dazu werden Sie noch rechtzeitig eine Einladung erhalten.

Wie schon berichtet, werden wir im Jubiläumsjahr eine von Frau Eder konzipierte Konzertreihe veranstalten.

Neben diesem kleinen Ausblick auf unsere künftigen Veranstaltungen in unserem Jubiläumsjahr, möchte ich gerne auch noch auf einen weiteren Erfolg hinweisen. So hat die Gemeinsame Wissenschaftskonferenz (GWK) am 3. November 2023 getagt und ich freue mich, dass das interakademische Projekt „Historische Fremdsprachenlehrwerke digital. Sprachgeschichte, Sprachvorstellungen und Alltagskommunikation im Kontext der Mehrsprachigkeit im Europa der Frühen Neuzeit" in Kooperation mit der Berlin-Brandenburgischen Akademie der Wissenschaften nächstes Jahr, also 2024, neu ins Akademienprogramm aufgenommen und gefördert wird. An dieser Stelle gratuliere ich auch Ihnen, lieber Herr Markschies, zu diesem schönen Erfolg.

Meine Damen und Herren, im vergangenen Berichtsjahr haben wir wieder neue Mitglieder zugewählt, die unser akademisches Leben bereichern werden. Neben der Zuwahl in den Klassen, wurden ebenfalls unsere Ehrenmitglieder Frau und Herr Barner in die Akademie aufgenommen.

In den Klassen wurden folgende Mitglieder zugewählt:

In der Geistes- und sozialwissenschaftliche Klasse:

- Prof. Dr. Claus Arnold, Professor für mittlere und neue Kirchengeschichte, ordentliches Mitglied seit November 2022,
- Prof. Dr. Stefan Liebig, Professor für Soziologie, ordentliches Mitglied seit November 2022 und
- Prof. Dr. Michael Grünbart, Professor für Byzantinistik, korrespondierendes Mitglied seit Februar 2023

In der Mathematisch-naturwissenschaftlichen Klasse:

- Prof. Dr. Claudia Felser, Direktorin des Max-Planck-Instituts für Chemische Physik fester Stoffe und Honorarprofessorin für Chemie, ordentliches Mitglied seit November 2022,
- Prof. Dr. Stefan Müller-Stach, Professor für Zahlentheorie und Vizepräsident der Johannes Gutenberg-Universität Mainz, ordentliches Mitglied seit November 2022,

- Prof. Dr. Dirk Uwe Sauer, Professor für Elektrochemische Energieumwandlung und Speichertechnik, korrespondierendes Mitglied seit Februar 2023 und
- Prof. Dr. Kristian Kersting, Professor für Künstliche Intelligenz und Maschinelles Lernen, ordentliches Mitglied seit Juni 2023

In der Klasse der Literatur und der Musik:

- Sasha Marianna Salzmann, Dramatiker:in, Romanautor:in und Essayist:in, ordentliches Mitglied seit Februar 2023,
- Nora-Eugenie Gomringer, Schriftstellerin, ordentliches Mitglied seit April 2023,
- Prof. Dr. Salomé Voegelin, Professorin für Sound am London College of Communication, Künsterlin, korrespondierendes Mitglied seit April 2023 und
- Albert Ostermaier, Theaterautor, ordentliches Mitglied seit April 2023.

Aber wir haben im letzten Berichtsjahr nicht nur neue Mitglieder zugewählt, ich freue mich auch, dass wir wieder neue Akademieprofessuren etablieren konnten. Dabei handelt es sich um Berufungen, die durchweg auch wichtige strategische Felder im Akademienprogramm abdecken. Im Einzelnen handelt es sich um:

- Prof. Dr. Susanne Kabatnik; Akademieprofessur für Digitale Lexikografie an der Universität Trier,
- Prof. Dr. Magdalena Weileder; Akademieprofessur für Mittelalterliche Geschichte an der TU Darmstadt. An dieser Stelle ist es mir auch eine große Freude, die Präsidentin der Technischen Universität Darmstadt, Frau Tanja Brühl, bei uns zu begrüßen. Liebe Frau Brühl, vielen herzlichen Dank für Ihre Unterstützung!
- Prof. Dr. Johannes Kepper; Akademieprofessur für Musikwissenschaft/Digitale Musikedition an der Universität Paderborn.

Meine sehr verehrten Damen und Herren, damit bin ich fast am Ende meines Jahresberichts. Aber nur fast, denn ich möchte noch einen Wunsch unserer Akademie äußern: Er betrifft unseren Kalkhof-Rose-Kammermusiksaal. Wie ich bereits ausführte, sind wir über diesen Saal sehr, sehr glücklich. Doch unser Glück ist noch nicht ganz perfekt, denn was uns für den Konzertsaal noch fehlt, ist ein hochwertiger Konzertflügel. Bislang behelfen wir uns mit einer Leihgabe vom Landesmusikrat, für die wir überaus dankbar sind. Aber das ist – schon weil der Konzertflügel ab und an bewegt werden muss – keine gute dauerhafte Lösung. Die Akademie möchte daher zu einem eigenen Konzertflügel kommen. Hierfür sind wir auf die Zuwendung Dritter angewiesen, also auf Spenden. Leider fehlen uns zur Anschaffung des neuen Konzertflügels noch Beiträge. Gelänge es uns, dazu Spenden einzuwerben, könnten wir uns einen hochwertigen Steinway-Flügel Spirio (mit digitalem Selbstspielsystem) anschaffen. Wir haben dazu

– gemeinsam mit der Mainzer Volksbank – eine Crowdfunding-Aktion gestartet. An dieser Stelle darf ich dem Marketingleiter der Mainzer Volksbank, Herrn Peter Jost, für seine Unterstützung meinen herzlichsten Dank aussprechen. Bei dieser Gelegenheit möchte ich mich auch bei dem Verein der Freunde und Förderer der Akademie für ihre Unterstützung bedanken und bei seinem Vorsitzenden, Herrn Helmut Rittgen, für sein außerordentliches Engagement.

Auf Ihren Plätzen wurde ein Flyer ausgelegt, der nähere Informationen zu dieser Crowdfunding-Aktion enthält. Die Anschaffung des Flügels käme unserer Akademie, der Öffentlichkeit und damit am Ende uns allen zu Gute.

Meine sehr verehrten Damen und Herren, bitte sehen Sie mir diesen kleinen „Werbeblock" nach. Aber gerade diese Investition in die Zukunft würde wieder neue Chancen und Gestaltungsspielräume eröffnen, die wir als Akademie der Wissenschaften und der Literatur gerne nutzen würden.

Meine Damen und Herren, Sie sehen, unsere Akademie ist lebendig und wir haben noch sehr viel vor. Gleichwohl dürfen wir die Herausforderungen unserer Zeit nicht unterschätzen. Deshalb freue ich mich sehr, dass wir für den Festvortrag unser Akademiemitglied und Mitglied des Sachverständigenrates Wirtschaft, Herrn Martin Wer-

Nach dem erfolgreichen Abschluss des Crowdfunding konnte im Februar 2024 der neue Steinway-Konzertflügel angeschafft werden.

ding, gewinnen konnten. Herr Werding wird uns gleich das Thema „Alt, analog und abgehängt oder vor einem neuen Wirtschaftswunder: Wohin steuert Deutschland?" vorstellen.

Meine sehr verehrten Damen und Herren. Ich möchte mich noch ganz herzlich bei Ihnen allen für Ihre Unterstützung und Ihr Engagement bedanken. Mit Ihnen zusammen können wir hoffnungsvoll in die Zukunft blicken und auch zur Gestaltung unserer Zukunft einen Beitrag leisten.

Ich danke Ihnen sehr herzlich für Ihre Aufmerksamkeit.

Redner und Preisträger auf der Jahresfeier. V.l.n.r.: Präsident Prof. Dr.-Ing. Reiner Anderl, Dr. Laura Anna Klein (Sibylle Kalkhof-Rose-Akademiepreis für Geisteswissenschaften), Staatssekretär Dr. Denis Alt, Prof. Dr. Martin Werding (Festredner), Hans Seus (Leibniz-Medaille), Prof. Dr. Claudia Jacobi (Kurt-Ringger-Preis), Prof. Dr. Annette Zgoll und Prof. Dr. Christian Zgoll (Preis der Peregrinus-Stiftung), Dr. Susanne Barner und Prof. Dr. Andreas Barner (Ehrenmitglieder), Dr. Sören Jakob Lichtenthäler (Joachim Vogel-Gedächtnismedaille).

Das Ehepaar Prof. Dr. Andreas Barner und Dr. Susanne Barner wurden im September 2023 zu Ehrenmitgliedern der Akademie gewählt.

Die Leibniz-Medaille geht in diesem Jahr an Hans Seus, Leitender Ministerialrat a.D.

Musikalisches Rahmenprogramm auf der Jahresfeier mit dem Davidoff Trio: Johannes Wendel (Violine), Yona Sophia Jutzi (Klavier) und Christoph Lamprecht (Cello).

Die Preisträgerin zusammen mit Präsident Reiner Anderl, Prof. Dr. Margret Wintermantel (Juryvorsitzende) und Clemens Hoch (Minister für Wissenschaft und Gesundheit).

Frau Prof. Dr. Concettina Sfienti (Johannes Gutenberg-Universität Mainz) erhält am 30. November 2023 den Akademiepreis des Landes Rheinland-Pfalz.

Vergabe des Hans-Gál-Preises an das Trio Incendio am 1. Dezember 2023:
Filip Zaykov (Violine), Karolína Františová (Klavier), Vilém Petras (Violoncello).

V.l.n.r.: Präsident Reiner Anderl, Prof. Claudia Eder (Hochschule für Musik), Filip Zaykov, Karolína Františová, Vilém Petras, Susanne und Andreas Barner (Preisstifter), Prof. Alexander Hülshoff (Laudator).

Jan Wagner und Daniela Danz

Impressionen von der feierlichen Eröffnung des Kalkhof-Rose-Saals am 2. September 2023.

Elke Lütjen-Drecoll und Staatssekretär Denis Alt

Andreas Scholl (begleitet von Tamar Halperin am Flügel) und Hanns Zischler

NEUWAHLEN

Die Akademie wählte im Berichtszeitraum zu ordentlichen Mitgliedern:

Sasha Marianna Salzmann, geboren 1985 in Wolgograd/Sowjetunion ist Dramatiker:in, Romanautor:in, Essayist:in und war Mitbegründer:in des Kultur- und Gesellschaftsmagazins *freitext*. Sasha Salzmanns Theaterarbeiten erhielten zahlreiche Preise und sind in über 20 Sprachen übersetzt. Von 2013 bis 2019 war Sasha Salzmann Hausautor:in des Maxim Gorki Theaters Berlin, an dem Salzmann das *Studio Я* leitete. 2017 erschien im Suhrkamp Verlag das Romandebüt *Außer sich*. Der Roman erhielt zahlreiche, auch internationale, Ehrungen und wurde in 16 Sprachen übersetzt. 2020 wurde Salzmann mit dem Kunstpreis für Darstellende Kunst der Akademie der Künste Berlin sowie mit der Ricarda Huch Poetikdozentur für Gender in der literarischen Welt der Universität Braunschweig ausgezeichnet. 2021 erschien Salzmanns zweiter Roman *Im Menschen muss alles herrlich sein*, der 2022 mit dem Preis der Literaturhäuser sowie dem Hermann-Hesse-Literaturpreis geehrt wurde.

(Wahl am 10. Februar 2023, Klasse der Literatur und der Musik)

Nora-Eugenie Gomringer, geboren 1980 in Neunkirchen/Saar, ist eine deutsch-schweizerische freischaffende Schriftstellerin. Seit 2010 leitet sie das Internationale Künstlerhaus Villa Concordia in Bamberg. Als Lyrikerin und Prosaautorin ist sie vielfach ausgezeichnet, u. a. mit dem Ingeborg-Bachmann-Preis, der Carl-Zuckmayer-Medaille des Landes Rheinland-Pfalz und dem Else-Lasker-Schüler-Lyrikpreis. Sie hatte die Max-Kade-Professur in Oberlin (Ohio) und die Poetikdozenturen der Universitäten Sheffield, Kiel und Koblenz/Landau sowie die der Universität Heidelberg inne. Als freie Kuratorin gestaltete sie die Poesiefestivals in Frauenfeld, München und Mexico Stadt. Ihre Gedichte sind einzeln und monographisch in zahlreiche Sprachen übersetzt, sodass ihre internationale Performance-Praxis von den Talenten zahlreicher Übersetzerinnen und Übersetzer, aber auch von Grafikern und Publizisten gestützt wird. Eine frühe Auseinandersetzung mit Heinrich Heine, den Märchen der Bechstein'schen Sammlung, Genre-Filmwissen und vor allem die Freude an experimenteller Literatur und konstruktiver Kunst prägen ihre vielfältige schriftstellerische und performative Arbeit, die sie zum Teil auch in Filmarbeiten überträgt. Sie ist als Kolumnistin tätig und Sprecherin für den Rundfunk.

(Wahl am 28. April 2023, Klasse der Literatur und der Musik)

Albert Ostermaier, geboren 1967 in München, zählt zu den gefragtesten deutschen Theaterautoren. Seine Theaterstücke wurden – wie seine Gedichte – in mehrere Sprachen übersetzt und international aufgeführt, darunter in Los Angeles, New York, Athen, Santiago de Chile, Kiew, Rom und Teheran. Für sein Werk wurde er vielfach ausgezeichnet, unter anderem mit dem Kleist-Preis, dem Bertolt-Brecht-Preis und dem Welt-Literaturpreis. Im Oktober 2022 wurde ihm der Bayerische Verdienstorden verliehen.

Albert Ostermaier war *writer in residence* in New York und Gastprofessor an verschiedenen Universitäten, wie Berlin und Venedig. Darüber hinaus rief er angesehene Literaturfestivals ins Leben, darunter *Lyrik am Lech*, *abc – Augsburg Brecht Connected*, das *Romantikfestival read** und das Jean-Paul-Festival in München. Von 2015 bis 2017 war er der Hausautor der Nibelungenfestspiele in Worms.

(Wahl am 28. April 2023, Klasse der Literatur und der Musik)

Melanie Wald-Fuhrmann, geboren 1979 in Crivitz ist seit 2013 (Gründungs-)Direktorin der Abteilung Musik des Max-Planck-Institut für empirische Ästhetik in Frankfurt am Main. Ihre Hauptforschungsgebiete liegen u. a. im Bereich der Musikästhetik, der Soziologie und Anthropologie der Musik sowie den Musikpraktiken und -kulturen von der Renaissance bis zur frühen Neuzeit. Nach dem Studium der Musikwissenschaft und altgriechischen Philologie arbeitete sie zunächst am musikwissenschaftlichen Institut der Universität Zürich, wo sie promoviert wurde und sich habilitierte. 2010/11 lehrte sie als Professorin für Musikwissenschaft an der Musikhochschule Lübeck, von 2011 bis 2013 war sie Professorin für Musiksoziologie und historische Anthropologie der Musik an der Humboldt-Universität Berlin. Für ihre Arbeiten wurde sie u. a. mit dem Max Weber-Preis der Bayerischen Akademie der Wissenschaften und dem Hermann-Abert-Preis der Gesellschaft für Musikforschung ausgezeichnet.

(Wahl am 28. April 2023 vom bislang korrespondierenden zum ordentlichen Mitglied der Geistes- und sozialwissenschaftlichen Klasse)

Kristian Kersting, geboren 1973 in Cuxhaven, studierte Informatik an der Universität Freiburg, wo er 2006 promovierte. Nach Stationen am MIT, am Fraunhofer IAIS, an der Universität Bonn und der TU Dortmund ist er seit 2017 Professor (W3) am Fachbereich Informatik der TU Darmstadt und leitet dort das Fachgebiet für Künstliche Intelligenz (KI) und Maschinelles Lernen. Er ist Mitglied des Zentrums für Kognitionswissenschaften und der ELLIS Unit an der TU Darmstadt, Forschungsbereichsleiter am DFKI und Gründungskodirektor des Hessischen Zentrums für Künstliche Intelligenz (hessian.ai). Er ist Fellow der European Association for Artificial Intelligence (EurAI) und des European Laboratory for Learning and Intelligent Systems (ELLIS). Kristian Kersting ist Träger des Deutschen KIPreis 2019 und erhielt ein Fraunhofer Attract-Forschungsstipendium (2008–2013) und den EurAI (ehemals ECCAI) AI Dissertation Award 2006 für die beste Doktorarbeit auf dem Gebiet der Künstlichen Intelligenz. Er ist Buchautor („Wie Maschinen lernen") und Kolumnist bei der Welt (am Sonntag).

(Wahl am 30. Juni 2023, Mathematisch-naturwissenschaftliche Klasse)

 **Jan C. Aurich**, geboren 1964 in Hannover, studierte Maschinenbau mit Schwerpunkt Produktionstechnik an der Leibniz Universität Hannover und der Colorado State University, Ft. Collins, USA. Von 1990 bis 1995 war er wissenschaftlicher Mitarbeiter am Institut für Fertigungstechnik und Werkzeugmaschinen (IFW) der Universität Hannover, wo er von 1993 bis 1995 die Abteilung „CAD/CAPP" leitete. Von 1995 bis 2002 war Prof. Aurich in verschiedenen leitenden Funktionen in Produktion und Entwicklung bei der Daimler AG tätig.

Seit 2002 leitet er den Lehrstuhl für Fertigungstechnik und Betriebsorganisation (FBK) der RPTU Kaiserslautern-Landau, von 2013–2014 war er Fulbright Visiting Professor an der University of California, Davis, USA. Prof. Aurich ist Mitglied der wissenschaftlichen Gesellschaft für Produktionstechnik (WGP) und der Deutschen Akademie für Technikwissenschaften (acatech) sowie Fellow der Internationalen Akademie für Produktionstechnik (CIRP).

(Wahl am 10. November 2023, Mathematisch-naturwissenschaftliche Klasse)

Die Akademie wählte im Berichtszeitraum zum korrespondierenden Mitglied:

Michael Grünbart, geboren 1969 in Bad Gastein/Österreich, ist Professor für Byzantinistik an der Westfälischen Wilhelms-Universität Münster und Direktor des dortigen Instituts für Byzantinistik und des Instituts für Interdisziplinäre Zypern-Studien. Als Mitglied des *Centrums für Geschichte und Kultur des östlichen Mittelmeerraums* und des flämischen Fonds *Wetenschappelik Ondzoek*, als Mitglied im Beirat des Mediävistenverbandes e. V. und Vorsitzender der Deutschen Arbeitsgemeinschaft zur Förderung Byzantinischer Studien, engagiert er sich in zahlreichen Funktionen. Grünbart ist Herausgeber und Mitherausgeber von wissenschaftlichen Zeitschriften und Reihen. Von ihm begründet wurde die Reihe „Byzantinistische Studien und Texte" und „Anthusa. Studien zur byzantinischen Geschichte und Kultur/Studies in Byzantine History and Culture" sowie die online-Zeitschrift „The Byzantine Review".

(Wahl am 10. Februar 2023, Geistes- und sozialwissenschaftliche Klasse)

Dirk Uwe Sauer, geboren 1969 in Mannheim, ist Professor für Elektrochemische Energiewandlung und Speichersystemtechnik und seit 2022 Direktor des neuen Forschungszentrums CARL an der RWTH Aachen. Kernthemen sind Batteriesysteme für mobile und stationäre Anwendungen aller Art. Von 2017–2023 hatte er den Vorsitz des Direktoriums des Akademienprojekts „Energiesysteme der Zukunft (ESYS)" inne und arbeitet dort aktuell weiter als stellv. Vorsitzender. Als Mitglied des Beirats Batterieforschung des Bundesministeriums für Bildung und Forschung (BMBF) und Koordinator des Cluster of Excellence „Batterienutzung" berät er das BMBF in Fragen der Energiespeicherung. Er ist Mitglied von *acatech* und der Berlin-Brandenburgischen Akademie der Wissenschaften.

(Wahl am 10. Februar 2023, Mathematisch-naturwissenschaftliche Klasse)

**Salomé Voegelin**, geboren 1972 in Basel, ist Professorin für Sound am London College of Communication der University of the Arts London. Sie arbeitet auf dem Gebiet der Sound Art, Sound Studies and Artistic Research. Sie ist Künstlerin, Theoretikerin und Forscherin, die sich mit dem Zuhören als gesellschaftspolitische Praxis beschäftigt. Salomé Voegelin schreibt Essays und Textpartituren für Performances und Publikationen und ist regelmäßig Gast bei Symposien und Festivals, wie am *REWIReFestival* in The Hague, an der Bauhaus-Universität Weimar, beim *RE: Sound* in Aalborg, am Kings College London oder dem Radcliff Institute der Harvard Universität Boston. Gastprofessuren führten sie u. a. nach Mexiko und Braunschweig.

(Wahl am 28. April 2023, Klasse der Literatur und der Musik)

Die Akademie wählte im Berichtszeitraum zu Ehrenmitgliedern:

Susanne Barner hat in Freiburg Medizin studiert und wurde dort mit einer umfangreichen medizinhistorischen Arbeit promoviert. Susanne Barner ist in großem Umfang ehrenamtlich tätig, so als Vorsitzende der Freunde Junger Musiker Mainz-Wiesbaden oder als Geschäftsführende Vorsitzende der Diözesanversammlung des Bistums Mainz

Andreas Barner wurde in Medizin und Mathematik promoviert. 1992 übernahm er die Leitung des Bereichs Medizin bei Boehringer Ingelheim, von 2009 bis 2016 war er Vorsitzender der Unternehmensleitung, anschließend wechselte er in den Gesellschafterausschuss, dessen Mitglied er bis Mitte 2023 war. Andreas Barner hatte zahlreiche Funktionen in Wissenschaft und Gesellschaft inne: u. a. als Mitglied des Wissenschaftsrates, Mitglied des Verwaltungsrats und des Senats der Max-Planck-Gesellschaft, Vorsitzender des Hochschulrats der Johannes Gutenberg-Universität, Vorsitzender der Gutenberg Stiftung. Er ist Mitglied im Rat der Evangelischen Kirche Deutschlands. Von 2013 bis 2022 war er Präsident des Stifterverbandes für die Deutsche Wissenschaft.

(Wahl am 25. September 2023)

ANTRITTSREDEN DER NEUEN MITGLIEDER

Junisitzung 2023

OLGA MARTYNOVA

Ich bin 1962 in der späten, der, wie Anna Achmatova es nannte, vegetarischen Phase der Sowjetunion geboren. Als Kind habe ich ziemlich viel von diesem riesigen Land, das es nicht mehr gibt, gesehen, weil mein Vater Journalist war, bin aber hauptsächlich in St. Petersburg aufgewachsen, der 1703 gegründeten europäischen Metropole mitten in den karelischen Wäldern. Peter I., der die nördlichen Sümpfe in eine Prachtstadt verwandeln ließ und die Stadt „mein Paradies" nannte, erscheint in der Folklore und in der reichen Literatur dieser Stadt als eine fast mythische, infernalische Figur voller Ambivalenz. Aus Peters paradiesischer Hölle wurde das höllische Dichterparadies, dessen Schönheit fortlaufend von großem menschlichen Leid begleitet wird, ich nenne an dieser Stelle nur das eine große Trauma, die Belagerung Leningrads durch Wehrmachtstruppen vom September 1941 bis zum Januar 1944, die über eine Million Leben kostete. Dieses Zusammenspiel von Schönem und Tragischem prägt bis heute die Petersburger Poesie, die meine Heimat ist. Im engeren Sinne ist meine Heimat die inoffizielle Poesie Leningrads, die völlig unabhängig vom staatlichen Kulturbetrieb existierte und deren Dichter heute immer bedeutender werden, während die sowjetische offizielle Literatur verdientermaßen in Vergessenheit gerät.

Mein Mann Oleg Jurjew und ich gründeten zusammen mit einigen Kollegen die inoffizielle Literaturvereinigung „Kamera Chranenija". 1991, als die Grenzen geöffnet und die Welt (wenigstens in unseren Breiten) frei zu sein schien und das „Ende der Geschichte" prophezeit wurde, kamen wir nach Deutschland. Die deutsche Literatur wurde zu unserer zweiten Heimat. Seit Ende der 1990er Jahre schreibe ich Romane und Essays auf Deutsch, seit dem Tod von Oleg Jurjew 2018 auch Gedichte. Wir haben uns immer als Vermittler zwischen den beiden Welten gesehen und uns in beiden zu Hause gefühlt.

Als Vermittlerin sehe ich mich auch jetzt, ungeachtet der neuesten geschichtlichen Entwicklung oder wahrscheinlich eben deshalb noch mehr, weil ein verrückter Menschenfresser in Russland regiert und Menschen, die ihm ausgeliefert sind, unsere Solidarität brauchen. Weil ich jetzt physisch von Russland abgeschnitten bin (und damit auch vom Grab von Oleg Jurjew, dessen Wunsch es war, auf dem jüdischen Friedhof in St. Petersburg begraben zu werden), lebe ich mit dem Gefühl, dass meine Welt halbiert wurde. Umso wichtiger ist für mich, ein Teil der Gemeinschaft der Mainzer Akademie zu werden. Auch aus einem weniger dramatischen Grund: Ich bin ein ziemlich literaturzentrischer Mensch, in meiner Familie ist überliefert, dass ich das erste Gedicht im Alter von 3 Jahren geschrieben habe. Und so ging es seither auch weiter und auch die meisten persönlichen Bekannten von mir sind Autoren. Ich schätze mich glücklich wegen der Möglichkeit, einen Blick über den Tellerrand, auf die Welt von Wissenschaftlern und Musikern werfen zu können und das Ausmaß meines Unwissens mit Staunen und Bewunderung vor der Arbeit der anderen besser zu begreifen.

Ich bedanke mich sehr herzlich für die Aufnahme in diese Gemeinschaft.

IVAN ĐIKIĆ

Vielen herzlichen Dank an die Akademie der Wissenschaften und der Literatur. Es ist mir eine große Ehre, Teil dieser Vereinigung zu sein und dazu beizutragen, die Mission der Akademie zu verwirklichen. Jetzt freue ich mich darauf, mich Ihnen heute vorstellen zu dürfen:

Geboren, aufgewachsen und ausgebildet wurde ich in Zagreb, Kroatien, wo ich 1991 mein Medizin-studium abgeschlossen und anschließend in Krankenhäusern gearbeitet und am Verteidigungskrieg in Kroatien teilgenommen habe. Mitte 1992 erhielt ich das unglaubliche Angebot, mich dem Labor von Joseph (Yossi) Schlessinger in New York anzuschließen, um dort meine Doktorarbeit zu beginnen. Ich lernte Yossi während meines medizinischen Forschungspraktikums am Weizmann-Institut im Sommer 1988 kennen. Wir blieben in Kontakt und als sich mir die Gelegenheit bot, in seinem Labor zu forschen, habe ich nicht lange überlegt. Ich packte meine Habseligkeiten, sammelte alle innere Energie, unterdrückte meine Ängste und verließ Kroatien in Richtung New York, wo ich von der Medizin zur Biophysik, Struktur- und Zellbiologie wechselte und versuchte die Komplexität des Lebens zu verstehen. Es war kein einfacher Übergang, denn meine ersten Projekte konzentrierten sich auf die strukturelle Aufklärung der Wechselwirkungen zwischen Fibroblasten-Wachstumsfaktoren und ihren Rezeptoren. Das war ein völlig neues Forschungsgebiet für mich, in dem ich viel über Chemie, Physik und Mathematik lernte. In dieser Zeit der Bemühungen und der häufigen Frustration über den Mangel an Wissen und Erfahrung fand ein junger, sehr neugieriger

Mediziner seinen eigenen Weg und wurde zu einem vollwertigen Wissenschaftler. Ich wurde der Welt der Proteinwissenschaften Herr und schaffte es, mehr biologische und funktionelle Untersuchungen in meine Projekte einzubringen, was zu wichtigen Entdeckungen darüber führte, wie Wachstumsfaktorrezeptoren aktiviert werden, wie sie innerhalb der Zelle Signale aussenden und wie sie Signale unterscheiden, die für die Zellproliferation und die Differenzierung von Nervenzellen entscheidend sind. Diese Studien waren ein echter Wendepunkt in meiner Karriere, da sich mein Interesse auf die Molekularmedizin und das mechanistische Verständnis der Geheimnisse des Lebens verlagerte. Ich verteidigte meine Doktorarbeit und blieb weitere zwei Jahre als Postdoc in Yossis Labor. In dieser Zeit stellte ich zwei der einflussreichsten Manuskripte meiner Karriere fertig, die beschreiben, wie G-Protein-gekoppelte Rezeptoren und Stresssignale nukleare Transkriptionsprogramme über MAP-Kinase-Wege initiieren.

Mitte der 90er Jahre waren goldene Jahre für die Wissenschaft in den USA und Europa. Es gab hohe Finanzierungsquoten und großartige Möglichkeiten in zahlreichen Einrichtungen. Nachdem ich Angebote von US-amerikanischen und europäischen Einrichtungen erhalten hatte, beschlossen meine Frau Inga und ich, nach Uppsala in Schweden zu ziehen und uns dem Ludwig-Institut für Krebsforschung unter der Leitung von Carl-Henrik Heldin anzuschließen. Dies war ein großer Einschnitt in unserem Leben, denn wir entschieden, das hektische Leben in Manhattan gegen ein ruhiges und familienorientiertes Leben in Uppsala einzutauschen. Dies Entscheidung trafen wir gemeinsam und sie war für uns beide bedeutend, da meine Frau, die ebenfalls Ärztin war, beschloss, ihr Promotionsstudium an der Universität Uppsala zu absolvieren. In den sechs Jahren, die wir in Schweden verbrachten, bekamen wir zwei Kinder und genossen unser Leben in vollen Zügen. Wir lernten viele fantastische Kollegen kennen, schlossen langjährige Freundschaften und lernten viel über die schwedische Kultur, Lebensphilosophie und Gleichberechtigung. Auch meine Wissenschaft blühte auf. Ich baute ein sehr kompaktes, interdisziplinäres und internationales Labor auf, das gerne im Team zusammenarbeitete. Wir setzten uns neuartige Ziele und erwiesen uns auf internationaler Ebene als sehr wettbewerbsfähig, indem wir die Mechanismen der Krebsentwicklung erforschten und nach potenziellen neuen Angriffspunkten für neue Krebstherapien suchten. Doch das Leben schreibt unvorhersehbare Geschichten, und so zogen wir nach Frankfurt und ich trat 2002 eine Stelle als Professor für Biochemie an der medizinischen Fakultät der Goethe-Universität an. Die Familie wuchs um zwei weitere Kinder und wir genießen unser Familienleben und die Arbeit mit meinen Kollegen am Institut für Biochemie II, dessen Direktor ich seit 2009 bin.

Das Spannendste in meinem Frankfurter Berufsleben sind überraschende Entdeckungen auf dem Gebiet der Ubiquitin-Forschung. Im Mittelpunk steht das kleine Protein Ubiquitin. Der Name kommt daher, dass es ubiquitär, also allgegenwärtig und lebensnotwendig ist. Es sieht aus wie ein kleiner Handball, wirklich nicht spektakulär. Dennoch müssen wir uns fragen, warum die Evolution diesen Ball ausgewählt hat, um das Leben zu kontrollieren. Einer der Gründe wurde schon früh entdeckt: Dieses Protein kann an andere Proteine angehängt werden und sie mit dem Todeskuss markieren. Diese markierten Proteine werden dann wegtransportiert und in einer Maschinerie namens „Proteasom" abgebaut. Für diese Entdeckung wurde im Jahr 2014 der Nobelpreis für Chemie verliehen. Dies war bei weitem nicht die einzige – wenn auch wahrscheinlich die populärste – Auszeichnung für die Ubiquitinforschung und seitdem wissen wir auch, dass es bei weitem nicht die einzige wichtige Funktion von Ubiquitin ist. Eine sehr treffende Aussage zur Vielfältigkeit der Funktionen von Ubiquitin kommt von einem der Nobelpreisträger: „Ob Sie es wollen oder nicht, eines Tages werden Sie sich mit Ubiquitin beschäftigen." Und das ist die Realität meiner Karriere, selbst nach 20 Jahren gibt es immer noch viel zu entdecken und deshalb wird es nie langweilig und mein Forschungsgebiet steckt weiterhin voller Überraschungen. Es macht mir viel Freude und bringt mich auf viele neue Ideen, um die Kreativität in meiner Forschung zu entfalten.

Eine unserer ersten Entdeckungen war, dass durch Ubiquitinierung einer Reihe von Signalen vermittelt werden können. Ubiquitin kann miteinander verbunden werden, wie Ball an Ball an Ball, es bildet Ketten. Diese Ketten können verschiedene Funktionen haben, die den Abbau von Proteinen, die Transkription, die Internalisierung von Membranen und den Transport von Rezeptoren regulieren, und häufig sind sie auch an der Entstehung menschlicher Krankheiten wie Krebs und Infektionen beteiligt. Wir waren an vielen dieser Entdeckungen beteiligt, indem wir die Rezeptoren aufgespürt haben, die Ubiquitin-Signale in den Zellen erkennen und die richtigen funktionellen Reaktionen definieren. Ubiquitin ist allgegenwärtig, kommt aber nur im eukaryontischen Reich vor, von der Hefe bis zu uns, nicht aber in Bakterien und auch nicht in Viren. Obwohl Prokaryoten selbst kein Ubiquitin besitzen, haben sie eukaryotische Enzyme kopiert und zu Waffen gemacht, die sie dann in unsere Zellen einschleusen und unsere Immunantwort überlisten. Diese Entdeckung wurde von mehreren Postdocs in meinem Labor gemacht, die zeigten, wie Bakterien wie Shigellen oder Salmonellen oder zuletzt auch Legionellen Gastroenteritis und Lungenentzündung verursachen. Während der Covid-Pandemie entdeckten wir auch, dass das Sars-CoV2-Virus dasselbe tut. Das Virus nutzt das Ubiquitin-Modulationssystem, um sich selbst weiterzuentwickeln und die antivirale Reaktion unserer Zellen auszuschalten.

Die Wissenschaft ist ein sehr lohnendes Berufsfeld, in dem man kreativ sein kann und die Freiheit hat, Unbekanntes zu erforschen. Ich habe diese Freiheit sehr genossen und hatte das Privileg, mit großartigen Wissenschaftlern, Kollegen und Freunden zusammenzuarbeiten, die mein Leben bereichert haben und es mir ermöglicht haben, der Wissenschaftler zu sein, der ich heute bin. Ihnen allen gebührt mein Dank und meine Anerkennung.

Zum Schluss möchte ich mich noch einmal bei der Akademie bedanken. Die Mitgliedschaft in dieser angesehenen Akademie ist eine Motivation, meine wissenschaftliche Arbeit fortzusetzen und zu den laufenden Programmen der Akademie beizutragen.

KIRAN KLAUS PATEL

Sehr geehrter Herr Präsident,
sehr geehrter Herr Generalsekretär,
liebe Kolleginnen und Kollegen,

der französische Soziologie Pierre Bourdieu hat uns vor der biographischen Illusion gewarnt: Der Vorstellung, einen Lebenslauf allzu glatt auf einen Punkt hin zu deuten. Ein solcher Punkt könnte der „Dies Quinta Mensis Novembris Anno MMXXI" sein – jener 5.11.2021, an dem ich in diese Akademie aufgenommen wurde, wofür ich mich nochmals herzlich bedanke.

Würde ich eine Antrittsrede in Perspektive auf den 5.11.2021 halten, würde man meinen Ausführungen in der Geschichtswissenschaft als meinem Fach Teleologie unterstellen. Ich würde dann alles auf ein Ziel hinschreiben. Dieses Ziel könnte nun sein, jenen zwei meiner drei Kinder, die in der Schule Latein gewählt haben, endlich die Lebendigkeit dieser Sprache unter Beweis stellen zu können. Dieses Ziel könnte auch sein, fortan als „vir illustris" zu gelten, wie es auf der Urkunde so schön heißt. Als Historiker weiß ich, dass unter dem römischen Kaiser Valentinian I. im 4. Jahrhundert die Mitglieder des Senats so angesprochen wurden – das mag man schmeichelnd finden. Ich weiß aber auch, dass der Kaiser zu diesen „hervorragenden Männern" ein notorisch schlechtes Verhältnis hatte. Insofern sollte man bezüglich der Wahl seiner Ziele vorsichtig sein. Außerdem habe ich Grund zu behaupten, dass ich diesen Ehrentitel keineswegs anstrebte – schon einfach deswegen, da ich gar nicht wusste, was auf der Urkunde stehen würde. Vor allem aber, da man sich um die Mitgliedschaft in der Akademie gar nicht bewerben kann.

Mit all dem sind wir schon mitten im Thema – was können wir über Motivlagen und Entscheidungsprozesse, Erfahrungshorizonte und Zukunftserwartungen wissen? Diesen und ähnlichen Fragen gehe ich für Themen der Geschichte der letzten 250 Jahre in Forschung und Lehre nach.

Um aber erst etwas zu meiner Person und meinem Hintergrund zu sagen: In meiner väterlichen Familie scheint man es nie allzu lange an einem Ort ausgehalten zu haben. Aus Indien stammend zog es schon meinen Urgroßvater in die große weite Welt. Mein Großvater ging Anfang der 1930er Jahre nach Uganda, damals wie Indien Teil des britischen Weltreichs. Dort wuchs auch mein in Indien geborener Vater auf, der später während seines Studiums in London meine deutsche Mutter kennenlernte. Jahre später zog es beide nach Ghana, wo sie eine Familie gründeten und zehn Jahre lebten. Dann ging es für uns nach Deutschland weiter, wo ich größtenteils aufgewachsen bin. Nach Abitur und Zivildienst wollte ich zunächst Wirtschaftswissenschaften studieren, entschied mich jedoch Tage vor Studienbeginn um (Stichwort: biographische Illusion!). Geschichte studierte ich zunächst in Freiburg, dann ab Mitte der 1990er Jahre in Berlin an der Humboldt-Universität. Statt badischer Beschaulichkeit also beliebig viele Baustellen politischer, gesellschaftlicher und intellektueller Art. Während meiner Promotion lebte ich für ein halbes Jahr in Washington. Kurz nach meiner Promotion wurde ich einer der ersten Juniorprofessoren im Land. Das war für mich ein großes Glück, und wahrscheinlich wäre ich ohne diese besondere Perspektive einen ganz anderen Weg gegangen, schließlich gab – und gibt! – es für Menschen wie mich in meinem Fach so gut wie keine Vorbilder.

In Berlin lernte ich meine Frau Christina kennen. Ebenfalls in Berlin wurden unsere Töchter Nina und Emma geboren. Bald aber ging es auf Wanderschaft: erst für ein Jahr als Kennedy-Fellow an die Harvard University, dann für vier Jahre als Professor an das Europäische Hochschul-Institut in Florenz; dort kam auch unser Sohn Ben zur Welt. Weiter ging es für acht Jahre auf einen Lehrstuhl nach Maastricht, unterbrochen durch eine einjährige Gastprofessur an der LSE in London. Seit 2019 bin ich an der Ludwig-Maximilians-Universität in München, wo ich neben meinem Lehrstuhl ein kleines internationales Forschungszentrum leite. Jede dieser Stationen, zu denen einige weitere im Rahmen von kürzeren Fellowships und Gastprofessuren kamen, hat mich geprägt und bereichert. Ich glaube, mich so qualifizierter über die Probleme unseres eigenen Wissenschaftssystems beschweren zu können. Zugleich bin ich umso dankbarer für Vieles, was aus einer reinen Binnenperspektive als allzu selbstverständlich erschiene.

Inhaltlich haben mich an der Geschichte der letzten 250 Jahre vor allem jene Prozesse interessiert, die über einzelne Gesellschaften hinausreichen und sie verbinden. Während der Aufstieg meines Faches als professionelle Disziplin im 19. Jahrhundert unauflösbar mit dem Bedeutungsgewinn des Nationalstaats als politischem Ordnungsprinzip und intellektuellem Orientierungspunkt verbunden war, geht es in der Forschung seit rund 30 Jahren besonders darum, darüber hinausreichende, so genannte transnationale Strukturen und Prozesse zu untersuchen und Gesellschaften miteinander zu vergleichen. Davon handelt meine Dissertation zu den Reaktionen auf die Weltwirtschaftskrise in NS-Deutschland und den USA unter Roosevelt. Darum geht es in meinem zweiten Buch, das sich mit der Rolle der Bundesrepublik in der europäischen Integration beschäftigt. Darum drehen sich meine Globalgeschichte der USA der 1930er Jahre sowie meinen zahlreichen weiteren Arbeiten zur Geschichte der EU. Auch der mir jüngst zugesprochene ERC Advanced Grant, der im Oktober 2023 an den Start geht, weist in diese Richtung: Als Team werden wir das „Nachleben" „toter" Internationaler Organisationen untersuchen. Die Arbeitshypothese lautet, dass sich Organisationen wie der Völkerbund oder in jüngerer Zeit Comecon oder der Warschauer Pakt nicht einfach auflösen, sondern für Formen der internationalen Zusammenarbeit weiterhin eine wichtige Rolle spielen – im positiven wie im negativen Sinne. Vielleicht ergibt sich in den nächsten Jahren die Gelegenheit, darüber genauer zu berichten.

In meinen fünf Minuten habe ich Ihnen eine Kurzfassung meines akademischen Werdegangs dargestellt, die die Verbindungen von Leben und inhaltlichen Schwerpunkten unterstrich. Bourdieu erinnert uns daran, dass alles anders hätte kommen können und vor allem, dass sich alles auch anders erzählen ließe.

Ich danke Ihnen für Ihr Interesse, vor allem aber nochmals für die Aufnahme in die Akademie der Wissenschaften und der Literatur.

ROLF MÜLLER

Sehr geehrte Damen und Herren,

ich möchte mich bedanken für die Aufnahme in die Akademie. Starten möchte ich mit einem Dank. Alles, was ich Ihnen jetzt aus meiner Karriere erzähle, ist in meiner Wahrnehmung durch sehr viele Zufälle bedingt gewesen, und vor allem durch phantastische Mitarbeiterinnen und Mitarbeiter und eine tolle Familie. Das sind die Leute, denen ich zu Dank verpflichtet bin. Ich selbst bin aufgewachsen im Rheinland, in einer ziemlich großen Familie, fast frei von Akademikern. Dann habe ich Pharmazie studiert an der schönen Universität Bonn, anschließend ging es während der Promotion erst mal nach San Diego, später dann als Postdoc nach Seattle. Dann bin ich zurückgekommen an das, was Sie durch die Pandemie alle kennen als „Helmholtz-Zentrum für Infektionsforschung" – es hieß seiner Zeit noch „Gesellschaft für Biotechnologische Forschung".

Dorthin bin ich gelangt, weil ich mich schon immer dafür interessiert habe, wie die Natur Wirkstoffe macht. Wenn Sie in unseren Arzneimittelschatz hineingucken, dann sind darin unglaublich viele hochkomplexe Moleküle, die eigentlich die Natur für uns erfunden hat. Entsprechende Untersuchungen habe ich am Anfang mit Pflanzenwirkstoffen gemacht und dabei festgestellt: Das ist alles furchtbar kompliziert und wir hatten keinen Zugang zu Pflanzengenomen. Daraufhin habe ich mich lieber mit einfacheren Organismen beschäftigt. Dabei stellt man dann fest: Die sind gar nicht alle so böse, es gibt zum Glück nur recht wenige Pathogene. Die meisten sind für uns eigentlich sehr angenehm: sie machen Wein, machen Käse, sorgen dafür, dass wir eine gute Verdauung haben ... Daraus könnte man jetzt ein abendfüllendes Programm als Vortrag gestalten.

Nach Seattle ging es zurück an die GBF, dort haben wir uns mit Wirkstoffen, mit Antibiotika beschäftigt, auch mit Krebstherapeutika; schließlich gab es ein paar Angebote von deutschen Universitäten. Und dabei habe ich mich für Saarbrücken entschieden.

Es fragte dann der eine oder andere: „Warum gehst du denn jetzt nach Saarbrücken?" Ich habe dazu einige Argumente. Das wichtigste kann man hier in Mainz auch offenlegen: Saarbrücken liegt auf der richtigen Rheinseite. Für einen Rheinländer hat das eine wichtige Bedeutung. Und jetzt bin ich fast 20 Jahre in Saarbrücken. Ich habe dort 2003 angefangen. 2009 hatten wir das große Glück, dass man in Braunschweig gemerkt hat, dass unsere Expertise wieder gebraucht wird.

In der Folge haben wir ein Helmholtz-Institut aufbauen können das mittlerweile fast 280 Mitarbeiterinnen und Mitarbeiter hat und sich mit Antibiotikaforschung auseinandersetzt. Mir ist sehr wohl bewusst: Hier in Mainz macht man lieber Impfstoffe, aber es sollte uns allen bewusst sein, dass es nicht gegen alle Infektionserkrankungen Impfstoffe gibt und vermutlich auch keine geben wird. Wir brauchen auch nach wie vor Wirkstoffe! Und das ist das, womit wir uns beschäftigen. Warum hat das, was wir tun, vielleicht für den einen oder anderen von Ihnen durchaus Belang? Wenn ich so in den Kreis gucke, sitzt hier wahrscheinlich kaum jemand, der noch nie in seinem Leben ein Antibiotikum genommen hat.

Über Arzneimittel und ihre Nebenwirkungen wird häufig geschimpft: Mein Vater schimpft auch regelmäßig über seine vielfältigen Arzneimittel, ist aber 93 geworden und erfreut sich altersgemäß sehr guter Gesundheit. Also sollten wir uns doch alle wünschen, dass wir mit 93 auch noch einige Arzneimittel anwenden und über sie schimpfen, da bin ich gerne dabei.

Jetzt aber zurück zu den Antibiotika, da haben wir ein durchaus ernstzunehmendes Problem und daraus ergibt sich mein Appell an Sie, auf den ich auch gerne detaillierter eingehe, wenn dafür ein wenig Zeit ist: Wir alle wertschätzen Antibiotika nicht genug. Sie sind zu billig, sie werden zu häufig eingesetzt und allgemein wird angenommen, sie seien ständig verfügbar. Das sind sie aber nicht. Zum einen werden sie praktisch nur noch in Asien produziert. Sie alle haben in den letzten Wochen mitverfolgen können, dass es Antibiotika zum Teil schon in einigen Apotheken nicht mehr gibt. Zusätzlich sind Mikroorganismen im Laufe der Evolution dazu fähig geworden, sich gegen Antibiotika effizient zu wehren. Wir sprechen dann von antimikrobieller Resistenz. Das ist auch nichts Neues, diese Entwicklung kennen wir seit den 80ern. Es gibt erst seit den 50ern des letzten Jahrhunderts Antibiotika, was man sich verdeutlichen sollte. Wir benötigen diese Wirkstoffe sehr häufig und auch in der Intensivmedizin. Wenn Sie eine relativ simple Hüftprothese erhalten, dann werden Sie mit einem Antibiotikum behandelt. Wenn Sie eine Organtransplantation durchleben, dann benötigt man ebenfalls Antibiotika.

Mittlerweile sterben weltweit fast 1,5 Millionen Menschen jährlich nur an der antimikrobiellen Resistenz, weshalb wir dringend neue Antibiotika benötigen. Warum macht das nicht die pharmazeutische Industrie, fragt man sich dann. Dies ist eine sehr bedeutsame gesellschaftspolitische Frage. Ich kann Ihnen derzeit aber sagen, sie macht es nicht. Wir nennen das zugrundeliegende Phänomen bzw. seine Konsequenzen auch Marktversagen. Dieses liegt daran, dass Antibiotika a) zu gut, b) zu schnell wirksam und c) zu günstig sind. Warum zu gut? Wenn sie ein Antibiotikum einmal erfolgreich zur Therapie eingesetzt haben, dann kann der Patient oder die Patientin gut eine Woche später als geheilt gelten. Diese Konsequenz der Therapie stelle man sich als Standard für eine Herz-Kreislauf-Erkrankung, eine Krebserkrankung oder Neurodegeneration vor. Dort haben wir wenig oder gar nichts, was auch nur annähernd so effektiv ist. Und wenn wir diese „Wunderkugeln", wie Paul Ehrlich sie genannt hat, verlieren, dann haben wir ein riesiges Problem. Wir sollten nicht weiter erwarten, dass eine Antibiotika-Therapie für wenige hundert Euro oder gar günstiger durchführbar ist. Gleichzeitig werden für andere Therapien zum Teil sechsstellige Beträge investiert.

Ich glaube, dies war ein gutes Schlusswort: Ich möchte Sie einladen, uns zu unterstützen im Kampf für eine höhere Wertschätzung von Antibiotika.

Vielen Dank!

Novembersitzung 2023

GEORGE COUPLAND

Sehr geehrter Herr Präsident,
sehr geehrte Damen und Herren,

es ist mir eine große Ehre, zum Mitglied der Mainzer Akademie gewählt zu werden.

Ich wurde 1959 im Süden Schottlands geboren und habe mein Erwachsenenleben mit einem Fuß im Vereinigten Königreich und mit dem anderen in Deutschland verbracht. Ich bin im ländlichen Schottland aufgewachsen und so entwickelte sich früh mein Interesse für Naturgeschichte und Biologie. Insbesondere faszinierten mich die Reaktionen auf den Wechsel der Jahreszeiten – ein Thema, das später im Mittelpunkt meiner Forschung stand.

Ich studierte an den örtlichen Universitäten in Glasgow und Edinburgh, in zwei benachbarten, aber sehr unterschiedlichen Städten. Ich interessierte mich dort schon bald für die Genetik und insbesondere für die Entwicklungen in der Molekularbiologie und der DNA-Sequenzierung, die in den frühen 1980er Jahren aufkamen. Ich schloss meine Promotion 1984 auf dem Gebiet der bakteriellen Genetik ab, und als ich mich nach neuen Herausforderungen für meine Postdoc-Zeit umsah, wurde mir klar, dass dies eine Zeit der großen Fortschritte und aufregenden Entdeckungen in der Pflanzenbiologie war. Am Max-Planck-Institut für Pflanzenzüchtungsforschung in Köln, wo ich jetzt arbeite, hatten Jeff Schell und Kollegen elegante Methoden entwickelt, gentechnisch veränderte Pflanzen herzustellen, indem sie Bakterien verwendeten, um fremde DNA in die Pflanzenzelle zu übertragen. Außerdem untersuchte Peter Starlinger an der Universität zu Köln pflanzliche transponierbare Elemente, so genannte springende Gene, auf molekularer Ebene. Dies war zu der Zeit hochaktuell, da Barbara McClintock gerade den Nobelpreis für ihre Entdeckung erhalten hatte. Also beschloss ich, nach Köln zu ziehen und im Alter von 25 Jahren zum ersten Mal Pflanzenbiologie zu studieren. Ich erhielt Stipendien von der Royal Society (London) und EMBO, um vier Jahre an der Universität zu Köln und am Max-Planck-Institut für Pflanzenzüchtungsforschung zu arbeiten, was mir heute als die prägende Zeit meiner Karriere erscheint. Ich profitierte sehr von Peters tief durchdachter, rationaler Herangehensweise an die Wissenschaft und von Jeffs enormem Ehrgeiz, seiner Energie und Infrastruktur.

Danach kehrte ich nach Großbritannien zurück und gründete 1989 meine eigene Gruppe in Cambridge und wechselte zwei Jahre später an das John Innes Centre in Norwich. Dort verbrachte ich 12 Jahre damit, mein eigenes Forschungsprogramm in einem für mich völlig neuen Bereich zu entwickeln – wie Pflanzen jahreszeitliche Veränderungen der Tageslänge erkennen und diese Informationen nutzen, um die Blütenentwicklung auszulösen. Dies war ein spannendes Problem in der Biologie, das meine Karriere 30 Jahre lang begleitete, weil es das Verhalten von Pflanzen in natürlichen Populationen oder in der Landwirtschaft mit Molekulargenetik, Biochemie und Entwicklungsbiologie verbindet. In dieser Zeit haben wir einige der wichtigsten regulatorischen Moleküle identifiziert, die die Reaktionen auf Veränderungen der Tageslänge bei Modellpflanzen steuern und die sich auch bei Nutzpflanzen als wichtig erwiesen haben.

Im Jahr 2000 bot mir die Max-Planck-Gesellschaft die Möglichkeit, an dasselbe Institut zurückzukehren, an dem ich zuvor gearbeitet hatte, nun aber als Direktor. Ich verließ das Vereinigte Königreich zum zweiten Mal, nun mit meiner Frau und meinen beiden Kindern, in Richtung Köln. Seit den letzten 22 Jahren bin ich dort tätig, und in dieser Zeit haben wir unser Verständnis der genregulatorischen Netzwerke, die die Blüte steuern, erheblich vertieft. Insbesondere haben wir dazu beigetragen zu verstehen, wie die Tageslänge im Blatt erkannt wird und an die Sprossspitze, wo die Blütenentwicklung stattfindet, weitergeleitet wird – eine Frage, die Pflanzenbiologen seit den 1930er Jahren fasziniert. Wir haben unsere Arbeit auch auf die Untersuchung der Blüte bei langlebigen mehrjährigen Pflanzen ausgeweitet.

Auch meine Familie spiegelt meine deutsch-britische Geschichte wider. Meine Frau ist Wissenschaftlerin in der Max-Planck-Gesellschaft, mein Sohn studiert am Helmholtz-Institut in München und meine Tochter arbeitet an der Universität von Edinburgh, nur hundert Meter von dem Ort entfernt, an dem ich promoviert habe. Wir sind also von Bayern bis Schottland verstreut, was unsere Geschichte der letzten 40 Jahre widerspiegelt.

Ich danke Ihnen für Ihre Aufmerksamkeit und freue mich sehr darauf, in den kommenden Jahren an der Mainzer Akademie teilzunehmen.

PETER R. SCHREINER

Meine Damen und Herren,
geschätzte Mitglieder der Akademie,
verehrte Gäste,

ich stehe heute voller Dankbarkeit und einem tiefen Gefühl der Ehre vor Ihnen, Mitglied der Akademie der Wissenschaften und der Literatur Mainz geworden sein zu dürfen. Dieser Moment ist nicht nur eine persönliche Ehre; er ist ein Beweis für das Engagement meiner Mentoren (auch wenn meine formativen Jahre schon etwas her sind) und die Anerkennung meiner Kolleginnen und Kollegen. Ich bin zutiefst beeindruckt von dem Vertrauen, das Sie mir entgegenbringen, und ich bin inspiriert von dem bemerkenswerten Erbe wissenschaftlicher Exzellenz, das diese Akademie repräsentiert.

Wie bin ich hierher gekommen? Mir scheint's – auf wundersame Weise, denn zunächst sah es für mich als Kind eines Schreiners (ja, der Name ist Programm) und einer Kosmetikerin, nicht danach aus. Meinen Vater konnte ich mit den Worten trösten, dass ich nunmehr Molekülschreiner, also Chemiker werden wollte, was er durchaus goutierte. Also habe ich Chemie nahe meiner Heimatstadt Nürnberg, nämlich an der Universität Erlangen-Nürnberg, studiert. Es lief im Studium sehr gut, nur merkte ich, dass meine Englischkenntnisse unbefriedigend waren, vor allem im Hinblick auf die Tatsache, dass Englisch nunmehr die lingua franca der Naturwissenschaften ist. So bewarb ich mich um ein Stipendium für einen einjährigen Aufenthalt in den USA – und, wie es der Zufall so will, sollten daraus insgesamt dann fast zehn Jahre werden. Der 11. September 2001 verfestigte dann aber meinen Drang, meinen Lebensmittelpunkt nach Deutschland zurückzuverlegen, und so bekleide ich seit Juli 2002 den Liebig-Lehrstuhl für Organische Chemie an der Justus-Liebig-Universität Gießen.

Als Wissenschaftler bezeichne ich mich selbst als experimentellen, organischen Quantenchemiker. Sie wundern sich vielleicht, was das sein soll, aber es wird der Tatsache gerecht, dass ich zweimal kurz hintereinander promoviert habe, nämlich im Fach Organische Chemie und in der Theoretischen Chemie. Die Kombination dieser früher eher streng getrennten fachlichen Ausrichtung habe ich sehr früh als besonders fruchtbar angesehen und der Verlauf meiner wissenschaftlichen Karriere sollte mir recht geben. Diese begann mit der Organokatalyse, insbesondere den Thioharnstoffen, zu einer Zeit, wo sich noch keiner hierfür interessierte. Heute kann man sie im Katalog kaufen und in den Lehrbüchern darüber lesen. Aber auch das Erkennen des dritten Reaktionsparadigmas, der sogenannten Tunnelkontrolle, ist meinem Hang zur Untersuchung quantenmechanischer Effekte in der organischen Chemie geschuldet. Aktuell erforscht meine Arbeitsgruppe die Auswirkungen der Londonschen Dispersion auf Strukturen und Reaktivitäten. Kurzum: Wir versuchen die organische Chemie auf der Basis der Physik deutlich besser zu verstehen.

Während ich an der Schwelle dieser wissenschaftlichen Gemeinschaft stehe, werde ich an die Verantwortung erinnert, die diese Ehre mit sich bringt. Wir als Wissenschaffende sind mit der Aufgabe betraut, die unbekannten Bereiche des Wissens zu erforschen und die Grenzen des Bekannten zu erweitern. Dies kommt zugleich mit der Verpflichtung, einen sinnvollen Beitrag zur Verbesserung unserer Welt zu leisten. Vielen Dank, dass ich dieses Privileg mit Ihnen teilen darf.

MAIKE ALBATH

Liebe Akademiemitglieder,
sehr geehrte Damen und Herren,

ich komme aus einer großen Familie. Entscheidend war die mütterliche Seite mit ihren weltumspannenden Verästelungen und Verzweigungen und der großen Lust, davon zu erzählen. Es gab eine Urgroßmutter, die mit fünfzehn Jahren ihre erste Stelle als Hauslehrerin in Irland antrat und aus Heimweh ihre Puppen mitnahm. Später ging sie nach Frankreich, richtete sich als junge Ehefrau in Hinterpommern einen französischen Salon ein und führte das Tischgespräch auf Französisch. Es gab eine Großtante, deren Verlobter während der Weltwirtschaftskrise 1929 schmählich Bankrott erlitt und die aus Scham nach Brasilien auswanderte. Es gab einen Großvater, der in China aufwuchs, sich in der Straßenbahn von Genua als Neunjähriger die Hand klemmte, weil er so ein Fahrzeug nicht kannte und der dann als Heranwachsender allein in Berlin zurückblieb, nur mit seinem jüngeren Bruder, mit dem er einen einzigen Mantel teilte. Es gab einen angeheirateten Onkel, der als ungarischer Jude in einem französischen Kloster die Nazizeit überlebte. Es gab Pastoren, Ärztinnen und Ärzte, Lehrer, Musiker und einen Ökonomen, der eher verschwiegen wurde. Ein Kosmos, eine Fülle von Lebensentwürfen, Möglichkeiten, sich mit der Welt in ein bestimmtes Verhältnis zu setzen. Es gibt immer noch Tanten, Onkel, Cousins und Cousinen ersten, zweiten und dritten Grades, Neffen, Nichten, Schwägerinnen, Schwäger und Geschwister. Die weit ausgreifenden Beziehungen, die angeheirateten und befreundeten Familien, führten dazu, dass ich mich von klein auf auf komplexe Gefüge verstand und es nie schwierig fand, mich im Personal eines russischen Romans oder der Taxonomie eines Gérard Genette zurechtzufinden. Es reichte, den verschiedenen Erzählperspektiven bestimmte Verwandte zuzuordnen: die *vision du dedans* war natürlich die einfühlsame Tante, die *vision avec* der ironische Onkel, die *vision du dehors* die olympische Großmutter.

Vor allem aber bereitete mich die multifamiliäre Herkunft auf das Land vor, in das ich mit achtzehn als Trotzreaktion auf das protestantische Umfeld übersiedelte: Italien. Ins Katholische und Meridionale gewendet, fand ich vor, was mir bestens vertraut war, auch in seinen Ambivalenzen, die es natürlich ebenso offenzulegen gilt: Familien als gesellschaftliches Ordnungsprinzip, sicher auch als Bollwerk gegen staatliche Institutionen, überwölbt und unterfüttert von bestimmten Ideologien. Und ich begann, mir ein eigenes Familienlexikon zu erschaffen, wie Natalia Ginzburgs berühmter Roman heißt, Freundschaftsnetze, intellektuelle Prägungen, die über Personen passierten und wiederum zu engen Bindungen führten. Meine eigenen Genealogien. Mein Doktorvater Jürgen Trabant wäre zu nennen, der Dichter Andrea Zanzotto, die Romanistinnen Sanja Roić und Benedetta Craveri, übrigens die Enkelin des Philosophen Benedetto Croce, meine romanistischen Doktorgeschwister Bettina Lindorfer und Markus Messling.

Nach meinem Studium und der Promotion über die verschlungenen, vieldeutigen Gedichte Zanzottos brauchte es ein Gegengewicht zu den faszinierenden Deutungsdelirien, etwas Direkteres, sinnlich Unmittelbares. Ich ging zum RIAS Berlin, dem Radio im Amerikanischen Sektor. Das Ohr und die Stimme wurden entscheidend und sind es immer noch. Aber mit meinem ersten Buch über das Turiner Verlagshaus Einaudi für Heinrich von Berenberg war ich wieder bei den familienähnlichen Rhizomen angelangt. Einaudi, das waren Schulfreunde, die mitten im Faschismus 1933 auf die Idee kamen, einen Verlag mit einem internationalen Profil zu gründen. Sie wollten ihr Land gestalten und taten dies auch – mit Büchern. Der Blick und das Verständnis für vielschichtige und sich in viele Richtungen fortspinnende tatsächliche und imaginäre Verwandtschaften ist mir also geblieben. Dass ich jetzt Mitglied der Mainzer Akademie bin, die ja wieder Filiationen erschafft und zwischen verschwisterten und verschwägerten und einander völlig fremden Disziplinen Brücken schlägt, ist eine stimmige und schöne Pointe. Vielen Dank!

HANS VAN ESS

Liebe Kolleginnen und Kollegen,

ich freue mich sehr, heute meine Antrittsrede halten zu können. Zum ordentlichen Mitglied gewählt wurde ich, natürlich in Abwesenheit, am 14. Februar 2020. In einem auf denselben Tag datierten Brief bat mich der Präsident, an der nächsten Plenarsitzung am 24. April 2020 teilzunehmen und meine Urkunde in Empfang zu nehmen. Wir alle erinnern uns, dass am 24. April 2020 eine Reise absolut ausgeschlossen war.

Mein Weg zu dieser ehrenvollen Auszeichnung ist gar nicht selbstverständlich gewesen. Nach meinem Abitur am humanistischen Uhland-Gymnasium in Tübingen wechselte ich zum Studium der Sinologie und Philosophie an die Universität Hamburg. Aus einem orientalistischen Haushalt kommend, studierte ich nebenher etwas Turkologie, zuerst nur, um meine Türkischkenntnisse, die mir meine Mutter während meines Zivildienstes beigebracht hatte, nicht zu vergessen. Nach nur 3 1/2 Jahren machte ich Magister, nicht etwa, weil ich ein Wunderkind war, sondern weil es mir zu spät eingefallen war, für einen einjährigen Sprachaufenthalt nach China zu gehen. Mein späterer Doktorvater legte mir nahe, den Magister doch vorher abzulegen. So wurde aus dem Philosophiestudium nichts, und ich ließ mich stattdessen, mehr schlecht als recht, in der Turkologie prüfen. Zwei spannende Jahre, statt einem, an der Fudan-Universität in Shanghai schlossen sich ab 1986 an, während derer ich meine Dissertation zur konfuzianischen Klassikergelehrsamkeit begann, für deren Abschluss im Jahr 1992 ich in Hamburg allerdings noch einmal 3 1/2 weitere Jahre brauchte.

Danach arbeitete ich munter an Übersetzungen Han-zeitlicher Texte weiter, allerdings ging mir allmählich das Geld aus. Eine Assistentenstelle fand ich nicht. Und so nahm ich im Herbst 1992 eine Stelle im damals einzigen asienbezogen arbeitenden Wirtschaftsverband in Deutschland an, dem Ostasiatischen Verein zu Hamburg, wo ich Unternehmen beriet und Delegationsreisen nach China, Taiwan, die Mongolei und auch nach Nordkorea organisierte. Das machte Spaß, und fast hätte ich der Wissenschaft auf immer Lebewohl gesagt, hätte mich nicht 1994 auf einer Konferenz in Prag das überraschende Angebot erreicht, eine Assistenz am Sinologischen Seminar der Universität Heidelberg anzunehmen. Mit einigem Bauchgrimmen nahm ich es an, dachte mir aber, es könne nun nicht klug sein, mir mit der Habilitation allzu viel Zeit zu lassen. Mit einer Arbeit zur neokonfuzianischen Philosophie des 12. Jahrhunderts schloss ich sie im Januar 1998 ab und bekam, völlig unverhofft und unverdient, gleich darauf einen Ruf auf einen durch den frühen Tod von Wolfgang Bauer verwaisten

Lehrstuhl an der LMU München. Dieser bin ich seither stets treu geblieben, weil sie mir ideale Arbeitsbedingungen für meine Interessen an alter chinesischer Philosophie, Geschichtsschreibung und den zentralasiatischen Sprachen des Klassischen Mongolischen und des Mandschurischen bot.

Verschiedene Ämter haben mich allerdings immer wieder jäh aus akademischen Träumen gerissen. Unter anderem bin ich seit recht langer Zeit Vizepräsident an der LMU München und hatte von 2015 bis Februar 2023 die Ehre, der Max-Weber-Stiftung – Deutsche Geistesgeschichtliche Institute im Ausland vorzustehen. Das hat viel Arbeit gekostet und gleichzeitig Spaß bereitet. Es hat mich aber auch daran gehindert, den Sitzungen der Akademie mit der gebotenen Regelmäßigkeit beizuwohnen. Mit dem Gelübde, das in Zukunft so gut wie möglich zu korrigieren, möchte ich schließen und mich bei Ihnen allen für das Vertrauen bedanken, das Sie mir durch die Zuwahl in diese Akademie geschenkt haben.

TODESFÄLLE

Es verstarben die Mitglieder

Helmut Ringsdorf
Organische und Makromolekulare Chemie
20. März 2023

Clemens Zintzen
Klassische Philologie und Renaissanceforschung
22. April 2023

Friedhelm Debus
Deutsche Philologie
3. Mai 2023

Dorothee Gall
Klassische Philologie
31. August 2023

Es verstarb der Projektleiter

Karl-Heinz Willroth
Ur- und Frühgeschichte
18. Mai 2023

NACHRUF AUF WERNER HABICHT

von
Christa Jansohn

WERNER HABICHT
(1930–2022)

> *Jetzt ist es spät.*
> *Das Leichte geht aus mir*
> *und auch das Schwere*
> *die Schultern fahren schon*
> *wie Wolken fort*
> *Arme und Hände ohne Traggebärde*
> *so nimm die Nacht*
> *mich wieder in Besitz.*
>
> Nelly Sachs

Vier Jahre nach dem Tod seines hochgeschätzten Kollegen und Freundes Dieter Mehl (1933–2018) ist Werner Habicht am 5. November 2022 im Alter von 92 Jahren verstorben. Wie Wolfgang Clemen (1909–1990), aus dessen Schülerkreis beide stammten, gehörte Werner Habicht zu den Forschern und Lehrern, die sich dem allgemeinen Trend zur frühen Spezialisierung und Einengung auf ein begrenztes Gebiet der Literatur widersetzten und gleichzeitig bewiesen, dass man auf ganz verschiedenen Feldern

Imponierendes leisten kann. Zu Habichts Kompetenzen gehörten: Englische Literatur und Kultur, besonders des Mittelalters (Alt- und Mittelenglisch), der Renaissance und des 19./20. Jahrhunderts; Shakespeare und Shakespeare-Rezeption in Deutschland und weltweit; Theatergeschichte; Übersetzungsgeschichte; literarische Lexikographie.

Seit 1983 gehörte Werner Habicht unserer Akademie als Mitglied der Geistes- und sozialwissenschaftlichen Klasse an, zunächst als ordentliches Mitglied und nach Aufnahme in die Bayerische Akademie der Wissenschaften (1994) als korrespondierendes. Herr Habicht war jahrelang Vorsitzender der Kommission für Englische Philologie und Mitglied der Kommission für Deutsche Philologie. Nach dem Tod des Akademiemitglieds Horst Oppel († 17. Juli 1982), der das Shakespeare-Bildarchiv der Mainzer Universität gründete, übernahm Werner Habicht dessen Aufgaben. Das dreibändige von Hildegard Hammerschmidt-Hummel herausgegebene Werk erschien 2003 als Veröffentlichung der Mainzer Akademie beim Harrassowitz Verlag in Wiesbaden unter dem Titel *Die Shakespeare-Illustration (1594–2000). Bildkünstlerische Darstellungen zu den Dramen William Shakespeares: Katalog, Geschichte, Funktion und Deutung* und umfasst zirka 3.100 bildkünstlerische Darstellungen zu sämtlichen Dramen Shakespeares aus fünf Jahrhunderten. Darüber hinaus wirkte Werner Habicht anlässlich des 450. Geburtstages William Shakespeares im Jahre 2014 am Sammelband *Shakespeare unter den Deutschen*, hrsg. von Christa Jansohn, Werner Habicht und Dieter Mehl (Wiesbaden: Franz Steiner, 2015), sowie am digitalen *Shakespeare Album* mit (https://www.shakespearealbum.de/informationen.html). Auch begleitete er mit großem Interesse das Symposium „Brexit means Brexit?" im Dezember 2017.

Habichts intensive Beschäftigung mit der Literatur ganz verschiedener Epochen bewahrte ihn vor phantasielosen Einseitigkeiten, anachronistischen Fehlinterpretationen bzw. geschichtslosen Verkürzungen. Vielmehr zeigte seine enorme wissenschaftliche Breite, welche Vorteile diese mitbringt, denn wer – wie Werner Habicht – an Shakespeare die aufmerksame und sensible Textinterpretation internalisiert, begegnet auch einem mittelalterlichen Text mit größerer methodischer Offenheit, und wer sich um das Verständnis mittelenglischer Prosa und Poesie bemüht hat, wird auch einen freieren und zugleich informierteren Zugang zur Literatur des 20. und 21. Jahrhunderts gewinnen. Umso mehr beklagte Habicht schon früh den Drang zu Spezialisierung statt Gesamtschau, organisierter Exzellenz statt Einheit von Forschung und Lehre, welche oftmals mit evaluierender Kontrolle statt individueller Gestaltungsfreiheit sowie mehr mit Reglementierung als mit Eigeninitiative zu tun habe. Resigniert beobachtete er, wie die Geisteswissenschaften marginalisiert statt ermutigt werden; wie praktische Verwertbarkeit reklamiert, statt zweckfreie Suche gefördert werde.

Nach dem Abitur in seiner Geburtsstadt Schweinfurt studierte Werner Habicht ab 1949 Anglistik, Romanistik und (mit zunehmend geringerem Interesse) Philosophie in München, verbrachte ein Auslandsjahr an der John Hopkins University, Baltimore (1951–1952); ein weiteres Auslandsstudium folgte in Paris (1952–1953), wo es den jungen Habicht oft ins Theater zog, zumal in die Comédie Française. Hier lernte er die lebendige Bühnenwirkung der französischen Klassiker schätzen und alle etwa aus der deutschen Literaturgeschichte seit Lessing mitgeschleppten Vorbehalte gegen sie über Bord werfen. Nach seiner Rückkehr legte er 1954 in München das Erste Staatsexamen ab, das zweite Staatsexamen folgte 1957. Im selben Jahr wurde er mit einer Arbeit über *Die Gebärde in englischen Dichtungen des Mittelalters* promoviert. Seine aus der Schule Levin L. Schücking und Wolfgang Clemen hervorgegangene Dissertation untersucht die Funktion und Ausdruckswerte der Gebärde, also eines über das Sprachliche hinausgehenden Phänomens, in der alt- und mittelenglischen Literatur, vornehmlich in Epos, Versromanze und anderen Erzählgattungen, aber auch im mittelalterlichen Drama. Dabei werden systematische und historische sowie formale und thematische Aspekte auf sorgfältig abwägende Weise zueinander in Beziehung gesetzt und literarisch gewertet. Der hohe wissenschaftliche Rang der Arbeit wurde schon dadurch unterstrichen, dass Levin L. Schücking sie zur Veröffentlichung in den Abhandlungen der Bayerischen Akademie der Wissenschaften vorschlug. 1965 folgte die Habilitation ebenfalls in München mit einer Arbeit zu *Studien zur Dramenform vor Shakespeare: Moralität, Interlude, Romaneskes Drama*, welche 1968 im renommierten Carl Winter-Verlag in Heidelberg erschien. Mit 53 Jahren wird Werner Habicht in der Februar-Sitzung (18. Februar 1983) einstimmig zum ordentlichen Mitglied der Mainzer Akademie gewählt, wobei der Wahlantrag besonders gut die Habilitationsschrift umschreibt: Die akribisch recherchierte Habilitationsschrift reiche von den Moralitäten des 15. und frühen 16. Jahrhunderts über die frühelisabethanischen Interludien bis zu den Dramen um 1590. Habicht leugne zwar nicht den Einfluss der Dramentheorie der Renaissance auf deren Ausbildung, wichtiger erscheine ihm freilich die autochthone Entwicklung des vorshakespeareschen Dramas durch Vermischung heimischer und klassischer Formelemente in der Theaterpraxis und am Experiment. Dabei gehe er davon aus, dass das Einheit stiftende Prinzip in der Suprematie der Thematik über Handlungen und Charaktere zu suchen sei. Verdienst dieser Arbeit sei es, eine üppige Zahl an über hundert dramatischen Texten in einen geordneten Zusammenhang zu setzen und auf dramatische Mischformen zu verweisen, die symptomatisch für die Epoche seien und an die Shakespeare schließlich anknüpfe. (gekürzt wiedergegeben nach der Personalakte von Werner Habicht).

Direkt nach der Habilitation konnte Werner Habicht München den Rücken kehren, was für ihn aufgrund privater Probleme wie ein Befreiungsschlag wirkte. Von 1966 bis 1970 lehrte er als ordentlicher Professor an der Universität Heidelberg. Frisch verheiratet genoss er die Natur und vor allem das Theaterleben – seine Gattin war Bühnenbildnerin –, hauptsächlich aber die anregende, unkomplizierte wissenschaftliche Atmosphäre am Heidelberger Seminar, wozu sicherlich auch sein Mentor Rudolf Sühnel (1907–2007) immens beitrug. Noch bis zu seinem Tod hatte Habicht regelmäßigen Telefonkontakt zu Heidelberger Kollegen, und ich durfte ihn wiederholt mit dem Auto zu seinen Freunden in sein geliebtes Neckargemünd fahren. Hier wurde der ansonsten eher schüchterne, introvertierte Kollege redselig und kam regelrecht ins Schwärmen, was seine Heidelberger Zeit anbelangte: „Nie hätte ich Heidelberg verlassen sollen", wiederholte er oft sehnsuchtsvoll. Es folgten weniger glückliche Jahren an der Universität Bonn (1970–1978). Habicht, dem ewig Suchenden, sagte die laute rheinische Art gar nicht zu und so nahm er 1978 einen Ruf auf den Lehrstuhl für Englische Philologie an der Universität Würzburg an – sein größter Fehler, wie er immer wieder beteuerte. Rufe nach München (1973) und Göttingen (1978) lehnte er ab. Der unterfränkischen Enge versuchte Werner Habicht durch Gastprofessuren zu entkommen, etwa an der University of Texas (Austin), der University of Colorado (Boulder), der Ohio State University (Columbus) und der University of Cyprus (Nicosia). Zudem besuchte er regelmäßig die Folger Shakespeare Library in Washington, D.C. Hier erwarb sich Werner Habicht bleibende Verdienste durch die Sammlung, Übersetzung und Kommentierung der Briefe deutscher Gelehrter (insbesondere Friedrich A. Leos [1851–1914] und anderer), die in der Folger Shakespeare Library aufbewahrt werden und nur wenig Beachtung fanden. Dieses Material zu erschließen und für die Shakespeare-Forschung öffentlich zugänglich zu machen, eine Arbeit, die kaum von einem anderen als Habicht geleistet werden konnte, stellt eine besonders verdienstvolle und vor allem selbstlose Leistung dar, die zukünftige Benutzer/innen nicht genug würdigen können (vgl. http://shakespeare.folger.edu/other/html/dfogerman.html und http://shakespeare.folger.edu/other/html/dfoleo.html).

Werner Habicht ist darüber hinaus Verfasser von mehreren anregenden Studien zur Shakespeare-Rezeption bis hin zum modernen englischen Drama. Zudem war er langjähriger Herausgeber von *English and American Studies in German* (1969–1982) und des *Shakespeare-Jahrbuch West* (1980–1995) sowie mehrerer Sammelbände und des achtbändigen *Literatur-Brockhaus* (1986; 2. Aufl. 1995).

Zudem war Werner Habicht Präsident der Deutschen Shakespeare-Gesellschaft West (1976–1987), Ehrenvizepräsident der International Shakespeare Association und Ehrenmitglied der „Australian and New Zealand Shakespeare Association (ANZSA)". Als jahrelanger Vorsitzender des Herausgeberkomitees der englisch-deutschen Studienausgabe der Dramen Shakespeares stand er zunächst hinter dem Projekt einer neuen deutschen Prosaübersetzung, distanzierte sich dann aber zunehmend von dem Vorhaben und überließ seine kompletten Vorarbeiten, die auch seine vollständige Prosaübersetzung von Shakespeares *Midsummer Night's Dream* sowie zahlreiche Fotokopien und Bücher einschloss, dem Hamburger Anglisten Norbert Greiner (geb. 1948), der in Bälde die Ausgabe publizieren soll.

Mit Werner Habicht verliert unsere Akademie einen warmherzigen, allseits interessierten Kollegen und die internationale Shakespeare-Gemeinschaft einen generösen Forscher, der stets sein Wissen teilte und bis ins hohe Alter mental an der Entwicklung seines Faches teilnahm. Sein seit 2017 immer schlechter werdendes Augenlicht, das schließlich ganz erlosch, hatte zahlreiche Stürze zur Folge. Einsam verbrachte er sein Lebensende in einem Seniorenheim in Bad Kissingen. Eine mild verlaufende Corona-Erkrankung Anfang Oktober 2022 schwächte ihn immer mehr. Es war sein letzter Wille, Anfang November noch einmal in seine eigene Wohnung in Höchberg zurückzukehren. Diese hatte er trotz Umzug nach Bad Kissingen beibehalten. Das sei schließlich sein Erstwohnsitz, wie er stets betonte. Dort wurde er am Samstagmorgen, den 5. November 2022, um 4.10 Uhr, von seinen mit größter Geduld ertragenen gesundheitlichen Leiden erlöst.

Wir verneigen uns vor der Lebensleistung eines herausragenden Wissenschaftlers und Hochschullehrers und vor einem gütigen und treuen Freund und Kollegen.

NACHRUF AUF HELMUT RINGSDORF

von
Herbert Waldmann und Rudolf Zentel

HELMUT RINGSDORF
(1929–2023)

Am 20. März 2023 verstarb Helmut Ringsdorf, langjähriges Mitglied der Mainzer Akademie der Wissenschaften und der Literatur, im hohen Alter von 93 Jahren im Kreis seiner Familie.

Helmut Ringsdorf wurde am 30. Juli 1929 in Gießen geboren. Er studierte in der frühen Nachkriegszeit in Frankfurt a. M., Darmstadt und Freiburg Chemie und schloss das Studium 1956 mit einem Diplom bei Hermann Staudinger, dem Vater der Polymerchemie, ab. Er promovierte 1958 bei dessen Nachfolgerin Elfriede Husemann in Freiburg. Nach einer Übergangszeit als Assistent ging er 1960 bis 1962 an das „Polytechnic Institute of Brooklyn" (New York City, USA) und lernte dort die amerikanische Art, Forschung zu betreiben, kennen. Nach seiner Rückkehr habilitierte er sich 1967 an der

Universität Marburg. Im Jahr 1971 übernahm Ringsdorf eine neu geschaffene Professur für Organische Chemie mit dem Schwerpunkt in Makromolekularer Chemie an der Universität Mainz. Hier forschte und lehrte er bis zu seiner Pensionierung im Jahr 1994. Als Emeritus übernahm er verschiedene auswärtige Professuren, z. B. in Pharmazie in London (1995–2000) und in Cardiff (2001–2005), die ihm die Weiterführung seiner Arbeiten zur Entwicklung von polymeren Pharmaka ermöglichten.

Helmut Ringsdorf war Professor für Organische Chemie und hat dabei speziell über Polymere Materialien geforscht. Bekannt ist er vor allem für seine Arbeiten zu flüssigkristallinen Polymeren und zu Polymeren als Pharmaka sowie durch seine Arbeiten zur Zusammenführung der materialwissenschaftlichen und biologischen Aspekte der Polymerchemie. Helmut Ringsdorf wurde für seine Arbeiten vielfach ausgezeichnet und geehrt, z. B. durch den Hermann-Staudinger-Preis der Gesellschaft Deutscher Chemiker (1985), den Award in Polymer Chemistry der American Chemical Society (1994) und den Alfred-Saupe-Preis der Bunsen-Gesellschaft. Er war Chevalier dans l'Ordre des Palmes Académiques (Frankreich) und wurde vierfach mit einer Ehrendoktorwürde bedacht.

Bei seinen Forschungsaktivitäten ging Helmut Ringsdorf stets wie ein Entdeckungsreisender vor, der in unbekannten Gewässern Neuland sucht. Dabei entwickelte er universelle Modelle, die bis heute durch Klarheit bestechen. Diese Denk- und Vorgehensweise war auch in seiner Persönlichkeit reflektiert. Helmut Ringsdorf war ein sehr offener und positiver Forscher, der sein Umfeld für seine Ideen begeistern konnte. Er pflegte intensiv und auch durch vielfältige Reisen sehr viele nationale und internationale Kontakte, wodurch auch sein wissenschaftliches Umfeld an der Universität geprägt wurde. Lange bevor ausländische Post-Docs an deutschen Universitäten breit vertreten waren, beherbergte Ringsdorf viele, überwiegend amerikanische, aber auch japanische und chinesische Mitarbeiter. Gäste waren in seiner Gruppe stets willkommen und wurden von ihm auch zu Hause bewirtet. Diese Kontakte pflegte Ringsdorf z. B. auch bereits während des Kalten Krieges mit Wissenschaftlern aus dem damaligen Ostblock. Die Universität Mainz führt diese internationale Ausrichtung bis heute fort, unter anderem durch eine Kooperation mit der japanischen Kyushu University, die auch von der Mainzer Akademie unterstützt wurde. Anlässlich der Unterzeichnung des Kooperationsabkommens hielt der 89 ½-jährige Ringsdorf 2018 seinen letzten öffentlichen Vortrag (der auch auf Youtube verfügbar ist: https://www.youtube.com/watch?v=_jX8doZ9P3I.

Helmut Ringsdorf war ein fordernder und stets respektvoller Diskussionspartner, stets offen für Neues und bis ins hohe Alter kreativ und energiegeladen. Er war unkonventionell und verstand es, durch gekonnte Provokation fordernd und konstruktiv zu sein. Seine Arbeit in der Akademie war stets durch diesen Geist geprägt.

NACHRUF AUF CLEMENS ZINTZEN

von
Andrea Rapp und Gernot Wilhelm

CLEMENS ZINTZEN
(1930–2023)

Clemens Zintzen, ein herausragender Gelehrter und langjähriges Mitglied unserer Akademie, ist am 22. April 2023 im Alter von 92 Jahren von uns gegangen. Sein Lebenswerk und sein unermüdlicher Einsatz für die Wissenschaft werden in unserer Erinnerung stets präsent sein.

Geboren am 24. Juni 1930 in Aachen, widmete er sich von 1952 bis 1958 dem Studium der Klassischen Philologie, Philosophie und Germanistik in Köln und Bonn. Im Jahr 1957 wurde er an der Universität Bonn mit der Arbeit „Analytisches Hypomnema zu Senecas *Phaedra*" zum Dr. phil. promoviert, was den Beginn einer außergewöhnlichen akademischen Reise markierte.

Nach einer kurzen Phase als Gymnasiallehrer von 1958 bis 1961 kehrte Zintzen zur Fachwissenschaft zurück und habilitierte sich im Jahr 1963 mit einer kritischen Edition und Kommentierung der ‚Vita Isidori' des Damaskios. Im Anschluss erhielt er 1964 seine erste Dozentur an der Universität zu Köln. Seine akademische Karriere führte ihn 1968 nach Mannheim, wo er eine Stelle als Wissenschaftlicher Rat und Professor annahm. Im Jahr 1969 folgte er einem Ruf als ordentlicher Professor für Klassische Philologie an die Universität des Saarlandes. 1972 kehrte er schließlich als Professor für Klassische Philologie an die Universität zu Köln zurück, wo er bis zu seiner Emeritierung im Jahr 1994 tätig war. Seine Leidenschaft für die Lehre und für die Wissenschaft führte dazu, dass er auch nach seiner Emeritierung bis zum Ende des Sommersemesters 2010 regelmäßig lehrte. Clemens Zintzen widmete sein wissenschaftliches Schaffen einer breiten Palette von Themen, darunter die Philosophie des Neuplatonismus, die Rezeptionsgeschichte und die Florentiner Renaissance. Er veröffentlichte zahlreiche bedeutende Schriften, die sein umfassendes Wissen und seine tiefe Hingabe zur Forschung widerspiegeln. Seine Werke sind auch heute noch eine wertvolle Ressource für diejenigen, die sich in diese Fachgebiete vertiefen möchten. Zintzens wissenschaftliche Arbeit ist stark von einem weiten Blick auf politisch-historische und kulturgeschichtliche Zusammenhänge geprägt; er analysiert Verflechtungen zwischen Philosophie und Poesie und Prozesse der Rezeption und Neuorientierungen. Sein Interesse galt zunächst der griechischen Dichtung und Philosophie sowie ihrer Übernahme in der römischen Literatur, später wandte er sich verstärkt der römischen Literatur zu, wobei sein Fokus auf der Art und Weise lag, wie die Römer griechische Quellen adaptierten. Dieser quellen- und rezeptionsorientierte Ansatz erstreckte sich schließlich auf die Literatur des italienischen Quattrocento und ermöglichte eine organische Fortsetzung seines Lebenswerks, das die kulturgeschichtliche Entwicklung von Griechenland über Rom bis zur Renaissance nachzeichnete.

Clemens Zintzen war nicht nur auf nationaler, sondern auch auf internationaler Ebene eine bedeutende Persönlichkeit der Wissenschaft. Seine Zuwahl zum ordentlichen Mitglied der Geistes- und sozialwissenschaftlichen Klasse erfolgte 1977. Von 1986 bis 1993 war er Vizepräsident und von 1993 bis 2005 Präsident unserer Akademie. In dieser Funktion war er gleichzeitig von 1998 bis 2002 Vorsitzender der Union der deutschen Akademien der Wissenschaften; zugleich auch Mitglied des Senates der DFG und der Leopoldina. Die Ansprachen, mit denen Clemens Zintzen jeweils am ersten Freitag des Monats November die jährlichen Sitzungsperioden der Mainzer Akademie eröffnete, waren geschliffene Reden, die nicht nur seine enge Verbundenheit mit der Akademie, der er zwölf Jahre lang vorstand, bekundete, sondern auch seine Vertrautheit mit der Idee der Akademie und ihrer historischen Realisierung von Platon über Marsilio Ficino und Leibniz bis zu den heutigen Akademien der Wissenschaft. In seiner Rede auf der Jahresfeier 1999 bot Zintzen einen immer noch lesenswerten Abriss der Gründungsgeschichte der Mainzer Akademie. Der Vertreter der französischen Besatzungsmacht hatte 1948 darauf gedrungen, dass die zu gründende Akademie keine lokale oder regionale Einrichtung sein sollte, sondern ein *effort intellectuel allemand*. Auch die Schaffung einer Klasse der Literatur entsprach französischen Vorstellungen und stieß bei anderen deutschen Akademien zunächst eher auf Befremden. Als Mitte der 90er Jahre, nicht lange nach der deutschen Wiedervereinigung, die Forderung nach Errichtung einer deutschen National-Akademie diskutiert wurde, plädierte Zintzen sehr pointiert für den Fortbestand der (damals) sieben Akademien der Wissenschaften und begründete dies mit Verweis auf die kulturpolitische Struktur der Bundesrepublik Deutschland.

Großen Wert legte Zintzen auf die Förderung des wissenschaftlichen Nachwuchses; er bezeichnete sie als „ganz vordringliche, heute nicht aufschiebbare wichtige Aufgabe". 1995 gründete Zintzen in Zusammenarbeit mit dem damaligen Ministerium für Bildung, Wissenschaft und Weiterbildung des Landes Rheinland-Pfalz und der Johannes Gutenberg-Universität Mainz unter dem Namen ‚Colloquia Academica' ein Forum für Vorträge „junger Wissenschaftler". Sein Engagement für die Förderung des akademischen Nachwuchses begründete der Klassische Philologe mit einem Platon-Zitat: „Alle großen und andauernden Anstrengungen sind Aufgabe der Jugend." 1996 wurde die Walter und Sibylle-Kalkhof-Rose-Stiftung errichtet, die der Förderung und Weiterbildung des besonders qualifizierten wissenschaftlichen Nachwuchses dienen sollte.

Im selben Jahr konzipierte Zintzen in Zusammenarbeit mit dem Landtag Rheinland-Pfalz und dem Südwestfunk die neue Reihe „Literatur im Landtag". Außerdem konnten erstmalig der Preis der Peregrinusstiftung „zur Ehrung eines Werkes" und der ebenfalls neu gestiftete Förderpreis Biodiversität vergeben werden. Im Jahr 2000 gründete Zintzen zusammen mit dem damaligen Wissenschaftsminister Prof. Zöllner den Akademiepreis des Landes Rheinland-Pfalz und wirkte bis 2016 in der Jury des Preises mit.

Auch nach dem Ende seiner Amtszeit als Präsident 2005 beteiligte er sich engagiert am Akademie-Geschehen. So bereitete er ein Symposium zur „Zukunft des Buches" vor, das im Mai 2010 stattfand, und im November desselben Jahres analysierte er in einem Plenumsvortrag zusammen mit dem Neuropsychologen Niels Birbaumer Abschiedsszenen bei Homer und Vergil.

Seine Verdienste um die Wissenschaft wurden auch von der Bayerischen Akademie der Wissenschaften gewürdigt, die ihm im Jahr 2003 die Medaille „*Bene merenti* in Silber" verlieh. Die Medieval Academy of America ernannte ihn im Jahr 1981 zum Mitglied, darüber hinaus war er ebenfalls Mitglied der Deutschen Akademie der Technikwissenschaften (Acatech). Im Jahr 1998 wurde ihm der Verdienstorden der Bundesrepublik Deutschland (1. Klasse) verliehen.

Mit dem Tod von Clemens Zintzen verliert die Welt der Wissenschaft einen wahren Pionier und einen herausragenden Gelehrten. Sein Erbe wird in seinen Werken und im Herzen all jener weiterleben, die von seinem Wissen und seiner Weisheit profitieren durften. Wir werden Clemens Zintzen stets in ehrenvoller Erinnerung behalten und sein Vermächtnis in der Wissenschaft fortleben lassen.

NACHRUF AUF FRIEDHELM DEBUS

von
Kurt Gärtner

FRIEDHELM DEBUS
(1932–2023)

Am 3. Mai 2023 verstarb Friedhelm Debus, emeritierter Professor für Ältere Deutsche Literaturwissenschaft und Deutsche Sprachwissenschaft an der Christian-Albrechts-Universität zu Kiel im Alter von 91 Jahren. Der Gelehrte war bis ins hohe Alter wissenschaftlich tätig und hat die germanistische Forschung auf seinem Hauptforschungsgebiet, der Namenkunde, in ihren unterschiedlichsten Facetten beherrscht und maßgeblich mitgeprägt. Zugleich aber war er einer der Wissenschaftler, die mit der Deutschen Philologie in ihrer ganzen thematischen Breite vertraut waren. Die zu seinen Geburtstagen 1997, 2007 und 2017 erschienenen fünf Bände mit seinen Kleineren Schriften, sorgfältig herausgegeben von seinen Schülern, enthalten 102 Aufsätze aus seiner mehrere Hundert Beiträge umfassenden Bibliographie.

Friedhelm Debus wurde am 3. Februar 1932 als Sohn des Volksschullehrers Ludwig Debus in Oberdieten (Kreis Biedenkopf, Hessen) geboren. Noch während seines Besuchs der Grundschule in Oberdieten wurde sein Vater wegen seiner Zugehörigkeit zur Bekennenden Kirche auf Betreiben der Nationalsozialisten nach Friedensdorf versetzt. In beiden Orten war der Vater Organist der Kirchengemeinden und Chorleiter. Die Musik spielte von Kindheit an eine prägende Rolle für Friedhelm Debus. Von Friedensdorf aus besuchte er das Gymnasium in Biedenkopf und begann nach dem Abitur 1952 an der Universität Marburg das Studium der Germanistik, Evangelischen Theologie, Romanistik und Psychologie. Hier legte er nach dem 2. Semester die Ergänzungsprüfung in Griechisch ab. Nach Studienaufenthalten in Dijon, Paris (Sorbonne) und Tübingen kehrte er 1955 nach Marburg zurück, wo er im Juli 1957 mit einer unter Walther Mitzka begonnenen und unter Ludwig Erich Schmitt zu Ende geführten Untersuchung über die deutschen Bezeichnungen für die Heiratsverwandtschaft promovierte.

Schon vor dem Ablegen des Ersten Staatsexamens im Februar 1959 in den Fächern Deutsch, Evangelische Religion und Psychologie war Friedhelm Debus am Forschungsinstitut Deutscher Sprachatlas tätig, wo er an der Herausgabe des „Deutschen Sprachatlas" mitwirkte. Zum März 1959 trat er eine Assistentenstelle am Institut an. Neben seiner Tätigkeit in den verschiedenen Abteilungen des Instituts wirkte er im germanistischen Lehrbetrieb mit; außerdem wurde ihm die Leitung der Sprachkurse innerhalb der jährlichen Internationalen Ferienkurse an der Philipps-Universität übertragen. Im November 1960 übernahm er die Geschäftsführung des Instituts und wurde 1965 zum Wissenschaftlichen Rat ernannt. Zwar bewilligte ihm im März 1965 die Deutsche Forschungsgemeinschaft ein Habilitationsstipendium für seine sprachwissenschaftlich-siedlungsgeschichtliche Untersuchung der nordhessischen Ortsnamen, doch wurde Friedhelm Debus noch vor dem Abschluss der Habilitationsschrift im August 1965 zum ordentlichen Professor für Deutsche Philologie (middeleeuwse Duitse letterkunde en Duitse taalkunde) an der Rijksuniversiteit Groningen (Niederlande) ernannt. In den Studienjahren 1966/67 und 1967/68 übernahm er außerdem eine Lehrverpflichtung für die „Fryske Akademy" und vertrat 1969 den Lehrstuhl seines Faches an der Rijksuniversiteit Utrecht. Ein im gleichen Jahr an ihn ergangenes Angebot, diesen Lehrstuhl zu übernehmen, lehnte er ab, nahm aber zum 1. September 1969 den Ruf auf den Lehrstuhl für Deutsche Philologie an der Universität Kiel an. Bis zu seiner Emeritierung wirkte er in Kiel; 1977 lehnte er einen Ruf auf den Lehrstuhl für Germanistische Linguistik und Philologie in Marburg (Nachfolge L. E. Schmitt) ab. Doch die tatkräftige Förderung und Weiterentwicklung des Forschungszentrums Deutscher Sprachatlas, dessen Wissenschaftlichen Beirat er als Vorsitzender leitete und in dessen Kommission für das Hessisch-Nassauische Wörterbuch er mitwirkte, war ihm bis zuletzt ein Herzensanliegen.

Die Musik war wie schon erwähnt für Friedhelm Debus neben allen wissenschaftlichen, administrativen und repräsentativen Beschäftigungen eine lebenslange Begleiterin. Er spielte als Geiger im Marburger Kammerorchester; beim Musizieren lernte er seine Frau Heidelind kennen. Mit seinen drei noch in der Marburger Zeit geborenen Söhnen spielte er bis ins hohe Alter Klavierquartett im Familienkreis und mit Freunden zusammen regelmäßig Streichquartett.

Die von Friedhelm Debus studierten Fächer sowie die Themen seiner zahlreichen Arbeiten dominieren die Schwerpunkte seines Forscherlebens. Es sind dies Sprachgeschichte, Dialektologie und Onomastik. Im Mittelpunkt seiner Arbeiten stehen die deutsche Sprache in ihrer geschichtlichen Entwicklung durch die verschiedenen Epochen und in ihren Beziehungen zu den anderen Sprachen der indoeuropäischen Sprachfamilie, die sprachschöpferische Wirkung Martin Luthers, aber auch die mannigfaltigen Erscheinungen der geschriebenen und gesprochenen Gegenwartssprache und die Kontroversen um die Rechtschreibreform sowie das Ost-West-Verhältnis in der deutschen Sprache in der Nachkriegszeit. Den kulturellen Beziehungen zwischen Schleswig-Holstein und den Niederlanden galt sein von seinen universitären Wirkungsorten veranlasstes Interesse. Bereits in seiner erwähnten Dissertation über die Bezeichnungen der Heiratsverwandtschaft im Deutschen von 1957 verbindet er synchrone und diachrone Aspekte in souveräner Weise mittels der im Sprachatlas praktizierten Methode: aus den rezenten Mundarten rekonstruiert er das alte Bezeichnungssystem und veranschaulicht es durch zahlreiche Sprachkarten. Auch namenkundliche Aspekte spielen dabei eine Rolle, denn viele Familiennamen bewahren die alten, aber längst untergegangenen Bezeichnungen. In vielen Arbeiten hat er die Herkunft und Bedeutung von Personennamen erklärt; populär ist seine Erklärung deutscher und fremder Vornamen in ‚Reclams Namenbuch' geworden, das bei der Namenwahl der Eltern für ihre Kinder eine große Hilfe ist. Die Summe seiner namenkundlichen Arbeiten zieht Friedhelm Debus in seinem 2012 erschienenen Grundlagenwerk, der Monographie „Namenkunde und Namengeschichte", die nicht nur eine theoretisch und praktisch orientierte Einführung in eine weit verzweigte Disziplin bietet, sondern auch Anregungen zu weitergehenden Untersuchungen gibt. Charakteristisch für seine Arbeiten ist, dass er sprachliche Erscheinungen nie isoliert betrachtet, sondern in ihren sozialen, kulturellen und historischen Verbindungen untersucht. Die Publikationen von Friedhelm Debus umfassen neben weiteren Monographien zahlreiche Beiträge in Zeitschriften, Sammelwerken und Festschriften, die zu einem großen Teil in den fünf Bänden seiner „Kleineren Schriften" wiederabgedruckt sind, die jedoch auch eine Reihe bisher unveröffentlichter Beiträge enthalten. Er war (Mit-)Herausgeber mehrere Werke und Reihen („Germanistische Linguistik", „Germanistische Linguistik. Monographien", „Kieler Beiträge zur Deutschen Sprachgeschichte", „Documenta Orthographica", „Documenta Onomastica Litteralia Medii Aevi", „Studien zur Siedlungsgeschichte und Archäologie der Ostseegebiete").

Friedhelm Debus war 25 Jahre lang Direktor am Germanistischen Seminar der Universität Kiel und hat in diesem Vierteljahrhundert in vielen Funktionen seine Universität weit über die Landesgrenzen hinweg würdig vertreten: Er war Dekan der Philosophischen Fakultät, Vorstandsmitglied des Philosophischen Fakultätentages, langjähriger DFG-Gutachter und Präsident des Instituts für Deutsche Sprache Mannheim. Als Mitglied der Joachim-Jungius-Gesellschaft der Wissenschaften in Hamburg wurde er Ordentliches Mitglied der 2004 aus der Jungius-Gesellschaft hervorgegangenen Akademie der Wissenschaften Hamburg, der jüngsten Wissenschaftsakademie der Union der deutschen Akademien der Wissenschaften. Bereits seit 1976 war er Vorstandsvorsitzender der Henning-Kaufmann-Stiftung zur Förderung der deutschen Namenforschung auf sprachgeschichtlicher Grundlage; diese Stiftung vergibt jährlich Preise an junge, durch hervorragende Arbeiten ausgewiesene Namenforscher.

Seit seiner Wahl zum Korrespondierenden Mitglied unserer Akademie im Jahre 1985 war Friedhelm Debus in der Akademieforschung tätig, nicht nur in Mainz, sondern auch als Mitglied in Kommissionen der Akademien zu Göttingen und Leipzig. Die Mitgliedschaft in der Mainzer Akademie bedeutete ihm viel, und nach seiner Emeritierung nahm er regelmäßig an den Plenarsitzungen teil, ebenso an den Sitzungen der Kommissionen, denen er angehörte. Bereits 1986 übernahm er die Projektleitung des von unserer Akademie geförderten „Preußischen Wörterbuchs", das seit Beginn der Ausarbeitung 1953 am Germanistischen Seminar der Kieler Universität angesiedelt war und 2005 abgeschlossen wurde. Das sechsbändige Nachschlagewerk bewahrt den aussterbenden Wortschatz der Mundarten in den ehemaligen deutschen Provinzen Ost- und Westpreußen, die heute zu Polen und Russland gehören. Das von Walther Mitzka am Marburger Sprachatlas initiierte Projekt dokumentiert den Dialektgebrauch von über 400 Sprechern, die es nach dem Krieg nach Schleswig-Holstein verschlagen hatte. Die Sprache dieses wichtigen Kulturraums mit Königsberg als bedeutendem wissenschaftlich-wirtschaftlichen Zentrum wird damit als Zeugnis der deutschen Geschichte bewahrt. Besonders erfreulich für den Projektleiter Friedhelm Debus war, dass nach dem Mauerfall auch die Sprachforscher in Königsberg begannen, sich für das Thema zu interessieren, so dass sich in den vergangenen Jahren vermehrt ein Austausch mit Wissenschaftlern und Studierenden von dort entwickelte.

Für seine Studien zur literarischen Namengebung bot unsere Akademie, die als einzige der deutschen Akademien der Wissenschaften eine „Klasse der Literatur" hat, die Möglichkeit, die Dichter selbst zum Thema „Namen in literarischen Werken" zu befragen, zunächst durch gelegentliche Tischgespräche mit den Dichtern, dann 1995 durch eine systematische Befragung in einem Brief an die Mitglieder der Literaturklasse. Die Auskünfte, über die er 1998 ausführlich berichtete, zeigen eindrucksvoll, welch große Bedeutung die Namen im literarischen Werk der Dichter haben und welche Sorgfalt sie auf deren Findung und Formung legen. „Es war und ist ganz offensichtlich ein faszinierendes, ein anregendes, ja ein aufregendes Thema, das da angesprochen ist", bemerkt

Friedhelm Debus am Ende seines Berichts (Kleinere Schriften Bd. 3, S. 85) und erinnert wie im Motto zum Vorwort seiner „Namenkunde und Namengeschichte" (2012, S. 5) an Jacob Grimms Äußerung über den „reiz" und die „anziehende kraft", die von der Beschäftigung mit den Eigennamen ausgeht.

In enger Verbindung mit dem von der Mainzer und Göttinger Akademie geförderten Vorhaben „Mittelhochdeutsches Wörterbuch (MWB)", das die Eigennamen nicht berücksichtigt, stand sein Plan eines „Lexikons der in literarischen Texten des deutschen Mittelalters enthaltenden Namen", das Pendant zum MWB, das zum großen Teil auf den gleichen Quellengrundlagen beruht. Zu diesem Zweck hatte er noch in der ‚Lochkarten'-Zeit seit den frühen 1970er Jahren zusammen mit einem technisch versierten Mitarbeiter eine Datenbank mit einem Korpus von mittelhochdeutschen Texten aufgebaut, die durch eine entsprechende Bibliographie-Datenbank ergänzt wurde und so eine exakte Referenzierung der Belege garantierte. Bei der Planung des neuen MWB, die von Anfang an auf eine computergestützte Arbeitsumgebung setzte, war Friedhelm Debus beteiligt, und es gab einen Erfahrungsaustausch, obwohl man in Kiel dann eigene Wege ging und man sich 1992 mit dem „Begriffswörterbuch zur mittelhochdeutschen Literatur" zusammenschloss zum gemeinsamen Großprojekt „Mittelhochdeutsche Begriffsdatenbank (MHDBDB)", das heute an der der Universität Salzburg etabliert ist. Seit 2006 ist das MWB wie die MHDBDB in das „Wörterbuchnetz" der Universität Trier integriert (woerterbuchnetz.de), das in dem von der Mainzer Akademie 1998 mitbegründeten „Kompetenzzentrum für elektronische Erschließungs- und Publikationsverfahren in den Geisteswissenschaften", heute „Trier Center for Digital Humanities (TCDH)", entwickelt wurde. Das Wörterbuchnetz umfasst mehrere Akademiewörterbücher, darunter das „Deutsche Wörterbuch" der Brüder Grimm, das „Goethe-Wörterbuch" und alle von der Mainzer Akademie geförderten anderen lexikographischen Vorhaben zum Deutschen: das „Pfälzische Wörterbuch", das „Wörterbuch der deutschen Winzersprache (WdW)" sowie das „Digitale Familiennamenwörterbuch Deutschlands (DFD)", an dessen Planung Friedhelm Debus maßgeblich beteiligt war und dessen Ausarbeitung er bis zu seinen letzten Besuchen in Mainz mit Rat und Tat unterstützte in einer für alle im Vorhaben Tätigen erfreulichen und förderlichen Weise.

Das theologische Interesse von Friedhelm Debus, das schon in der Wahl seiner Studienfächer begründet war, zeigt sich nicht nur in vielen namenkundlichen Beiträgen wie z. B. zu den mit dem Wort „Friede(n)" und dessen Bedeutung gebildeten Namen (Friedensdorf, der Ort mit seinem Vaterhaus, dessen Name auf die älteste um 1220 belegte Form „Fridehelmisdorph" zurückgeht), sondern vor allem durch die Beschäftigung mit der Sprache Martin Luthers, mit dem Werk und der Wirkung von Matthias Claudius oder auch mit einem Beitrag über den Namen der biblischen Elisabeth und der heiligen Elisabeth, der ihn als einen im Marburger Umkreis und sozusagen im Schatten der Marburger Elisabethkirche Aufgewachsenen besonders interessierte. Ein eindrucksvolles Beispiel für seine Verwurzelung in der evangelischen Kirche ist seine Beteiligung an den traditionellen Professorenpredigten in der Waldkapelle Neuwühren bei Kiel, an denen jeweils am ersten Sonntag des Monats von Juni bis November Professoren aus allen Fakultäten der Kieler Universität predigen. Die von Friedhelm Debus gehaltene Predigt am 5. August 2007 über den Text aus dem Brief des Paulus an die von Verfolgung und Leid bedrückten Römer, Kapitel 8,31–39, hatte den Titel „Gewissheit des Glaubens" und war verbunden mit einer feinsinnigen Interpretation des auf denselben Paulustext bezogenen Trostliedes „Ist Gott für mich" von Paul Gerhardt, das dieser inmitten der Leidenszeit des 30jährigen Krieges gedichtet hatte.

Die Begegnungen mit Friedhelm Debus und seiner Frau Heidelind waren immer sehr herzlich und erfreulich für alle, die mit der Familie vertraut waren. Für die Mitglieder der Akademie, die ihn gekannt und geschätzt haben, war das Gespräch mit Friedhelm Debus stets bereichernd. In seinem immer freundlichen und zugewandten Auftreten, seiner Toleranz und nie schwindenden Bereitschaft, die Interessen anderer zu achten und zu respektieren, bleibt er uns unvergessen. Am 19. Mai 2023 wurde er im Kreis seiner großen Familie auf dem Friedhof der St. Catharinenkirche in Westensee neben seiner ein Jahr zuvor verstorbenen Frau Heidelind beigesetzt.

NACHRUF AUF DOROTHEE GALL

von
Kurt Sier

DOROTHEE GALL
(1953–2023)

Aequam memento rebus in arduis servare mentem. „Gleichmut in schwierigen Lagen" – Dorothee Gall hat die Worte ihres geliebten Horaz auf bewundernswerte Weise eingelöst. Wer es nicht wusste, konnte kaum ahnen, dass sie seit Jahren mit schweren gesundheitlichen Problemen zu kämpfen hatte. Nach Akademie-Tagungen musste sie, bevor sie nach Brühl zurückreisen konnte, in Mainz zur Dialyse, und auch als das lange Warten auf eine Organtransplantation ein Ende hatte, dauerten die körperlichen Widrigkeiten fort und wurden mit der Zeit zunehmend gravierender. Sie hat sich nichts anmerken lassen, wohl auch aufgrund der ihr eigenen Zurückhaltung, vor allem aber, weil sie für sich selbst entschieden hatte, der Krankheit keine Gewalt über ihr Leben zu geben. Den Kontrapost aus harter Selbstdisziplin und einem heiteren, der Welt und den Menschen zugewandten Optimismus hat sie durchgehalten, bis ihre Kräfte erschöpft waren. Am 31. August 2023 ist sie im Alter von siebzig Jahren verstorben. Ihre grazile Gestalt und der Charme ihres unprätentiös-offenen, am Dialog orientierten Wesens werden in der Akademie empfindlich fehlen. Seit 2003 war sie ordentliches Mitglied der Geistes- und sozialwissenschaftlichen Klasse und hat in mehreren Kommissionen mitgewirkt; einige Jahre war sie Vorsitzende der ehemaligen Kommission für Klassische Philologie. Gemeinsam mit Herrn Zintzen hat sie das Akademieprojekt „Indices zur Lateinischen Literatur der Renaissance" geleitet. Seit 2004 war sie zugleich korrespondierendes Mitglied der Akademie gemeinnütziger Wissenschaften zu Erfurt.

Frau Gall wurde am 23. Juni 1953 in Balve, Kreis Arnsberg geboren. Nach dem Abitur studierte sie von 1971 bis 1977 Klassische Philologie (Latinistik) und Germanistik an der Universität zu Köln. Im Anschluss war sie Wissenschaftliche Assistentin bei Clemens Zintzen und wurde 1980 mit einer Arbeit über die Bildersprache der horazischen Lyrik promoviert. Sie hat sich zunächst gegen eine akademische Karriere entschieden und war nach dem Referendariat von 1983 bis 1991 im Schuldienst tätig. Als Mutter von drei Kindern und bei allen schulischen Belastungen hat sie in Bonn ein Griechisch-Studium mit Auszeichnung abgeschlossen und blieb in Köln als Lehrbeauftragte in den universitären Kontext eingebunden. Rückblickend auf diese anstrengende Zeit sagte sie in ihrer Antrittsrede vor der Akademie: „Mein Lebenspatchwork aus familiären Pflichten, schulischer und universitärer Lehrtätigkeit und eigenem Studium erwies sich manchmal als problematisch, meistens aber als motivierende Herausforderung. Daß sich die Wichtigkeit aller Einzelfelder im Konflikt der konkurrierenden Ansprüche relativierte, hat mir nicht zuletzt eine gewisse pragmatische Gelassenheit beschert". Nachdem sie 1993 eine Lehrtätigkeit an der Technischen Universität Dresden ausgeübt hatte, erhielt sie ein Stipendium der Deutschen Forschungsgemeinschaft und habilitierte sich 1995 an der Universität zu Köln für das Fach Klassische Philologie; die anschließende Förderung durch ein Heisenbergstipendium wurde von einer zweisemestrigen Lehrstuhlvertretung in Wuppertal unterbrochen. Im Jahr 1999 wurde Frau Gall *primo loco* auf das Ordinariat für Klassische Philologie mit Schwerpunkt Latinistik an der Universität Hamburg berufen. Über die glückliche Hamburger Zeit legte sich gegen Ende der Schatten ihrer Nierenerkrankung, und es war absehbar, dass die räumliche Trennung des beruflichen und des privaten Lebensumfelds nicht von Dauer sein konnte. 2005 folgte sie einem Ruf an die Universität Bonn, wo sie 2019 emeritiert wurde. Sie war eine sehr engagierte und erfolgreiche akademische Lehrerin und hat an der Selbstverwaltung der Wissenschaft, u. a. als Fachgutachterin der DFG, tatkräftig teilgenommen.

Im Zentrum von Frau Galls Forschungsinteressen standen zwei Literaturepochen: die römische Klassik der Augusteischen Zeit und die lateinische Literatur der Renaissance und der frühen Neuzeit. Sie sah die beiden Epochen als korrespondierende Ankerpunkte innerhalb des von der griechischen Antike bis in die modernen Literaturen reichenden Traditionszusammenhangs und war, wenn auch mit etwas anderer Schwerpunktsetzung und mit stärkerer Einbeziehung literatur- und kulturwissenschaftlicher

Fragestellungen, ähnlich wie ihr Lehrer Clemens Zintzen bemüht, sowohl das Spezifische als auch das Paradigmatische der Chiffren ‚Rom' und ‚Florenz' herauszuarbeiten. Ihre Dissertation „Die Bilder der horazischen Lyrik" (1981) verbindet mit der philologischen Textanalyse den Nachweis der argumentativen und kommunikativen Funktionen bildlich-vergleichender Rede, während die Habilitationsschrift, „Zur Technik von Anspielung und Zitat in der römischen Dichtung. Vergil, Gallus und die Ciris" (1999), die Kontroverse um die Datierung und den literaturgeschichtlichen Ort des Epyllions *Ciris* zum Anlass nimmt, das für die römische Poesie konstitutive Moment der Intertextualität neu zu diskutieren und hermeneutisch fruchtbar zu machen. Ihre konzise Überblicksdarstellung „Die Literatur in der Zeit des Augustus" (2006, ²2014) hat sich im deutschsprachigen Raum als vielbenutztes Forschungsinstrument und als Standardwerk etabliert, dessen Lektüre allen Studierenden der Klassischen Philologie empfohlen wird. Der augusteischen Literatur ist eine Reihe weiterer Arbeiten gewidmet, darunter eine in den Abhandlungen der Akademie erschienene Untersuchung zum zweiten Buch von Vergils *Aeneis* (1993); erwähnt seien auch ein Essay über literarische Perspektivierungen des Kleopatra-Bilds (2006) und ein Tagungsband zum Laokoon-Mythos (2009). Das Spektrum von Frau Galls Publikationen reicht indes wesentlich weiter. Neben Aufsätzen zu Catull (1999), der Konzeption der Freundschaft bei Cicero (2007), der Rhetorik des älteren Seneca (2003), soziologischen Aspekten im Werk des Lucan (2005), zur *Hekabe* des Euripides (1997) und zu Dion von Prusa (2012) stehen rezeptions- und wissenschaftsgeschichtlich orientierte Beiträge: Neil LaBute und Ovid (2009), Camus – „Die Chance der Humanität angesichts der Pest" – im Vergleich mit Thukydides und Lukrez (2013) und, ebenso eindrucksvoll, das Porträt von Jacob Bernays, dem „ersten jüdischen Professor an der Universität Bonn" (2011/12). Hinzu kam im Laufe der Zeit ein religionsgeschichtliches Interesse, das sich sowohl auf die römische Religiosität selbst als auch auf die Rezeption der antiken Götter in der Renaissance richtete; sie hat dazu eine Anzahl von Aufsätzen publiziert. Ihre letzte Veröffentlichung galt einem unter dem Namen des Apuleius überlieferten hermetischen Text (2021). Stellvertretend für den zweiten Forschungsschwerpunkt sei – neben Beiträgen u. a. zu Boccaccio, Ficino, Pontano, Poliziano, Celtis – die ausgreifende und dichte Studie „Augustinus auf dem Mont Ventoux" (2000) genannt. Sie legt in Petrarcas berühmter Schilderung der Besteigung des Mt. Ventoux (*Fam.* 4, 1) die intertextuellen Spuren frei, die auf Augustinus' *Confessiones* und deren neuplatonische Grundlagen verweisen und die Darstellung des Aufstiegs als Metapher zugleich für den historisch-literarischen Traditionszusammenhang und für die systematische Idee des Aufstiegs der Seele aus dem Reich der Materie zum Gipfel der Kontemplation erscheinen lassen.

Zu Dorothee Galls Persönlichkeit gehörte auch, dass sie keine Festschrift zu ihren Ehren wünschte und nicht für den Vorschlag zu gewinnen war, ihre kleineren Schriften in einem Band zu vereinen. Sie hatte wohl irgendwie eine Aversion gegen die Idee des Stillstands. Illustrierend mag die ‚Familienanekdote' stehen, die sie am Ende ihrer Antrittsrede erzählte: „Mein Urgroßvater, von Beruf Jurist, war im Krieg 1871 in einem französischen Haus einquartiert; die Familie dort strafte verständlicherweise den deutschen Offizier mit Verachtung. Ein Gewitter veranlaßte den Hausherrn, den Einsatz der horazischen Ode 1, 2 zu rezitieren, Verse, in denen unwirtliches Wetter in leicht zu entschlüsselnder Allegorie die Wirren des römischen Bürgerkrieges beschwört: [...] Mein Urgroßvater griff den Faden auf und zitierte die horazische Strophe bis zum Ende; die Nacht endete in freundschaftlichem Einverständnis. Die Episode könnte zeigen, daß die alten Sprachen in einer durch Globalisierung geprägten und von Regionalkonflikten gequälten Welt mehr sind als im Schutzraum von Schule und Universität ausgestellte fossile Relikte".

PLENARSITZUNGEN

Februarsitzung 2023

10. Februar vorm.: Hans-Gerd Koch: Geister und Gespenster in den Texten Franz Kafkas

Sabine Andresen: Aufarbeitung von Gewalt in der Kindheit. Möglichkeiten und Grenzen von Zeugenschaft

10. Februar nachm.: Symposium im Rahmen der Reihe „Zukunftsfragen der Gesellschaft" zum Thema „Zeitenwende für Europa und den Westen?" mit Anselm Doering-Manteuffel, Kiran Patel und Matthias Jestaedt. Moderstion: Linda Kierstan

11. Februar vorm.: Sarah Hegenbart: Klimagerechtigkeit in der Kunst der Gegenwart: Zur Dekonstruktion der Extraktiven Perspektive

Wulfram Gerstner: Mathematische Modelle der Lernprozesse im Gehirn

Aprilsitzung 2023

28. April vorm.: Manfred Wilhelm: Polymere, Rheologie und kombinierte Methoden in der Rheologie

Heinrich Detering: Naturgeschichte und Gesellschaft: Friedrich Engels zwischen Marx und Darwin

28. April nachm.: Tanja Isabelle Schindler: Trimmen und Ankleben zur Kontrolle der Unendlichkeit – Grenzwertsätze für Birkhoff-Summen ohne Durchschnittswerte im klassischen Sinne

Stefan Pohlit: Die imaginäre Antike in meiner Kammerkantate ‚Klazomenai' (2020)

29. April vorm.:	Sebastian Meixner: Überfluss. Eine literaturgeschichtliche Kategorie der Moderne
	Carola Metzner-Nebelsick: Möglichkeiten und Grenzen des Nachweises und der Rekonstruktion von Herrschaftsstrukturen in schriftlosen Gesellschaften des 2. und 1. Jahrtausends v. Chr. in Europa

Juni-/Julisitzung 2023

30. Juni vorm.:	Andrea Rapp: „von Glockengeläute im Herzen" – Liebesbriefe und private Paarkommunikation sammeln, erschließen, digitalisieren und erforschen
	Andreas Heinz: Sind psychische Beschwerden ein medizinisches Problem? Bestellung der Psychatrie zwischen Natur- und Geisteswissenschaften
30. Juni nachm.:	Katharina Hacker: Baudelaire und die Gedächtniskunst
	Antrittsreden der Mitglieder Olga Martynova, Ivan Đikić, Kiran Klaus Patel, Rolf Müller
01. Juli vorm.:	Felix Günther: Das Runde und das Eckige – die Krümmung von Polyedern
	Hans Hasse: Die digitale Transformation der Ingenieurwissenschaften

Novembersitzung 2023

9. November abends:	INTERGALAKTISCHE KOOPERATIONEN. Kosmologische Phänomene aus Literatur und Musik. Vorgestellt von Moritz Eggert, Katharina Hacker, Nicola L. Hein,

	Thomas Lehr, Doron Rabinovici, Antje Vowinckel und Tabea Wink
10. November vorm.:	Lutz H. Gade: Das Phänomen der Händigkeit (Chiralität): Seine Bedeutung für die Strukturbildung und Wechselwirkung auf molekularer Ebene – eine Herausforderung für die molekulare Katalyse
	Elisabeth Rieken: Phasen der Entschlüsselung alter Sprachen und Schriften – am Beispiel des Hieroglyphen-Luwischen
10. November abends:	Jahresfeier der Akademie:
	Jahresbericht des Präsidenten;
	Festvortrag von Martin Werding: „Alt, analog und abgehängt oder vor einem neuen Wirtschaftswunder: Wohin steuert Deutschland?";
	Begrüßung der neuen Ehrenmitglieder Susanne und Andreas Barner;
	Verleihung der Leibniz-Medaille an Hans Seus;
	Antrittsreden der Mitglieder Peter R. Schreiner, Maike Albath, George Coupland, Hans van Ess, Gerald Haug
	Verleihung der Akademiepreise
11. November vorm.:	Hanna Fischer: Medialisierung und Inszenierung der regionalen Sprache im 19. Jahrhundert – Einblicke in einen Sprachschatz des Deutschen
	Hans van Ess: Wozu eine neue Übersetzung eines alten Klassikers aus China? Die Gespräche des Konfuzius

KURZFASSUNGEN DER IM PLENUM GEHALTENEN VORTRÄGE

Hans Koch
Geister und Gespenster in den Texten Franz Kafkas
(10. Februar 2023, vorm.)

Von verschiedenen Zeitzeugen wird das Interesse des jungen Franz Kafka an okkulten Phänomenen und seine Teilnahme an spiritistischen Sitzungen bezeugt, eigene Äußerungen belegen seine Beschäftigung mit Anarchismus und Theosophie. Aufgezeigt wird, welche Spuren diese vor allem während der Studienzeit verfolgten Interessen im Werk Kafkas hinterlassen haben.

Sabine Andresen
Aufarbeitung von Gewalt in der Kindheit. Möglichkeiten und Grenzen von Zeugenschaft
(10. Februar 2023, vorm.)

„Damals hat mich keiner gefragt: Wie geht es dir heute? Vielleicht hätte ich darüber mal nachgedacht. Als ich ein Kind war, hat es niemanden interessiert. Gerade zu dieser Zeit hätte ich diese fürsorgliche Frage gebraucht."

Diese Sequenz stammt aus einer vertraulichen Anhörung einer Frau, die als Kind sexuelle Gewalt erlebt hat. Sie legt Zeugnis darüber ab, und zwar vor der 2016 gegründeten Unabhängigen Kommission zur Aufarbeitung sexuellen Kindesmissbrauchs. Der Beitrag stellt die Frage, welches Wissen entsteht, wenn betroffene Menschen Zeugnis über erlittenes Unrecht und Gewalt in ihrer Kindheit ablegen. Ausgehend von Erkenntnissen aus der Aufarbeitung und den Erfahrungen der Kommission wird das Konzept der Zeugenschaft kritisch diskutiert.

Das Erkenntnisinteresse richtet sich erstens darauf, welches Wissen durch Zeugenschaft über Gewalt in Erziehungs- und Sorgeverhältnissen möglich ist, zweitens wie Anerkennung von Unrecht – auch wenn es nicht (mehr) justiziabel ist – und von Gewalt gegenüber Kindern und Jugendlichen auch rückwirkend gelingen kann und drittens geht es um die Frage nach dem Transfer von Wissen aus der Zeugenschaft und Möglichkeiten der Transformation von Erziehungs-, Bildungs- und Sorgeverhältnissen im normativen Rahmen eines gewaltfreien Aufwachsens.

Dies wird auf der Basis von Studien der Vortragenden zu sexueller Gewalt in Familien und pädagogischen Einrichtungen bearbeitet.

Sarah Hegenbart (Junge Akademie)
Klimagerechtigkeit in der Kunst der Gegenwart: Zur Dekonstruktion der Extraktiven Perspektive
(11. Februar 2023, vorm.)

Darstellungen in der Kunst, insbesondere in der Landschaftsmalerei haben dazu beigetragen, Ursachen des Klimawandels, und zwar den Blick auf die Landschaft als reine Ressource zur Extraktion, zu legitimieren. In dem Vortrag wird untersucht, wie die Darstellungen kolonialer Landschaften in der Kunst der Moderne zur Umweltungerechtigkeit beigetragen haben. Koloniale Landschaften sind eng mit dem extraktiven Blick verknüpft, den Macarena Gómez-Barris in ihrem Buch *The Extractive Zone. Social Ecologies and Decolonial Perspectives* (Durham/London: Duke University Press, 2017) beschreibt.

In einem zweiten Schritt werden künstlerische Praktiken der Gegenwart skizziert, die intendieren, den extraktiven Blick auf Landschaften zu dekonstruieren. Rekurriert wird dabei auf die intersektionale Methodologie, die jüngst auch von der Kunstwissenschaft adaptiert wurde. Dies ist wichtig, da der historische Kontext verdeutlicht, wie eng die Forderung von Klimagerechtigkeit mit dem Kampf gegen anderen Formen von Diskriminierung, beispielsweise dem Rassismus, verknüpft ist.

Abschließend werden zwei aktuelle künstlerische Positionen der Gegenwart vorgestellt, die auf visuell-ästhetischer Ebene Klimagerechtigkeit fordern. Anhand einer kunstwissenschaftlichen Analyse ausgewählter Arbeiten der Künstlerinnen Otobong Nkanga und Lungiswa Gqunta wird aufgezeigt, wie die Kunst der Gegenwart durch die Umkehrung des in „kolonialen Landschaften" angelegten extraktiven Blicks einen Beitrag zu mehr Klimagerechtigkeit leistet.

Wulfram Gerstner
Mathematische Modelle der Lernprozesse im Gehirn
(11. Februar 2023, vorm.)

Das Gehirn besteht aus Milliarden von Neuronen, die mit kurzen elektrischen Pulsen, den sogenannten Aktionspotentialen, miteinander kommunizieren. Ein typisches Neuron erhält Pulse von mehreren Tausend anderen Neurononen und sendet selbst über Kabel, die sich mehrfach verzweigen, Pulse an Tausende von Zellen. Jeder eingehende Puls erzeugt eine kleine Schwankung des Membranpotentials des Neurons. Treffen aber viele Pulse innerhalb von wenigen Millisekunden bei einem Neuron ein, so kann die Summe dieser kleinen Schwankungen dazu führen, dass das Empfängerneuron einen Schwellwert erreicht, bei dem es selbst wiederum einen Puls aussendet.

Neuronen sind wichtig für die Informationsübertragung innerhalb eines Gehirnareals oder von einem Areal zum nächsten. Wer sich für das Lernen interessiert, sollte sich aber auf die Verbindungen zwischen Neuronen konzentrieren. Die Kabel, die von einem einen Puls aussendenden Neuron ausgehen, berühren ein Empfängerneuron an Kontaktpunkten, welche Synapsen genannt werden. Entscheidend für das Lernen ist, dass die Kontaktpunkte nicht eine fixe Größe haben, sondern wachsen oder abnehmen können. Die Größe eines synaptischen Kontaktpunkts kann heute unter dem Mikroskop direkt beobachtet werden. Wichtig für das Folgende ist, dass ein einlaufender Puls, der über einen großen Kontaktpunkt übertragen wird, das Empfängerneuron stärker beeinflusst als ein Puls, der über einen kleinen Kontaktpunkt übertragen wird.

Ein Dogma der Neurowissenschaften sagt, dass Lernen, das wir im Verhalten beobachten können, auf der mikroskopischen Ebene durch Stärkung oder Abschwächung der Kontaktpunkte zwischen Neuronen implementiert wird. Eine mathematische Lernregel fasst zusammen, wie sich die Größe des Kontaktpunktes ändert.

Ein 70 Jahre altes Konzept, genannt die Hebbsche Regel, postuliert, dass der Kontaktpunkt wächst und die Informationsübertragung gestärkt wird, falls während einer kurzen Periode das Senderneuron (auch „präsynaptisches Neuron" genannt) und das Empfängerneuron (postsynaptisches Neuron) gemeinsam aktiv sind. Die Formulierung der Hebbschen Regel in Worten ist so allgemein, dass Tausende von spezifischen mathematischen Gleichungen damit kompatibel sind. Im Prinzip fallen in die Kategorie der Hebbschen Regel alle Lernregeln, die von zwei Faktoren abhängen. Der erste Faktor ist, ob ein Puls vom sendenden Neuronen am Kontakpunkt angekommen ist, und der zweite Faktor ist der Zustand des Empfängerneurons. In der Familie der Zwei-Faktoren-Regeln sind solche, die sehr erfolgreich das Herausbilden von Filtereigenschaften (rezeptive Felder) sensorischer Neurone beschreiben.

Trotz ihrer Allgemeinhat ist die Hebbsche Formulierung überraschenderweise nicht allgemein genug, um das Lernverhalten von Mäusen und Menschen zu erklären. Etwas ganz Wesentliches fehlt in dieser Formulierung, etwas, welches ich den dritten Faktor nennen möchte. Der dritte Faktor beschreibt den Einfluss von Neuromodulatoren wie Dopamin, Acetylcholin, Serotonin oder Noradrenalin auf die Entwicklung der synaptischen Kontaktpunkte. Diese neuromodulatorischen Zellen senden ihre Signale über breite Bereiche des Geirns und werden wegen ihrer weiten Reichweite mit einer Rundfunkstation im Hirnzentrum verglichen. Wichtig für das Lernen ist, dass der dritte Faktor Information darüber verbreiten kann, ob die momentane Situation von Maus oder Mensch erfolgreich, neu, oder überraschend ist.

Der Neuromodulator Dopamin ist das Hauptbeispiel für die theoretischen Ideen über die Rolle des dritten Faktors, die vor allem von Wolfram Schultz und Peter Dayan, aber auch von Richard Sutton und Andy Barto entwickelt wurden und von Wolfram Schultz als erstem experimentell bestätigt wurden. Experimente zeigen, dass eine Belohnung eine kurzfristige Erhöhung des Dopaminsignals hervorruft. Diese Belohnung kann explizit sein (Schokolade, Geld, Lob, Orangensaft) oder implizit im Sinne, dass das Gehirn Fortschritt vermutet, weil die Schokolade zwar noch nicht im Mund, aber schon greifbar ist. In den folgenden Abschnitten werde ich Dopaminsignal und Belohnungssignal als Synonyme verwenden, auch wenn das Dopaminsignal noch andere Bedeutungsfacetten jenseits von Belohnung enthält.

An einem Beispiel, basierend auf einem mathematischen Modell, möchte ich die Funktionsweise einer Dreifaktorenregel verdeutlichen. Unsere Modellmaus bewegt sich in einem rechteckigen Zimmer mit senktrechten Wänden. In der Mitte des Zimmers sind labyrinthartig weitere Wände aufgebaut, so dass die Maus nur die lokale Umgebung überblicken kann. Mäuse sind neugierig und fangen spontan an, die Umgebung zu erforschen. Nun ist irgendwo in diesem Zimmer ein Stück Schokolade verborgen. Da die Maus nicht wissen kann, wo diese ist, kann sie die Schokolade nur durch Zufall finden. Sobald die Schokolade gefunden wurde, wird die Maus aus dem Zimmer entfernt. Am nächsten Morgen darf sie wieder in das Zimmer und findet wieder Schokolade an derselben Stelle. Nach ganz wenigen Versuchen, läuft die Maus direkt von einem beliebigen Anfangspunkt zum Ort der Belohnung. Analoge Verhaltensversuche wurden mit Mäusen und Ratten in dem sogenannten Morris Water Maze gemacht. Dort wurde gezeigt, dass Lernen schnell ist und schon nach ungefähr zehn Versuchen ein fast direkter Pfad zum Zielpunkt eingeschlagen wird.

Um dieses schnelle Lernen zu verstehen, benutzen wir im Modell vier Elemente. Erstens gibt es im Gehirn von Mäusen (und Menschen) Zellen, die Pulse aussenden, wann immer die Maus an einem bestimmten Ort innerhalb des Zimmers ist. Hunderte dieser Ortszellen repräsentieren zusammen den momentanen Ort der Maus im Zimmer. Zweitens nehmen wir an, dass es andere Neuronengruppen gibt, die angeben, in welche Richtung die Maus sich vorzugsweise bewegen möchte. Die Aktivität einer ersten Gruppe von Neuronen zeigt zum Beispiel an, dass die Maus vorhat, nach Norden zu gehen, während andere Neuronengruppen für andere Himmelsrichtungen kodieren. Hunderte von diesen Zellen repräsentieren zusammen die gewünschte Bewegungsrichtung. Ich nenne sie im folgenden die Aktionszellen. Drittens nehmen wir an, dass es eine Neuronengruppe gibt, die den Wert der momentanen Position der Maus repäsentiert. Je näher die Maus an der Schokolade ist, desto höher ist der Wert der Position. (Ähnlich wird auch in einem modernen Schachcomputerprogramm der Wert der momentanen Spielposition repräsentiert). Ich nenne diese Neuronen im folgenden die Wertezellen. Gehirnareale, in denen Bewegungspläne und Werte repräsentiert werden, gibt es tatsächlich, auch wenn das Modell diese grundsätzlichen Beobachtungen weiter abstrahiert.

Wichtig ist, dass weder der Wert der momentanen Position noch die beste Bewegungsrichtung an dieser Position bekannt sind. Beides muss gelernt werden. Und hier spielt nun als viertes und entscheidendes Element die Lernregel mit drei Faktoren eine Rolle. Ortszellen haben im mathematischen Modell Verbindungen zu Aktionszellen und zu Wertezellen. Die Größe und Stärke der Verbindungspunkte ändert sich aufgrund einer Drei-Faktoren-Lernregel in drei Schritten. Erstens, wenn ein Senderneuron (Ortsneuron) und ein Empfängerneuron (Aktions- oder Werteneuron) gemeinsam innerhalb von zehn Millisekunden aktiv sind, wird an der synaptischen Kontaktstelle eine Markierung gesetzt. Zweitens, diese Markierung („eligibility trace" genannt) zerfällt innerhalb von einer Sekunde. Wenn aber, drittens, innerhalb dieser einen Sekunde ein Belohnungssignal kommt, so wird die Verbindung gestärkt, so dass es im nächsten Versuch wahrscheinlicher wird, dass die Maus am selben Ort wieder die gleich Aktion wählt (die ja anscheinend erfolreich war, weil sie zu einer Belohnung geführt hat). Eine derartige Drei-Faktoren-Lernregel, die von Theoretikern schon vor Jahrzehnten vorgeschlagen wurde, hat vor wenigen Jahren starke Unterstützung durch experimentelle Beobachtungen erhalten, so zum Beispiel in den Forschungsgruppen von Kasai in Japan und Kirkwood in den USA.

Das Belohnungssignal hat zwei Komponenten. Es kannt ausgelöst werden, wenn die Maus die Schokolade findet. Ich nenne dies die direkte Belohnung. Im ersten Versuch ist der Augenblick, in dem die Schokolade im Mund landet, der einzige Moment, an dem ein Belohungssignal auftritt. Aufgrund der Drei-Faktoren-Regel werden alle Verbindungen gestärkt, die markiert wurden. Das sind aber jene, welche ausgehen von denjenigen Ortszellen, welche maximal eine Sekunde vor dem Finden der Belohnung aktiv waren und zu einem gleichzeitig aktiven Aktions- oder Werteneuron führen. Das bedeutet, dass es wahrscheinlicher wird, dass an Orten, die weniger als eine Sekunde vom Ort der Belohnung entfernt, die Maus wieder dieselbe Aktion wählen wird. Und, dass die Wertezellen beim zweiten Mal stärker aktiv werden, wenn die Maus auf denjenigen Teil ihres ersten Pfades trifft, der weniger als eine Sekunde von der Schokolade entfernt ist.

Das Belohnungssignal wird, und das ist die zweite Komponente, auch ausgelöst, wenn die Maus an eine Stelle kommt, die schon einen Wert hat. Das bedeutet, dass am zweiten Morgen die Maus eine indirekte Belohnung bekommt, wenn sie das letzte Stück des Pfades wiederfindet, der am ersten Tag kurz vor der Belohnung war. Diese indirekte Belohnung spielt genau dieselbe Rolle wie die direkte Belohnung am ersten Tag. Das heißt, dass am dritten Tag die Wertezellen schon aktiv werden, wenn die Maus einen Abschnitt des Pfades wiederfindet, der zwei Sekunden vom Schokoladenziel entfernt liegt, und so weiter. Von daher ist es verständlich, dass nach zehn Versuchen die Modellmaus direkt zum Ort der Belohnung laufen wird. Während im ersten Durchgang die Suche der Belohnung 50 Sekunden gedauert hat, findet die Maus jetzt innerhalb von fünf Sekunden die Schokolade am gewohnten Ort.

Ortszellen sind eine ideale Repräsentation für Navigation in zweidimensionalen Räumen. Um andere Aufgaben zu lösen, braucht das Modell eine gute Repräsentation von Konzepten wie Opernhaus, Vogel oder Flugzeug. Lernen einer guten Repräsentation ist möglich mit Varianten der obigen Drei-Faktoren-Regel, aber ganz ohne Belohnung. Die Rolle des Belohnungssignals übernimmt in diesem Fall das Überraschungssignal.

Überraschung braucht eine Erwartungshaltung, also ein Modell der uns umgebenden Welt. Derzeit untersuchen wir in meiner Arbeitsgruppe, wie ein solches Weltmodell auch mit biologisch plausiblen Lernregeln erlernbar wird.

Foster, D. J., Morris, R. G., and Dayan, P. (2000). Models of hippocampally dependent navigation using the temporal difference learning rule. Hippocampus 10, 1–16. doi: 10.1002/(SICI)1098-1063(2000)10:1<1::AID-HIPO1>3.0.CO;2-1

Fremaux, N., and Gerstner, W. (2016). Neuromodulated spike-timing dependent plasticity and theory of three-factor learning rules. Front. Neural Circ. 9:85. doi: 10.3389/fncir.2015.00085

Fremaux, N., Sprekeler, H., and Gerstner, W. (2013). Reinforcement learning using continuous time actor-critic framework with spiking neurons. PLoS Comput. Biol. 9:e1003024. doi: 10.1371/journal.pcbi.1003024

W. Gerstner, M Lehmann, V Liakoni, D Corneil, J Brea. Eligibility traces and plasticity on behavioral time scales: experimental support of neohebbian three-factor learning rules. Frontiers in neural circuits 12, 53

He, K., Huertas, M., Hong, S. Z., Tie, X., Hell, J. W., Shouval, H., et al. (2015). Distinct eligibility traces for LTP and LTD in cortical synapses. Neuron 88, 528–538. doi: 10.1016/j.neuron.2015.09.037

Schultz, W., Dayan, P., and Montague, P. R. (1997). A neural substrate for prediction and reward. Science 275, 1593–1599. doi: 10.1126/science.275.5306.1593

Yagishita, S., Hayashi-Takagi, A., Ellis-Davies, G. C., Urakubo, H., Ishii, S., and Kasai, H. (2014). A critical time window for dopamine actions on the structural plasticity of dendritic spines. Science 345, 1616–1620. doi: 10.1126/science.1255514

Sutton, R., and Barto, A. (2018). Reinforcement Learning: an introduction (2nd Edn.) Cambridge, MA: MIT Press.

Manfred Wilhelm
Polymere, Rheologie und kombinierte Methoden in der Rheologie
(28. April 2023, nachm.)

Polymere Materialien zeichnen sich durch einen sehr hohen Grad an Freiheiten bezüglich der chemischen Zusammensetzung aus. Weiterhin sind Polymere, Kunststoffe, inzwischen im Alltag allgegenwärtig und auch von hoher ökonomischer Bedeutung. Um diese Materialien zu charakterisieren, wird auch die Rheologie (= Fließkunde) verwendet, um mechanische Eigenschaften zu vermessen. Die Rheologie kann Moleküle über viele Längen- und Zeitskalen charakterisieren. Von besonderer Bedeutung sind neuartige spektroskopische Kombinationen mit der Rheologie, welche es erlauben, die makroskopischen Eigenschaften aus molekularen Parametern heraus zu verstehen. Beispiele hierfür sind die Infrarotspektroskopie, die kernmagnetische Spektroskopie oder die dielektrische Spektroskopie.

Tanja Schindler (Junge Akademie)
Trimmen und Ankleben zur Kontrolle der Unendlichkeit – Grenzwertsätze für Birkhoff-Summen ohne Durchschnittswerte im klassischen Sinne
(28. April 2023, nachm.)

Das Ziel des Vortrags ist es, exemplarisch das Verhalten verschiedener dynamischer Systeme zu studieren. Wir starten mit einigen Beispielen dynamischer Systeme. Beispielsweise können wie eine (hinreichend interessante) Abbildung betrachten, die das Einheitsintervall [0,1] in sich selbst abbildet. Wenn wir einen Punkt x nehmen und die Abbildung f mehrmals iterieren, sie also mehrmals hintereinander anwenden und dann die Folge x, f(x), f(f(x)), ... , f(...f(x)) betrachten, stellen wir fest, dass bei nur eine kleinen Änderung des Ausgangspunktes x, nach einigen Anwendungen der Abbildung f ein vollkommen anderer Wert vorkommen kann, die Abbildung f verhält sich chaotisch. Da es in der Realität nicht möglich ist, beliebig genaue Messpunkte zu erzeugen, sich natürliche Phänomene aber durchaus durch dynamische Systeme beschreiben lassen, ist es sinnvoll, statistische Eigenschaften dynamischer Systeme zu studieren. Ein wichtiges dynamisches System, das auch viele Anwendungen in der Zahlentheorie hat, sind Kettenbrüche und ihre Verallgemeinerungen. Im Vortrag sehen wir, wie sich die klassischen oder regulären Kettenbrüche als ein dynamisches System auffassen lassen und lernen eine Verallgemeinerung, die Rückwärtskettenbrüche, kennen. Trotz ihres auf den ersten Blick ähnlichen Bildungsgesetzes verhalten sich reguläre Kettenbrüche und Rückwärtskettenbrüche statistisch sehr unterschiedlich. Beiden ist gemein, dass sie keinen Mittelwert im klassischen Sinne haben. Das heißt, summiert man die ersten n Kettenbrucheinträge, dividiert dann durch n und betrachtet den Grenzwert für große n, dann gibt es entweder keinen Grenzwert oder der Grenzwert ist unendlich. In beiden Fällen ist es möglich, jedoch mit unterschiedlichen Methoden, durch kleine Veränderungen an den Summen, einen Grenzwert für den Mittelwert zu erhalten – bei den regulären Kettenbrüchen ist dies möglich, indem man den größten Summanden entfernt; bei den Rückwärtskettenbrüchen muss man den größten Summanden entfernen, dafür aber zusätzliche Summanden hinzufügt.

Stefan Pohlit (Junge Akademie)
Die imaginäre Antike in meiner Kammerkantate *Klazomenai* (2020)
(28. April 2023, nachm.)

„Klazomenai", ein Auftragswerk der Biennale „Konkrete Utopien" 2021, versammelt Fragmente aus antiken Berichten, die der Vortragende 2017 im Austausch mit dem Archäologen Güven Bakır (1939–2018) zusammenstellte. Das Spannungsfeld zwischen

Mythologie und früher Geschichtsschreibung überbrückt die Musik, indem sie die arithmetische Tradition Kleinasiens im Sinne einer harmonischen Kartographie weiterentwickelt. Als konsequente Struktur in reiner Intonation verfolgt die Partitur Stefan Pohlits den Anspruch, wie eine komplexe mathematische „Gleichung" aufzugehen – im Geiste jenes utopischen Moments, als Logik und sinnliche Empfindung noch gleichsam unteilbar ineinanderwirkten. Solcherlei „Perfektion" erweist sich als zerbrechlich: Vergleichbar dem Divergenzproblem in der Quantenmechanik, müssen kleinste Intervallwerte von Zeit zu Zeit überschmiert werden und überführen die Erzählung ins Reich der Behauptungen und Fantasien und bis an den Rand der Magie.

Sebastian Meixner (Junge Akademie)
Überfluss. Eine literaturgeschichtliche Kategorie der Moderne
(29. April 2023, vorm.)

Dass wir in einer Überflussgesellschaft leben, ist seit der Mitte des 20. Jahrhunderts zu einem Allgemeinplatz geworden. Dabei ist ein grundsätzlich positives Verständnis dieser Diagnose einem heute weitgehend negativen Verständnis gewichen. Diese Ambivalenz ist nicht neu und der Vortrag führt sie einerseits auf die Geschichte vor der ‚Überflussgesellschaft' ins 19. Jahrhundert zurück. Dort trifft eine erstmalig exponentiell wachsende Ökonomie auf realistische Darstellungsverfahren, wobei der Überfluss ein gemeinsamer Nenner dieser Entwicklungen ist. Andererseits konzipiert der Vortrag den Überfluss als dezidiert literaturgeschichtlichen Begriff. Dieser Begriff lebt von seiner Ambivalenz, die in literarischen Texten nicht aufgelöst, sondern produktiv gemacht wird. Dabei kann eine poetologisch informierte Literaturgeschichte des Überflusses beides: Sie kann in einer Makroperspektive große literaturgeschichtliche Linien abseits der sich vermeintlich durch vielfältige Krisen auszeichnenden Moderne neu ziehen und dabei Kontinuitäten und Unterbrüche neu denken. Der Überfluss kann aber auch in einer mikrologischen Perspektive literarische Techniken und Verfahren neu denken und präzise bestimmen. Nach einem kurzen Begriffsprofil des Überflusses mit einem Fokus auf literarische Verfahren skizziert der Vortrag drei Stationen einer Geschichte des Überflusses, die von Gustav Freytag über Thomas Mann zu Vicki Baum führt.

Carola Metzner-Nebelsick
Möglichkeiten und Grenzen des Nachweises und der Rekonstruktion von Herrschaftsstrukturen in schriftlosen Gesellschaften des 2. und 1. Jahrtausends v. Chr. in Europa
(29. April 2023, vorm.)

Der Vortrag beschäftigt sich mit der Frage, welche Möglichkeiten bestehen bzw. mit welchen Grenzen der Erkenntnisfindung Archäologen konfrontiert sind, wenn sie soziale Phänomene, wie konkret Formen von Herrschaft, in prähistorischen Gesellschaften zu rekonstruieren versuchen. Im ersten Teil des Vortrags wird ein knapper Einblick in die methodischen Grundlagen und aktuellen theoretischen Diskurse innerhalb der Prähistorischen Archäologie gegeben, die das Ziel der Rekonstruktion vergangener, schriftloser Gesellschaften verfolgen.

Der zweite Teil stellt ein von der Referentin geleitetes und durch die DFG gefördertes interdisziplinäres Ausgrabungs- und Forschungsprojekt vor. Es handelt sich um einen mehrphasigen, spätbronzezeitlichen (14.–12. Jahrhundert v. Chr.), monumentalen Hallenbau in Lăpuș in der nordwestrumänischen Landschaft Maramureș am Fuß der erzreichen Karpaten und seines Umfelds. Geophysikalische Surveys und Ausgrabungen erbrachten an dieser Fundstelle eine in der 2. Hälfte des 2. Jahrtausends v. Chr. bislang in Südosteuropa singuläre Konzentration monumentaler Gebäude, die nach ihrer intentionellen Zerstörung von Hügeln überdeckt wurden. Nach Ausweis der Funde und Befunde lassen sich die hallenartigen Gebäude als Stapelplatz für Luxusgüter und Ort für große Bankette identifizieren. Letztere wurden von den örtlichen, durch die Ausbeutung der nahen Erzlagerstätten und durch Metallverarbeitung zu Reichtum gelangten Eliten inszeniert. Die Hallenbauten wurden in zyklischer Folge für kollektive Festbankette genutzt, intentionell zerstört und anschließend durch die Errichtung eines Tumulus über den Resten der abgebrannten Gebäude und der gleichfalls intentionell zerstörten Gefäße der Bankette monumentalisiert. Dieser archäologische Befund wird als dingliches Zeugnis einer ritualisierten sozialen Praxis, der ‚conspicous consumption', gedeutet. Sie wird als Mittel der Machtdemonstration der lokalen herrschenden Familien im Kontext sozialen Wettbewerbs interpretiert.

Der dritte Teil des Vortrags beschreibt die weitreichende Konnektivität der Gemeinschaft von Lăpuș. Sowohl die Bauweise der Hallenbauten als auch spezifische Formen der Keramik legen u.a. nahe, dass Teile der karpatenländischen Bevölkerung der späten Bronzezeit, wie jene aus der Mikroregion Lăpuș, an Migrationsprozessen beteiligt waren, die die soziale Entwicklung im postmykenischen Griechenland der Dark Ages beeinflussten.

Andrea Rapp
„von Glockengeläute im Herzen" – Liebesbriefe und private Paarkommunikation sammeln, erschließen, digitalisieren und erforschen
(30. Juni 2023, vorm.)

Briefe, darunter auch Liebesbriefe von Personen des öffentlichen Interesses sind nicht nur häufig gut dokumentiert, erschlossen und erforscht, sondern auch Gegenstand populärer und erfolgreicher Anthologien. Liebes- und Paarbriefe sind darüber hinaus jedoch ein besonders weit verbreitetes Phänomen, das alle Geschlechter, sämtliche Altersstufen, alle Lebensphasen, Schichten und Milieus betrifft – sie eignen sich daher auch als Quelle für vielfältige Forschungen. Obwohl Liebesbriefe aufgrund des persönlichen und emotionalen Werts in privaten ‚Familienarchiven' durchaus aufbewahrt werden, sind sie in aller Regel von Verlust bedroht und der Forschung weitgehend unbekannt.

Im Vortrag wird gezeigt, welche Potenziale dieses prekäre Kulturgut nicht nur für Untersuchungen zu privater und intimer, oft auch regionaler Sprache und Schriftlichkeit, zu gesellschaftlichen Veränderungen und dem privaten, nichtöffentlichen Diskurs, zu historischen Bedingungen und ihren Auswirkungen auf Kommunikation oder zur Geschichte der Emotionalität etwa, sondern auch für neue Formen partizipativer Wissenschaftskommunikation birgt.

Andreas Heinz
Sind psychische Beschwerden ein medizinisches Problem? Bestellung der Psychatrie zwischen Natur- und Geisteswissenschaften
(30. Juni 2023, vorm.)

Gegenüber der Disziplinierung vermeintlich moralische Verfehlungen setzte Wilhelm Griesinger im 19. Jahrhundert die Auffassung durch, dass Geisteskrankheiten mit der Funktion des Gehirns verbunden sind. Dennoch verbleibt die Disziplin der Psychatrie und Psychotherapie im Grenzbereich zwischen Geistes- und Naturwissenschaften. Denn zum einen handelt es sich hier bei den diagnose-leitenden Symptomen um komplexe kognitive Funktionsfähigkeiten, die immer schon auf ein zugrunde liegendes Menschenbild verweisen. Zum anderen reflektieren Menschen auf ihr eigenes Erleben und gestalten so kreativ die jeweiligen Erfahrungen mit. Aber welche Funktionsfähigkeiten werden als krankheitsrelevant angesehen, wenn sie beeinträchtigt sind? Mit der Ausweitung psychotherapeutischer und psychosozialer Angebote stellt sich heute noch dringlicher die Frage nach der Abgrenzung zwischen medizinisch behandelbaren Erkrankungen und der Pathologisierung alltäglicher Beschwerden und Lebensweisen. Dies umso mehr, da mit dem neuen Studiengang „Psychotherapie" künftig eine weitere

Berufsgruppe etabliert wird, die für die Behandlung psychischer Störungen zuständig ist. Vor diesem Hintergrund werden Risiken und unintendierte Wirkungen unterschiedlicher Erklärungsmodelle psychischer Beschwerden diskutiert.

Felix Günther (Junge Akademie)
Das Runde und das Eckige – die Krümmung von Polyedern
(1. Juli 2023, vorm.)

Beobachten wir am Meer ein auf uns zukommendes Segelschiff am Horizont, so ist zunächst seine Mastspitze und erst dann sein Rumpf sichtbar. Auf diese Weise manifestiert sich die Erdkrümmung. Da der Mast aus der Erdoberfläche herausragt, betrachten wir die Erdoberfläche hier in einem sie umgebenden Raum.

Auch in der Mathematik wurde die Krümmung einer Fläche zunächst *extrinsisch* mithilfe eines sie umgebenden Raumes berechnet. Im Jahr 1827 bewies Carl Friedrich Gauß, dass diese Krümmung tatsächlich eine Eigenschaft der Fläche selbst, also *intrinsisch* ist, und allein mithilfe von Messungen auf der Oberfläche berechnet werden kann. Gauß nannte diese bemerkenswerte Erkenntnis *Theorema Egregium*.

Auch Polyeder wie der Würfel weisen eine Krümmung auf: Diese ist an den Ecken konzentriert und wird intrinsisch als Differenz zwischen dem vollen Winkel und der Summe der anliegenden Winkel bestimmt. Alternativ können wir die Krümmung extrinsisch als den Flächeninhalt berechnen, den der Mast eines Segelschiffes auf der Einheitskugel beschreiben würde, wenn es um die Ecke des Polyeders fährt.

Dass diese zwei Definitionen tatsächlich immer dasselbe Resultat liefern, wurde von uns kürzlich als *diskretes Theorema Egregium* bewiesen. Dieser Satz ist ein zentraler Baustein einer Theorie von polyedrischen Flächen, die sich wie kontinuierliche Flächen verhalten. Solche Flächen liefern Glasfassaden mit gleichmäßigen Reflektionen im Sonnenlicht und sind daher in der modernen Architektur von Interesse.

Hans Hasse
Die digitale Transformation der Ingenieurwissenschaften
(1. Juli 2023, vorm.)

Auch die Ingenieurwissenschaften erleben derzeit einen Wandel durch die Digitalisierung, der in diesem Beitrag anhand von Beispielen aus der Verfahrenstechnik analysiert wird.

Die erste digitale Transformation der Verfahrenstechnik fand vor etwa 50 Jahren statt und wurde durch die allgemeine Verfügbarkeit von Computern ausgelöst. Dies eröffnete neue, bis dahin undenkbare Wege in der Modellierung und Simulation, was schließlich zu einer deutlichen Verlagerung der wissenschaftlichen Forschung in der Verfahrenstechnik in diesen Bereich führte. Die zugrundeliegenden physikalischen Theorien blieben dabei weitgehend unberührt, konnten aber nun auf immer breitere Bereiche angewandt werden, was zu vielen praktisch nutzbaren Ergebnissen führte, wie z. B. der Etablierung von Prozesssimulationswerkzeugen.

Was kennzeichnet die aktuelle zweite digitale Transformation der Verfahrenstechnik? Grundsätzlich ist es so, dass die Datenwissenschaft (Data Science) in den Fokus rückt. Datenwissenschaft ist ein weites Feld, das alles von der Erfassung der Daten über ihre Speicherung, Verarbeitung, Abfrage und ihren Austausch bis hin zu künstlicher Intelligenz (KI), einschließlich maschinellem Lernen (ML), umfasst. Die Datenwissenschaft wirkt sich in zweierlei Hinsicht auf die Verfahrenstechnik aus: Erstens bringt sie eine neue datenorientierte Perspektive in die Problemlösung ein, die die physikalisch orientierte Perspektive der Verfahrenstechnik sehr gut ergänzt, und zweitens bietet die Datenwissenschaft eine Fülle leistungsfähiger neuer Methoden und Werkzeuge für diese Aufgabe. Dies schafft eine Menge von Möglichkeiten für die Verfahrenstechnik und, da es kaum Lösungen von der Stange gibt, neue Perspektiven und Anreize für die Forschung.

Es gibt jedoch auch Elemente der Datenwissenschaft, die in der Verfahrenstechnik schon immer eine wichtige Rolle gespielt haben, wie z. B. die Beschaffung geeigneter Daten. Ein weiteres Beispiel ist die Parameteranpassung bei der physikalischen Modellierung, die allgegenwärtig ist und als eine Anwendung von überwachtem Maschinellem Lernen angesehen werden kann.

Zu den wertvollsten Errungenschaften der Verfahrenstechnik gehört das umfangreiche physikalische Wissen über die Verfahren, einschließlich detaillierter physikalischer Modelle. Bei der laufenden digitalen Transformation stellt sich nicht die Frage, ob datengetriebene ML-Methoden oder physikalische Modelle verwendet werden sollen, sondern wie beide kombiniert werden können, um hybride Modelle zu erhalten, die erhebliche Verbesserungen in Bezug auf die Leistungsfähigkeit und die Qualität der Modelle ermöglichen und die Zeit für ihre Entwicklung erheblich verkürzen werden.

Der vorliegende Beitrag erörtert die Perspektiven und Herausforderungen in diesem spannenden Gebiet anhand von Beispielen aus der Thermodynamik und der Fluidverfahrenstechnik.

Lutz H. Gade
Das Phänomen der Händigkeit (Chiralität): Seine Bedeutung für die Strukturbildung und Wechselwirkung auf molekularer Ebene – eine Herausforderung für die molekulare Katalyse
(10. November 2023, vorm.)

Fast der gesamte Metabolismus von Lebewesen beruht auf strukturchemischer Händigkeit (Chiralität), d. h. der Unsymmetrie der beteiligten Biopolymere bezüglich einer Spiegelung. Dies ist letztendlich eine Folge der Tatsache, dass die überwiegende Zahl möglicher dreidimensionaler Strukturen in einem dreidimensionalen Raum durch Spiegelung nicht auf sich selbst abgebildet werden können. Dass aber wohldefinierte dreidimensionale Strukturen der Proteine und Nukleinsäuren entstehen (Sekundärstrukturen, Doppelhelices) – entscheidend für das „Funktionieren" von Organismen! –, ist nur auf der Basis von Bausteinen einheitlicher Händigkeit (Homochiralität) möglich. Die darauf basierende Chiralität der Enzyme und Rezeptoren bedeutet aber auch, dass deren Wechselwirkung mit kleinen (oder ebenfalls polymeren) Molekülen von deren absoluter Struktur abhängt. Diese Wechselwirkungen bestimmen, was wir verdauen können, was wir riechen und schmecken können und wie wir auf pharmazeutische Wirkstoffe reagieren.

Der Ursprung der Homochiralität der Bausteine in den Biopolymeren, die die Grundlage der irdischen Lebensformen bildet, bleibt eines der spannenden Forschungsthemen der Chemie. Die Kombination autokatalytischer Replikationsschritte mit desaktivierender Aggregation bildet die Grundlage einiger Modellsysteme. Weniger weiß man über den Auslöser des „Symmetriebruchs", d. h. für die Bevorzugung einer der beiden enantiomeren Formen, und dies bleibt ein Gebiet für interessante Spekulationen.

Die gezielte Darstellung einer der beiden möglichen Enantiomere einer chiralen chemischen Verbindung stellt eine Herausforderung an die Synthesechemie dar. Die eleganteste Lösung des Problems basiert auf der Anwendung chiraler Katalysatoren, die man als händige chemische Werkzeuge verstehen kann. Katalysatoren ermöglichen bestimmte chemische Transformationen, indem sie diese einerseits beschleunigen, andererseits in ihrem Verlauf – und damit Ausgang – beeinflussen. Von besonderem Interesse ist es, zu verstehen, wie solche Katalysatoren funktionieren, d. h. auf welcher Stufe der (zyklischen) Kaskade chemischer Elementarreaktionen die Selektion zwischen den beiden chiralen Alternativen stattfindet. Dies sind komplexe Reaktionsnetzwerke, die für die meisten katalytischen Reaktionen nur höchst unvollständig verstanden sind.

Elisabeth Rieken
Phasen der Entschlüsselung alter Sprachen und Schriften – am Beispiel des Hieroglyphen-Luwischen
(10. November 2023, vorm.)

Während die Erstentzifferungen von unbekannten Schriften und die Anfänge der Entschlüsselung der Sprachen, in denen sie geschrieben sind, große Aufmerksamkeit in der Öffentlichkeit genießen, tritt die darauf folgende Phase der Konsolidierung der Arbeitshypothesen und der weiteren Erschließung meist in den Hintergrund. Dennoch ist dieser Schritt von ebenso großer Bedeutung und erstreckt sich über viele Jahrzehnte intensiver Forschungsarbeit. Der Vortrag war vor allem dieser zweiten Phase gewidmet und den Methoden, die hierbei zur Anwendung kommen.

Anhand einer zuvor kaum verstandenen Passage aus einer Inschrift, die im 8. Jh. v. Chr. in anatolischen Hieroglyphen in luwischer Sprache niedergeschrieben wurde, wurde gezeigt, wie man zu einem besseren Verständnis von Schrift, Sprache und Inhalt der Texte gelangen kann. Dabei greift man auf drei Ansätze zurück: Zum einen zieht man Rückschlüsse aus dem archäologischen Kontext der Inschriften, um eine Vermutung über die Textgattung (Grabinschrift, Weihinschrift o. Ä.) zu erhalten. Eine bessere Vorstellung, welche Inhalte in solchen Inschriften innerhalb eines Kulturraums enthalten sein können, geben oft Inschriften gleicher Art in anderen, bekannten Sprachen. Zum anderen nimmt man eine formale Analyse der lexikalischen und grammatischen Segmente der Wörter vor (Wortwurzeln, Wortbildungselemente und Endungen). Dies geschieht durch die kombinierte Betrachtung ähnlicher, aber nicht identischer Elemente, ihrer Verteilung, Wiederholung und Variation (kombinatorische Methode). Ist die Zugehörigkeit zu einer Sprachfamilie bereits bekannt, kann – als dritter Ansatz – der Vergleich mit Schwestersprachen hilfreich sein, indem man nach potenziellen etymologischen Entsprechungen zwischen den betreffenden Sprachen sucht. Dies kann jedoch nur auf der Basis kombinatorisch erschlossener Wortsegmente und regelhafter Entsprechungen geschehen, da sonst die Gefahr besteht, der „Sirene des Gleichklangs" zu folgen und Irrtümern zu erliegen.

Durch das Zusammenspiel der drei beschriebenen Ansätze war es möglich, neue Wörter für das luwische Lexikon zu gewinnen, die vorher fast unverständliche Textpassage aus der genannten Hieroglypheninschrift zu verstehen und für die historische und kulturhistorische Forschung zugänglich zu machen.

Hanna Fischer (Junge Akademie)
Medialisierung und Inszenierung der regionalen Sprache im 19. Jahrhundert. Einblicke in einen Sprachschatz des Deutschen
(11. November 2023, vorm.)

Mit der Herausgabe von dialektalen Textsammlungen in der ersten Hälfte des 19. Jahrhunderts wird der Gegenstand „Dialekt" neu konstituiert. Zentral ist dafür u. a. die kommentierte Sammlung von J. M. Firmenich (Germaniens Völkerstimmen, 1843–1867), die knapp 4000 dialektale Textproben aus dem geschlossenen deutschen Binnensprachraum sowie den angrenzenden west- und nordgermanischen Varietäten umfasst. Die bisher unerschlossenen Textsammlungen der Zeit sind für die Dialektologie und Sprachgeschichtsforschung, aber auch für die Soziolinguistik von großer Bedeutung, da sie den Gebrauch und die Inszenierung von regionaler Sprache dokumentieren und zugleich neue Erkenntnisse über das Language Making im 19. Jahrhundert ermöglichen. Anhand von Textbeispielen und Korpusauswertungen diskutierte der Vortrag die Medialisierung, Kontextualisierung, Inszenierung und Konstruktion der Dialekte in der Zeit ihrer Schriftwerdung und wies die damit verbundenen Forschungsperspektiven aus.

Hans van Ess
Wozu eine neue Übersetzung eines alten Klassikers aus China?
Die Gespräche des Konfuzius
(11. November 2023, vorm.)

Die Gespräche des Konfuzius (Lunyu) sind einer der am häufigsten in europäische Fremdsprachen übersetzten Texte aus dem alten China. Sie sind das wichtigste Buch, aus dem die Lehren des Konfuzius (551–479 v. Chr.) zu rekonstruieren sind. Als solches sind sie ein Schulbuchtext gewesen, der die chinesische Zivilisation, aber auch diejenige der umliegenden Länder maßgeblich geprägt hat. Insbesondere seit Beginn der achtziger Jahre des zwanzigsten Jahrhunderts ist das Buch in zahlreichen neuen englischen, französischen, aber auch italienischen und russischen Versionen erschienen. Eine Neuübersetzung ins Deutsche ist aus wissenschaftlicher Sicht dennoch nicht überflüssig. Grund dafür ist das europäischsprachige Vokabular, mit dem chinesische Termini seit langem übersetzt worden sind. Es ist zum Teil schon vor sehr langer Zeit festgelegt worden, als die sinologische Forschung einerseits noch stark unter dem Einfluss der Tätigkeit christlicher Missionare in China stand, und als andererseits in China selbst eine Spielart des Konfuzianismus vorherrschend war, deren Deutungen zum Teil von buddhistischem Gedankengut geprägt waren. Herkömmliche Übersetzungen sind deshalb oft von Faktoren beeinflusst, die eine Einsicht in frühere oder ursprünglichere Interpretationen verstellen. Ein gutes Beispiel für solche terminologischen Schwierigkeiten betrifft den chinesischen Begriff des *de*, der traditionell gerne als „virtus", Englisch „virtue" oder Deutsch „Tugend" wiedergegeben wurde. Er heißt jedoch mit großer Wahrscheinlichkeit viel eher „Persönlichkeit". Setzt man dieses Wort ein, dann verändert sich der Sinn der Aussagen des Konfuzius oft ganz entscheidend.

Nicht nur die Begrifflichkeit des Konfuzius aber muss heute von der Wissenschaft einer genauen Analyse unterzogen werden. Auch die Gesamtanlage des Textes gilt es neu zu überdenken. Bis zum heutigen Tag ist die Forschung zumeist davon ausgegangen, dass die *Gespräche des Konfuzius* eine Spruchsammlung sind, deren einzelne Sätze in eher loser Form aneinandergefügt wurden, inhaltlich aber wenig Bezüge untereinander aufwiesen. Die zwanzig Kapitel des Buches sind zwar mit Überschriften versehen, doch galten diese Titel, die fast grundsätzlich einfach mit den ersten beiden Worten des jeweiligen Kapitels identisch sind, als inhaltsleer. Eine Relektüre der *Gespräche* zeigt indes, dass diese Auffassung zu revidieren ist. Eine ordnende Hand, die wahrscheinlich erst im ersten Jahrhundert vor Christus gewirkt hat, scheint die Reihenfolge der einzelnen Sätze und Kapitel zur inhaltlichen Sinngebung genutzt zu haben. Auch dieser Faktor, der dem Leser der Gespräche neue Horizonte eröffnet, ist in den meisten der zahlreichen Neuübersetzungen dieses chinesischen Klassikers kaum beachtet worden.

AUSSTELLUNGEN, COLLOQUIA, SYMPOSIEN, VIDEO-VERANSTALTUNGEN

2023

10. Januar	Daniel Parello: „Typologische Bildmodelle in den Glasmalereien des Augsburger Doms. Erkenntnisse und Hypothesen". Zoom-Vortrag mit anschließender Diskussion (Wissenschaftsgespräche Digital)
25. Januar	Mainzer Poetikdozentur mit Uljana Wolf (Vortrag) „Wer Schatten hat, muss für die Spots nicht sorgen – Von Fehlern, Einflüsterungen und Dichten als Verlesen". Ort: Hörsaal P5 im Philosophicum der Johannes Gutenberg-Universität Mainz
26. Januar	Mainzer Poetikdozentur Uljana Wolf (Workshop) Ort: Hörsaal P108 im Philosophicum der Johannes Gutenberg-Universität Mainz
26. Januar	Tagung zum Projekt „Die Dynamik kleiner Fächer", gefördert vom Bundesministerium für Bildung und Forschung (BMBF): „Kleine Fächer – Dynamiken und Perspektiven im Hochschul- und Wissenschaftssystem". Ort: Plenarsaal der Akademie
09. Februar	„Stockende Worte": Max Reger zum 150. Geburtstag, Konzert mit Julius Berger (Violoncello). Ein Abend der Klasse der Literatur und der Musik. Ort: Plenarsaal der Akademie
10. Februar	Zukunftsfragen der Gesellschaft: Symposium „Zeitenwende für Europa und den Westen?" Einführung von Thomas Bräuninger und Lutz Raphael Vorträge von Anselm Doering-Manteuffel („Der Westen, Russland und die Deutschen: Die Bedeutung des westlichen Bündnisses für Deutschlands Haltung gegenüber Russland"), Kiran Klaus Patel („Die EU: Stärkung ohne Neuorientierung") und Matthias Jestaedt („Gescheiterte menschenrechtliche

Einhegung Russlands? Eine vorläufige Bilanz nach dem Ausschluss Russlands aus dem Europarat") mit anschließender Diskussion. Moderation: Linda Kierstan (ZDF)

14. Februar	Frodo Podschwadek: „Ein Liberalismus der öffentlichen Vernunft für Nicht-Bürger. Positionen von Public-Reason-Theorien zum Thema Immigration". Zoom-Vortrag mit anschließender Diskussion (Wissenschaftsgespräche Digital)
01.–03. März	Akademie-Tagung „Wie aus Geschichten Geschichte wird – historiographische Texte als methodische Herausforderung für Regestenprojekte" Sprecher/innen: Sebastian Scholz, Martin Clauss, Hans-Werner Goetz, Yanick Strauch, Veronika Unger, Jörg Müller, Manuel Kamenzin, Yannick Pultar, Andreas Kuczera, Juri Opitz, Gerhard Lubich, Michel Margue, Christina Abel, Antoine Lazzari und Miriam Weiss.
9. März	„Metaphern in Wissenschaft und Kommunikation": Eine Veranstaltung der WissKomm Academy Sprecher/innen: Dr. Chiara Ferella (Gräzistik) Dr. Patrick Honecker (Wissenschaftskommunikation) Prof. Dr. Stefan Müller-Stach (Mathematik) Prof. Dr. Andrea Rapp (Computerphilologie) Marie Teich (Neurowissenschaften & Mathematik)
14. März	Victor Westrich: „Angewandte Künstliche Intelligenz. Large Language Models für die Regesta Imperii". Zoom-Vortrag mit anschließender Diskussion (Wissenschaftsgespräche Digital)
17. März	Podiumsdiskussion im Rahmen der WissKomm Academy: „Warum sollen wir der Biotechnologie und der Wissenschaft vertrauen?" Es dikutieren die Präsidentin des Europäischen Forschungsrats Prof. Dr. Maria Leptin, der rheinland-pfälzische Wissenschaftsminister Clemens Hoch, der Virologe Prof. Dr. Christian Drosten (Charité Berlin) und der Wissenschaftsphilosoph

	Prof. Dr. Martin Carrier (Mainzer Akademie). Moderation: Wissenschaftsjournalist Dr. Jan-Martin Wiarda. Impulsvortrag von Prof. Dr. Christian Drosten
23. März	Vernissage zur Ausstellung „Hier und Dasein" von Karoline Koeppel (23. März bis 2. Juni im Foyer der Akademie) Die Künstlerin im Gespräch mit Andreas Preywisch
29.–31. März	3. Culture Community Plenary der NFDI4Culture Veranstaltung mit unterschiedlichen Interaktionsformaten (Workshops, Roundtables, Martk der Möglichkeiten u. a.).
12. April	Verleihung der Alfred Döblin-Medaille 2023 an Ralph Tharayil, Laudatio von Julia Franck
14.–16. April	6. Sinfoniekonzert: Mainzer Komponist*innenportrait 2023 mit Han Lash (Harfe) Ort: Staatstheater Mainz und Plenarsaal der Akademie
19. April	„Ludwig Kalisch – Karnevalist und Revolutionär" Eine Kooperationsveranstaltung der Akademie der Wissenschaften und der Literatur, der Stiftung Haus des Erinnerns, des Vereins für Sozialgeschichte Mainz e. V. und dem Förderverein Mainzer Fastnachtsmuseum e. V.
27. April	GOETHE TO GO: Ausschnitte aus Kompositionen und Hörstücken von Antje Vowinckel. Eine Veranstaltung der Klasse der Literatur und der Musik Ort: Plenarsaal der Akademie
08. Mai	Werkstattgespräche 2023: Akademievorhaben im Dialog Vorträge von: Dr. Frodo Podschwadek (Digitale Akademie): „Niemand schreibt ein Buch allein" – ChatGPT in den Geistes- und Kulturwissenschaften; Dr. Elena Kosina (CVMA) und Dr. Eberhard J. Nikitsch (Die Deutschen Inschriften): „Original, Kopie, Neuschöpfung? Zur Schriftund Bildanalyse in der mittelalterlichen Glasmalerei"; Dr. Stefan König und Nikolaos Beer M.A. (Reger-Werkausgabe): „… immer auf der Textsuche." Eine digitale Entdeckungsreise durch

Max Regers literarische Welt";
Dr. Miriam Salzmann (Junge Akademie): „Was beim Aufstieg auf der Strecke bleibt: Soziale Mobilität und Akkulturation unter den Eliten im spätmittelalterlichen Zypern";
Michael Schonhardt M.A. (Burchards Dekret Digital): „Des Bischofs Schreibtisch. Zur Arbeit an der digitalen Edition ‚Burchards Dekret Digital'"; Moderation: Andreas E. J. Grote; Musikalischer Rahmen: Yona Jutzi
Ort: Plenarsaal der Akademie

15. Mai
Konzert der Freunde Junger Musiker Mainz-Wiesbaden im Plenarsaal der Akademie: Lyuta Kobayashi (Klarinette) und Julian Becker (Klavier) mit Werken von Robert Schumann, Jörg Widmann u. a.

08.–10. Juni
Internationale Tagung: Ägyptologische „Binsen"-Weisheiten V

14. Juni
Vernissage: „PRÄZISION+, Unvorstellbare Genauigkeit und die Suche nach neuer Physik mit PRISMA+"
Tim Otto Roth stellt seine *Licht- und Klangskulptur AIS³ [aiskju:b]* vor. Mit einer Einführung von Matthias Neubert und einem anschließenden Gespräch mit Peter Kiefer: *„artistic research* – Wenn Kunst und Wissenschaft zusammentreffen"

18. Juni
Interstellar: Ein menschlicher Blick auf das Universum. Filmvorführung und Gespräch mit Prof. Dr. Matthias Neubert und Dr. Jens Temmen. Eine Veranstaltung der Jungen Akademie.
Ort: Kino CAPITOL, Mainz

21. Juni
Schule trifft Akademie: „Den Rätseln des Universums auf der Spur"
Referenten des Exzellenzclusters PRISMA+ der Johannes Gutenberg-Universität Mainz und des Max-Planck-Instituts für Chemie geben Einblicke für verschiedene Altersstufen rund um das Thema „Universum"

28.–29. Juni
Tagung: „Langsames Sehen – Wahrnehmungsdispositive der Entschleunigung". Eine Veranstaltung der Jungen Akademie. Konzeption und Organisation: Kristina Köhler (Köln), Benjamin Loy (Wien), Marlene Meuer (Lüneburg), Christian Rößner

	(Linz) und Lena Wetenkamp (Trier) der AG „Geschichte(n) des Sehens der Jungen Akademie	Mainz"
29. Juni	Mathematik, Leben und Tod – Ein Zwiegespräch zwischen John von Neumann und Gott. Theaterperformance und Lesung mit Jürgen Jost und Hanns Zischler im Plenarsaal der Akademie
04. Juli	„Im Licht der Zeit: Mittelalterliche Glasmalerei als Objekt des Glaubens, der Sehnsucht und der Forschung" von Dr. Elena Kosina Ort: Akademie der Wissenschaften, Vortragssaal, Karlstraße 4, 69117 Heidelberg
18.–21. Juli	Workshop: GrapHNR 2023 – Graphen und Netzwerke in der vierten Dimension – Zeit und Zeitlichkeit als Kategorien der Verbundenheit
27. Juli	Meenzer Science Schoppe mit Dr. Sarah Hegenbart „Von Bayreuth nach Burkina Faso. Christoph Schlingensiefs Operndorf – Ein Gesamtkunstwerk?"
08. August	Chantal Gärtner und Jakob Jünger: „Epigraf. Von der geisteswissenschaftlichen Edition zur datenhermeneutischen Analyse" Zoom-Vortrag mit anschließender Diskussion (Wissenschaftsgespräche Digital)
09. September	Mainzer Kammerorchester zu Gast im Kalkhof-Rose-Saal Das Eliot Quartett, bestehend aus Maryana Osipova, Alexander Sachs (Violine) Dmitry Hahalin (Viola) und Michael Preuss (Violoncello), spielt Werke von Joseph Haydn, Fanny Mendelssohn und Johannes Brahms
12. September	Amelie Tscheu: „Die Bedeutung der interdisziplinären Quellenanalyse für die Rechtsgeschichte am Beispiel der Verfahren des publizistischen Landesverrats in der Weimarer Zeit" Zoom-Vortrag mit anschließender Diskussion (Wissenschaftsgespräche Digital)

14. September	Lesung mit der Breitbach-Preisträgerin Marion Poschmann: „Chor der Erinnyen" Ort: Buchhandlung Reuffel, Koblenz
15. September	Verleihung des Joseph-Breitbach-Preises 2023 an Marion Poschmann. Laudatio von Katrin Hillgruber Ort: Stadttheater Koblenz
18.–22. September	HFR Summer School 2023: „Deciphering and Editing Hittite Cuneiform Texts". Workshop, ausgerichtet vom Akademieprojekt „Hethitische Festrituale"
26. September	Nachfeier und Lesung zum Joseph-Breitbach-Preis 2023 Grußwort von Staatssekretärin Heike Raab Begrüßung von Daniela Danz Ort: In den Ministergärten 6, 10117 Berlin
07. Oktober	Mainzer Kammerorchester zu Gast im Kalkhof-Rose-Saal. Theodore Squire (Flöte) und Isabelle Müller (Harfe) spielen Werke von: Maurice Ravel, Eugène Bozza, Nino Rota, Gabriel Fauré, Jacques de la Presle, Claude Debussy und Pablo de Sarasate
18. Oktober	„Nachhaltigkeit in der Wissenschaft". Fishbowl-Diskussion mit anschließendem World Café. Begrüßung durch Prof. Dr. Stefan Müller-Stach, Vizepräsident für Forschung und wissenschaftlichen Nachwuchs der Johannes Gutenberg-Universität Mainz Fishbowl-Diskussion mit Timo Graffe, Dr. Joachim Liers, Dr. Sophie Lohmann, Prof. Torsten Schrade und einem freien Stuhl für das Publikum World Café: Fortführung der Diskussion und Dokumentation der wichtigsten Erkenntnisse und Impulse Ort: Campus Mainz, Atrium Maximum (Alte Mensa)
25. Oktober	Vernissage zur Ausstellung PRIMATEN von Gabriele Muschel
27. Oktober	„Populärwissenschaften im Krisenmodus". Interdisziplinäres Panel mit Adrian Daub (Stanford), Nils Kumkar (Bremen) und Claudia Weber (Frankfurt/Oder). Moderation: Linda Kierstan (ZDF)

Veranstaltung im Rahmen des Workshops „Popular Science", organisiert von Dr. Jens Temmen und Dr. Davina Höll in Kooperation mit der Jungen Akademie | Mainz und dem Obama Institute der Johannes Gutenberg-Universität Mainz.

30. Oktober   „KI trifft Biotechnologie. Wo Wissenschaft und Unternehmen Zukunft gemeinsam gestalten". Podiumsdisskussion und Workshop, ausgerichtet von der WissKomm Academy.
Mit Prof. Dr. Prof. h.c. Andreas Dengel (Botschafter des Landes für Künstliche Intelligenz), Clemens Hoch (Minister für Wissenschaft und Gesundheit des Landes Rheinland-Pfalz), Dr. Lars Greiffenberg (Leiter der digitalen Forschung bei AbbVie Deutschland), Prof. Dr. Norbert W. Paul (Direktor des Institutes für Geschichte, Theorie und Ethik der Medizin der JGU), Prof. Dr. Eckhard Thines (Landeskoordinator für Biotechnologie), Moderation: Linda Kierstan

04.–05. November   22. Mainzer Büchermesse,
organisiert vom Kulturamt der Stadt Mainz.
Ort: Akademie der Wissenschaften

07. November   Akademietag 2023: „Was ist gerecht? – Gerechtigkeitsvorstellungen im globalen Vergleich".
Inhaltliche Federführung: Akademie der Wissenschaften in Hamburg und die Niedersächsische Akademie der Wissenschaften zu Göttingen.
Ort: Berlin-Brandenburgische Akademie der Wissenschaften

08. November   Meenzer Science Schoppe: „Fünf Mythen über die gesellschaftliche Spaltung" mit Stefan Hradil.
Ort: Bar jeder Sicht, Hintere Bleiche 29, Mainz

09. November   „Geheimnisvolles Universum". Symposium in der Akademie.
Vorträge von Günther Hasinger, Nadine Neumayer, Michael Kramer und Hardi Peter.

14. November   Andreas Kuczera: „Large Language Modelle und Prompt Engineering in den digitalen Geschichtswissenschaften"
Zoom-Vortrag mit anschließender Diskussion (Wissenschaftsgespräche Digital)

14. November	Mainzer Musikdozentur: Thomas von Steinaecker über Karlheinz Stockhausen. Musikalisch untermalt von Paul Hübner. Ort: Hochschule für Musik Mainz, Roter Saal
18. November	Mainzer Kammerorchester zu Gast im Kalkhof-Rose-Saal: Naoya Nishimura (Violine) und Erika Le Roux (Klavier) spielen Werke von Ludwig van Beethoven, Niccolò Paganini, César Franck und Camille Saint-Saëns
21. November	Schubertiade mit Peter Gülke Eröffnung der neuen Konzertreihe „Soirée Arcadia" mit Arne Jesper Zeller (Violoncello), Hedayet Jonas Djeddikar (Klavier), Christian Wagner (Bariton) und dem Oxalis Quartett Ort: Kalkhof-Rose-Saal
24.–25. November	Tagung „INSCRIPTIO – QUO VADIS? Inschriften als Untersuchungsgegenstand im interdisziplinären Diskurs". Ort: Technische Universität Darmstadt, L3 | 01 Raum: 436
30. November	Verleihung des Akademiepreises des Landes Rheinland-Pfalz an Professorin Dr. Concettina Sfienti Begrüßung: Prof. Dr.-Ing. Reiner Anderl, Grußwort: Staatsminister Clemens Hoch, Ministerium für Wissenschaft und Gesundheit Laudatio: Prof. Dr. Margret Wintermantel, Juryvorsitzende Vortrag der Preisträgerin: „Sternenstaub im Bauch: Kosmische Rezepte für Erdlinge" Musikalischer Rahmen: Zih-En Wie (Violoncello), André Dolabella (Klavier)
01. Dezember	Verleihung des Hans Gál-Preis an das Trio Incendio Karolína Františová (Klavier), Filip Zaykov (Violine), Vilém Petras (Violoncello). Einführung und Laudatio: Prof. Alexander Hülshoff, Künstlerischer Direktor der Stiftung Villa Musica Rheinland-Pfalz Ort: Kalkhof-Rose-Saal

09. Dezember	Mainzer Kammerorchester zu Gast im Kalkhof-Rose-Saal. Das Zemlinsky-Quartett, bestehend aus František Souček, Petr Střížek (Violine), Petr Holman (Viola) und Vladimír Fortin (Violoncello) spielt Werke von Franz Xaver Richter, Antonín Dvorák und Franz Schubert
12. Dezember	Jonathan D. Geiger: „Geisteswissenschaften: analog oder digital oder was? Thesen zur aufgeteilten Kognition in den (Digital) Humanities und darüber hinaus". Zoom-Vortrag mit anschließender Diskussion (Wissenschaftsgespräche Digital)

PREISVERLEIHUNGEN

VERLEIHUNG DER LEIBNIZ-MEDAILLE

an Hans Seus

Mit der Verleihung der Leibniz-Medaille an Herrn Hans Seus möchte die Akademie ihren Dank für seine vielfältige Förderung und Unterstützung zum Ausdruck bringen. Herr Seus war über mehrere Jahrzehnte im Mainzer Wissenschaftsministerium für die Belange der Akademie der Wissenschaften und der Literatur unmittelbar zuständig. In dieser Funktion, die er sehr gerne wahrnahm, hat er die Entwicklung der Akademie nicht nur wohlwollend begleitet, sondern auch aktiv gefördert. Dabei stand er auch in besonders herausfordernden Zeiten fest an der Seite der Akademie. Herr Seus hat dabei den Öffnungs- und auch Verjüngungsprozess der Akademie mit großem Nachdruck unterstützt und auch dazu beigetragen, dass entsprechende Formate in der Akademie ihren Platz gefunden haben. Ohne sein Engagement hätte etwa das Format der „Jungen Akademie" nicht dauerhaft etabliert werden können.

In all den Jahren hat sich Herr Seus als ideenreicher und verlässlicher Gesprächspartner erwiesen, dessen Rat wichtig und wertvoll war.

Die Akademie ehrt Herrn Seus durch die Verleihung der Leibniz-Medaille, der höchsten Auszeichnung, die sie zu vergeben hat.

Academia fautori gratias agit plurimas.

Mainz, den 10. November 2023

VERLEIHUNG DES JOSEPH-BREITBACH-PREISES

an Marion Poschmann
für ihr literarisches Gesamtwerk

Marion Poschmann ist eine der radikalsten Dichterinnen unserer Zeit, die für die Kunst der Dichtung neue Maßstäbe setzt. Ihre Lyrik erkundet, ebenso wie ihre Prosa und Essayistik, was gemeinhin verborgen bleibt. In ihrer Beobachtung und Wahrnehmung der Alltagswelt entsteht eine Genauigkeit, die der Wahrheit hinter den Dingen gerecht wird, ohne das Augenscheinliche zu leugnen. Ausgehend von den unscheinbarsten Phänomenen helfen ihre poetischen Schilderungen von Umwelt und Natur, von Mensch und Tier, begrenzende Illusionen aufzugeben, den subtilen Verschiebungen der Wahrnehmung zu folgen und aufzuspüren, in welcher Welt wir leben und was uns verloren zu gehen droht.

Koblenz, den 15. September 2023

VERLEIHUNG DER ALFRED DÖBLIN-MEDAILLE

an Ralph Tharayil
für sein bisheriges künstlerisches Werk

Ralph Tharayil wird vor allem für sein literarisches Debüt *Nimm die Alpen weg* ausgezeichnet. Der stark rhythmisierte Text untersucht eine Sprache der Differenz, in der ungewöhnliche Wendungen und Bilder eine poetische Kraft entfalten. Zwei Paare stehen sich gegenüber: Die Eltern, wie Hindu-Götter vierarmig umschlungen, sprechen die Sprache eines Landes, das den Krieg von allen Seiten kennt. Daneben ein ebenso eng verbundenes Geschwisterpaar, das ihre Sprache nicht mehr versteht. Die fremde Schrift bleibt ein Rätsel, sie ist das Geheimnis der Eltern. Zwischen den Generationen steht eine Sprache der Lügen, der Entschuldigungen, eine der mühsamen Anpassung, die der Mutter besser gelingt als dem sozial deklassierten Vater. Jede Benennung übt Macht aus. Ralph Tharayils außerordentliches Sprachbewusstsein belässt die sozialen Konflikte der Migranten in einer fein austarierten Schwebe.

Mainz, den 12. April 2023

SIBYLLE KALKHOF-ROSE-AKADEMIE-PREIS FÜR GEISTESWISSENSCHAFTEN

an Dr. Laura Klein

Laura Anna Klein ist eine herausragende junge Juristin und Rechtsphilosophin, deren Arbeiten zu den verfassungsrechtlichen Grundlagen individueller Entscheidungen im Bereich menschlicher Reproduktion von höchster gesellschaftlicher Relevanz sind. Sie erhält den Sibylle Kalkhof-Rose-Akademie-Preis für Geisteswissenschaften für die Entwicklung einer grundrechtlichen Konzeption reproduktiver Freiheiten. Dieses komplexe verfassungsrechtliche und rechtsethische Thema wirft grundlegende Fragen zur individuellen Autonomie, Freiheit, Gleichheit und ihren materiellen Bedingungen auf und hat hohe praktische Relevanz nicht allein für die Reproduktionsmedizin, sondern auch für den Zugang zu Verhütungsmitteln und die Bedingungen von Schwangerschaft, Geburt und Stillzeit. Der Preis würdigt besonders die Weitung der juridischen Perspektive auf rechtliche Fragen durch die Auseinandersetzung mit sozialwissenschaftlichen Erkenntnissen, philosophisch-ethischen Aspekten und rechtspolitischen Entwicklungen, die es möglich machen, menschliche Reproduktion besser verstehen und Konfliktlagen besser beurteilen zu können.

Mainz, den 10. November 2023

VERLEIHUNG DES PREISES DER KURT-RINGGER-STIFTUNG

an Prof. Dr. Claudia Jacobi
für ihre Dissertation *Mythopoétiques dantesques – une étude intermédiale sur l'Italie, la France et l'Espagne (1766–1897)*

Die qualitativ orientierte Studie untersucht ein breites Spektrum literarischer Texte des Italienischen, Französischen, Spanischen; sie besticht durch ihre philologische Präzision, die beeindruckende methodische Vielfalt und Originalität der Interpretationen und eröffnet eine neue Perspektive auf die Vielseitigkeit und literarische Produktivität der Dante-Rezeption im 19. Jahrhundert.

Mainz, den 10. November 2023

VERLEIHUNG DER JOACHIM VOGEL-GEDÄCHTNISMEDAILLE

an Herrn Dr. Sören Lichtenthäler

Dr. Sören Lichtenthäler erhält die Joachim Vogel-Gedächtnismedaille für seine herausragenden Leistungen im Fach Strafrecht. In seinem Buch *Besitzverbot und Eigentumsschutz* beschäftigt er sich mit der Frage, ob das Strafrecht auch „verbotene Sachen" gegen den Zugriff anderer Krimineller schützt. Macht sich zum Beispiel der Dieb strafbar, der unerlaubt hergestellte Drogen aus dem Vorrat des Produzenten an sich bringt? Viele Juristen sehen das kritisch. Sören Lichtenthäler zeigt, dass und warum das nicht überzeugt. Er hat dabei in grundlegender Weise neues Licht auf die Konzepte „Eigentum" und „Vermögen" geworfen, die im Zivilrecht und im Strafrecht eine zentrale Rolle spielen.

Mainz, den 10. November 2023

VERLEIHUNG DES AKADEMIEPREISES DES LANDES RHEINLAND-PFALZ
– Auszeichnung für vorbildhafte Leistungen in Lehre und Forschung –

durch das Ministerium für Wissenschaft und Gesundheit des Landes Rheinland-Pfalz und der Akademie der Wissenschaften und der Literatur | Mainz

an Prof. Dr. Concettina Sfienti

Frau Sfientis Forschungsschwerpunkt „Die Physik der Atomkerne" ist eng mit der Entwicklung der Sterne und der Entstehung der Elemente im Universum verbunden. Ihre Untersuchung dieser kosmischen Materie im Labor ist nicht nur hochaktuell, sondern zugleich überaus innovativ.

Das Engagement von Frau Professorin Sfienti im Bereich der Lehre ist außerordentlich. So hat sie verschiedene Konzepte entwickelt, um die Attraktivität des Studiengangs zu steigern. Dazu zählt auch die Gründung der Mainzer „Physics Academy", einem individuellen Förderprogramm für exzellente Studierende.

Frau Sfienti ist nicht nur eine exzellent ausgewiesene Wissenschaftlerin, sondern zugleich auch eine begeisterte und begeisternde Wissenschaftskommunikatorin, die es versteht, ihre Forschung vor großem Publikum interessant und anschaulich darzustellen.

In ihrem Wirken vereint Concettina Sfienti Forschung, Lehre und Nachwuchsförderung in vorbildlicher Weise.

Der Preis ist mit 25.000,- Euro dotiert und kann nach freier Entscheidung der Preisträgerin für Forschung und Lehre verwendet werden.

Mainz, den 30. November 2023

VERLEIHUNG DES HANS GÁL-PREISES

durch die Akademie der Wissenschaften und der Literatur | Mainz
und der Villa Musica Rheinland-Pfalz

an das Trio Incendio

Karolína Františová (Klavier) · Filip Zaykov (Violine) · Vilém Petras (Cello)

Das bereits auf internationalen Podien erfolgreiche Trio Incendio aus der Tschechischen Republik zeichnet sich durch stilistische Klarheit, Esprit und höchste Sensibilität aus. Der Farbenreichtum der Pianistin verbindet sich auf wunderbare Weise mit dem Klang der Streicher. Die Interpretationen des Trios zeugen von höchster Verantwortung gegenüber Text und Geist des Komponisten in Verbindung mit einer faszinierenden künstlerischen Deutung und der seltenen Fähigkeit, Verborgenes „zwischen den Zeilen" aufzuspüren. So gelingen Aufführungen von höchster Dichte und Atmosphäre.

Mainz, den 1. Dezember 2023

VERLEIHUNG DES PREISES DER PEREGRINUS-STIFTUNG

an Prof. Dr. Annette Zgoll und Prof. Dr. Christian Zgoll

Die Altorientalistin Annette Zgoll und der Klassische Philologe Christian Zgoll haben in interdisziplinären Arbeiten wesentlich zu einem besseren Verständnis antiker mythologischer Erzählungen und zur Entwicklung einer innovativen Methodik der komparatistischen Mythosforschung beigetragen. Aus ihrer gemeinsamen und individuellen Forschung sind zahlreiche einflussreiche Publikationen zur altorientalischen und griechischen Mythologie und zur vergleichenden Mythenanalyse hervorgegangen, die nicht zuletzt in der von beiden im Rahmen der DFG-Forschungsgruppe STRATA herausgegebenen Reihe *Mythological Studies* erschienen sind.

Besondere Hervorhebung verdienen dabei das methodologische Grundlagenwerk *Tractatus mythologicus* von Christian Zgoll und Annette Zgolls innovative Analysen zentraler mesopotamischer Mythen um Innana, die mächtige Göttin von Uruk, die kriegerische Macht und Liebreiz in ihrem Wesen vereinigt.

An der Universität Göttingen und in einem Netzwerk weit darüber hinaus hat das Forscherehepaar auf diese Weise eine neue Phase der kooperativen Mythosforschung initiiert, in der grundlegende Erzähltraditionen, die teilweise bis in unsere eigene Gegenwart wirksam sind, interpretativ neu erschlossen werden.

Mainz, den 10. November 2023

MITGLIEDER

Die ordentlichen Mitglieder sind durch Sternchen (*) gekennzeichnet.

[...] = Jahr der Zuwahl

*Albath, Dr. Maike (geb. 19.8.1966 in Braunschweig); Prinzregentenstraße 85, 1071 Berlin, E-Mail: maike.albath@libri.berlin; Fachgebiet: Literatur [2021]

*Albers, Dr. Susanne, o. Professorin (geb. 10.6.1965 in Georgsmarienhütte/Niedersachsen); Technische Universität München, Institut für Informatik, Lehrstuhl für Effiziente Algorithmen, Boltzmannstraße 3, 85748 Garching, E-Mail: albers@in.tum.de, privat: Luciusstr. 14, 14199 Berlin, Tel.: 030/60034727, E-Mail: albers.susanne@googlemail.com, Fachgebiet: Informatik [2013]

*Anderl, Dr.-Ing. Reiner, Professor (geb. 24.6.1955 in Ludwigshafen/Rhein); FB DiK, TU Darmstadt, Otto-Berndt-Straße 2, 64287 Darmstadt, Tel.: 06151/16-21790, 16-21791 (Sekr.), Fax: 06151/16-21793, E-Mail: anderl@dik.tu-darmstadt.de, www.dik.maschinenbau.tu-darmstadt.de, privat: Schwalbenweg 6, 64625 Bensheim, Tel.: 06251/787606, Fachgebiet: Rechnerintegrierte Produktentwicklung [2006]

*Andreae, Dr. phil. Bernard, Professor (geb. 27.7.1930 in Graz); Danziger Str. 153, 10407 Berlin, Tel./Fax: 030/41721151, E-Mail: bernardandreae@gmx.net, Fachgebiet: Archäologie [1980]

*Andresen, Dr. phil. Sabine, Professorin (geb. 16.2.1966 in Nordstrand); Goethe-Universität Frankfurt a. M., Institut für Sozialpädagogik und Erwachsenenbildung, Theodor-W.-Adorno-Platz 6, 60323 Frankfurt a. M., Tel.: 069/798-36432, E-Mail: S.Andresen@em.uni-frankfurt.de, Fachgebiet: Erziehungswissenschaft [2017]

*Arnold, Dr. Claus, Professor (geb. 27.8.1965 in Ravensburg); FB 01: Katholisch-Theologische Fakultät, Johannes Gutenberg-Universität, 55099 Mainz, Tel.: 06131/39-20459, E-Mail: claus.arnold@uni-mainz.de Fachgebiet: Mittlere und Neuere Kirchengeschichte [2022]

Arnold, Dr. Matthieu, Professor (geb. 14.9.1965 in Straßburg); Faculté de Théologie protestante de l'Université de Strasbourg, 2 rue du Pivert, F – 67500 Haguenau, Tel.:

(033)3 88 73 26 97, E-Mail: matthieu.arnold@unistra.fr, Fachgebiet: Geschichte des modernen und zeitgeschichtlichen Christentums [2021]

*Aurich, Dr.-Ing. Jan Christian, Professor (geb. 15.3.1964 in Hannover); RPTU Kaiserslautern-Landau, Gottlieb-Daimler-Str., 67663 Kaiserslautern, Tel.: 0631/205-2618, E-Mail: jan.aurich@rptu.de, Fachgebiet: Maschinenbau-Produktionstechnik [2023]

*Baasner, Dr. phil. Frank, Professor (geb. 22.2.1957 in Bad Dürkheim); Deutsch-Französisches Institut, Asperger Str. 34, 71634 Ludwigsburg, Tel.: 07141/93030, Fax: 07141/930350, E-Mail: baasner@dfi.de, www.dfi.de, privat: Mühlehof 16, 72119 Ammerbuch, Tel.: 07073/3385, Fachgebiet: Romanistische Literaturwissenschaft [2003]

Barner, Prof. Dr. med. Dr. rer. nat. Dr. h.c. Andreas [Ehrenmitglied] (geb. 10.2.1953 in Freiburg im Breisgau); Tel.: 06132/773142, E-Mail: andreas.barner@boehringer-ingelheim.com, privat: Kreuzbergstr. 12, 55218 Ingelheim [2023]

Barner, Dr. med. Susanne [Ehrenmitglied] (geb. 1954); Tel.: 06132/773142, privat: Kreuzbergstr. 12, 55218 Ingelheim [2023]

*Bartels, Dr. rer. nat. Dorothea, Professorin (geb. 28.10.1951 in Hannover); Institut für Molekulare Physiologie und Biotechnologie der Pflanzen (IMBIO), Rheinische Friedrich-Wilhelms-Universität, Kirschallee 1, 53115 Bonn, Tel.: 0228/732070, 735516, Fax: 0228/731697, E-Mail: dbartels@uni-bonn.de, www.botanik.uni-bonn.de, privat: Von Werth Str. 75, 50259 Pulheim, Fachgebiet: Molekularbiologie [2010]

*Barthlott, Dr. rer. nat. Wilhelm, Professor em. (geb. 22.6.1946 in Forst/Baden); Rheinische Friedrich-Wilhelms-Universität, Nees-Institut für Biodiversität der Pflanzen, Arbeitsgruppe Biodiversität und Bionik, Venusbergweg 22, 53115 Bonn, Tel.: 0228/73-2271, Fax: 0228/73-2272, E-Mail: barthlott@uni-bonn.de, www.nees.uni-bonn.de, privat: Offenbachstr. 11, 53173 Bonn Bad Godesberg, Fachgebiet: Botanik [1990]

Baudis, Prof. Dr. Laura (geb. 29.10.1969 in Timisoara/Rumänien); Universität Zürich, Physik-Institut, Winterthurerstrasse 190, 8057 Zürich, Schweiz, Tel.: 0041/44 6355777, Fax: 0041/446355704, E-Mail laura.baudis@uzh.ch, Webseite: https://www.physik.uzh.ch/en/groups/baudis.html, Fachgebiet: Physik (Astroteilchenphysik, Dunkle Materie, Neutrinophysik) [2021]

*Becker, Jürgen (geb. 10.7.1932 in Köln); Am Klausenberg 84, 51109 Köln, Fachgebiet: Literatur [1984]

Belentschikow, Dr. phil. habil. Renate, Professorin (geb. 14.4.1955 in Berlin); Fakultät für Humanwissenschaften, Institut III, Otto-von-Guericke-Universität, Zschokkestr. 32, 39104 Magdeburg, privat: Renneweg 25 A, 39130 Magdeburg, Tel.: 0391/7222930, E-Mail: r-belentschikow@t-online.de, Fachgebiet: Slavistische Linguistik [2002]

Belmonte, Dr. med. Ph. D. Carlos, Professor (geb. 24.10.1943 in Albacete/Spanien); Director, Instituto de Neurociencias, Universidad Miguel Hernández and Consejo Superior de Investigaciones Científicas, Apdo. 18, 03550 San Juan de Alicante, Alicante, Spain, Tel.: 0034/196/5919530, 034/965919545, Fax: 0034/196/5919547, E-Mail: carlos.belmonte@umh.es, privat: Tel.: 034/965943036, Fachgebiet: Neurophysiologie [2000]

*Bendix, Dr. rer. nat. Jörg, Professor (geb. 12.4.1961 in Troisdorf-Sieglar); FB Geographie, Universität Marburg, Deutschhausstr. 12, 35032 Marburg, Tel.: 06421/2824266, Sekr.: 2824839, Fax: 06421/2824833, E-Mail: bendix@staff.uni-marburg.de, privat: Eichenweg 6, 35287 Amöneburg, Tel.: 06424/924433, Fachgebiet: Klimageographie [2011]

*Berger, Julius, Professor (geb. 20.10.1954 in Augsburg); Hofwiesenweg 15, 87645 Hohenschwangau, E-Mail: julius@juliusberger.de, www.juliusberger.de, Sekr.: Frau Gisela Ferle, Tel.: 06136/7368, E-Mail: gisela.ferle@t-online.de, Fachgebiet: Violoncello, Kammermusik [2009]

Betzwieser, Dr. Thomas, Professor (geb. 23.3.1958 in Neckarhausen); Goethe-Universität Frankfurt a. M., Campus Bockenheim, Institut für Musikwissenschaft, Senckenberganlage 29–31, 60325 Frankfurt a. M., Tel.: 069/798-23515, Fax: 069/798-28580, E-Mail: betzwieser@em.uni-frankfurt.de, Fachgebiet: Musikwissenschaft [2015]

*Biermann, Horst, Professor (geb. 15.5.1963 in Nürnberg); Technische Universität Bergakademie Freiberg, Institut für Werkstofftechnik, Gustav-Zeuner-Str. 5, 09599 Freiberg, Tel.: 03731/393564, Fax: 03731/393703, E-Mail: biermann@ww.tu-freiberg.de, privat: Bertolt-Brecht-Str. 12, 09599 Freiberg, Tel.: 03731/202883, E-Mail: horst.biermann@onlinehome.de, Fachgebiet: Werkstofftechnik [2013]

*Birbaumer, Dr. phil., Dr. h.c. Niels-Peter, Professor (geb. 11.5.1945 in Ottau/CZ); Eberhard-Karls-Universität Tübingen, Institut für Medizinische Psychologie und Verhaltensneurobiologie, Silcherstr. 5, 72076 Tübingen, Tel.: 07071 29-0, E-Mail: niels.birbaumer@uni-tuebingen.de, Fachgebiet: Psychologie [1993]

*Bisang, Dr. Walter, Professor (geb. 2.2.1959 in Zürich); Johannes Gutenberg-Universität Mainz, Department of English and Linguistics, Jakob-Welder-Weg 18, 55099 Mainz, Tel.: 06131/3922778, Fax: 06131/3923836, E-Mail: wbisang@uni-mainz.de, privat: Gottfried-Schwalbach-Str. 31a, 55127 Mainz, Tel.: 06131/34617, Fachgebiet: Allgemeine und Vergleichende Sprachwissenschaft [2015]

Blaauw, Dr. Sible de, Professor (geb. 1951 in Bakhuizen/NL); Radboud Universiteit Nijmegen, Vroegchristelijke Kunst en Architectuur, Erasmusplein 1, Postbus 9103, 6500 HD Nijmegen, Tel.: 0031/24-3612832, -3612834, Fax: 0031/24-3612807, E-Mail: s.deblaauw@let.ru.nl, privat: Postfach 62, 9620 AB Slochteren, Tel.: 0031/598-421470, E-Mail: sdeblaauw@planet.nl, Fachgebiet: Frühchristliche Kunst und Archäologie [2012]

*Bleckmann, Dr. rer. nat. Horst, Professor (geb. 2.11.1948 in Rietberg); Universität Bonn, Institut für Zoologie, Poppelsdorfer Schloß, 53115 Bonn, Tel.: 0228/735453, Fax: 0228/735458, E-Mail: bleckmann@uni-bonn.de, privat: Wilde Str. 28, 53347 Alfter, Tel.: 0228/6420506, Fachgebiet: Zoologie, Neurobiologie, Sinnesökologie [2002]

*Boetius, Dr. rer. nat. Antje, Professorin (geb. 5.3.1967 in Frankfurt a. M.); Direktorin des Alfred-Wegener-Institut, Helmholtz-Zentrum für Polar- und Meeresforschung, Am Handelshafen 12, 27570 Bremerhaven, Tel.: 0471/4831-1100, Fax: 0471/4831-1102, E-Mail: director@awi.de, www.awi.de, privat: Osterdeich 74, 28205 Bremen, Tel.: 0175/2475301, Fachgebiet: Mikrobiologie [2010]

Bohnenkamp-Renken, Dr. phil. Anne, Professorin, (geb. 17.11.1960 in Hilden); Freies Deutsches Hochstift, Frankfurter Goethe-Museum, Großer Hirschgraben 23–25, 60311 Frankfurt a. M., Tel.: 069/13880-243, Fax: 069/13880-222, E-Mail: abohnenkamp@goethehaus-frankfurt.de, Fachgebiet: Neuere deutsche Literaturwissenschaft [2014]

*Böhning-Gaese, Dr. Katrin, Professorin (geb. 22.12.1964 in Oberkochen); Goethe-Universität Frankfurt a. M., Institut für Ökologie, Evolution und Diversität, Direktorin des „Senckenberg Biodiversität und Klima Forschungszentrums" (BiK-F), Senckenberganlage 25, 60325 Frankfurt a. M., Tel.: 069/7542-1821, Fax 069/7542-1801, E-Mail: katrin.boehning-gaese@senckenberg.de, Fachgebiet: Ökologie; Einfluss von globalem Wandel auf Lebensgemeinschaften und Ökosystemfunktionen [2015]

*Böldl, Dr. phil. Klaus, Professor (geb. 21.2.1964 in Passau); Universität Kiel, Nordisches Institut, Leibnizstr. 8, 24098 Kiel, Tel.: 0431/8802562, Fax: 0431/8803252, E-Mail: k.boeldl@nord-inst.uni-kiel.de; privat: Falckstr. 8, 24103 Kiel, Tel.: 0431/3856983, Fachgebiet: Literatur, Skandinavistische Mediävistik [2008]

*Bollig, Dr. Michael, Professor (geb. 25.1.1961 in Dattenfeld); Universität zu Köln, Institut für Ethnologie, Albertus Magnus Platz, 50923 Köln, Tel.: 0221-4703501, E-Mail: michael.bollig@uni-koeln.de, Fachgebiet: Ethnologie [2015]

Borbein, Dr. phil., Dr. h.c. Adolf Heinrich, em. o. Professor (geb. 11.10.1936 in Essen); Institut für Klassische Archäologie der Freien Universität Berlin, Otto-von-Simson-Str. 11, 14195 Berlin, Tel.: 030/83853712, Fax: 030/83856578, privat: Wundtstr. 58/60, 14057 Berlin, E-Mail: a.borbein@gmx.de, Fachgebiet: Klassische Archäologie [1998]

*Bossong, Nora (geb. 9.1.1982 in Bremen); Schriftstellerin; Fachgebiet: Literatur [2021]

*Brandt, Dr. rer. nat. Angelika, Professorin (geb. 6.12.1961 in Minden, Westf.); Abteilung Marine Zoologie, Senckenberg Gesellschaft für Naturforschung und Naturmuseum Frankfurt, Senckenberganlage 25, 60325 Frankfurt a. M., Tel.: 069/75421240, E-Mail: angelika.brandt@senckenberg.de; Fachgebiet: Spezielle Zoologie, Meeresbiologie, Tiefsee und Polarregionen [2012]

*Braun, Volker (geb. 7.5.1939 in Dresden); Wolfshagener Str. 68, 13187 Berlin, Tel./Fax: 030/47535752, Fachgebiet: Literatur [1977]

*Bräuninger, Dr. phil. Thomas, Professor (geb. 3.10.1969 in Karlsruhe); Universität Mannheim, Fakultät für Sozialwissenschaften, Professur Political Economy, A 5, 6, 68131 Mannheim, Tel.: 0621/181-2084, Fax: 0621/181-3402, E-Mail: thomas.braeuninger@uni-mannheim.de, Fachgebiet: Politikwissenschaft [2014]

*Buchmann, Dr. rer. nat., Dr. h.c. Johannes, Professor (geb. 20.11.1953 in Köln); TU Darmstadt, FB Informatik, Hochschulstr. 10, 64289 Darmstadt, Tel.: 06151/163416, Fax: 06151/166036, E-Mail: buchmann@cdc.informatik.tu-darmstadt.de, privat: Heinrich-Delp-Str. 142 A, 64297 Darmstadt, Tel.: 06151/537563, Fachgebiet: Informatik [2002]

Büttner, Dr. med. Reinhard, Professor (geb. 15.1.1960 in Fulda); Direktor des Instituts für Pathologie, Universitätsklinikum Köln, Kerpener Str. 62, 50937 Köln, Tel.: 0221/478-6320, Fax: 0221/478-6360, E-Mail: reinhard.buettner@uk.koeln.de; privat: Tel.: 0228/92399755, Fachgebiet: Pathologie [2009]

Carnap-Bornheim, Dr. Dr. h.c. mult. Claus von, Professor (geb. 10.11.1957 in Treysa, Krs. Ziegenhain); Leibniz-Zentrum für Archäologie (LEIZA) – LEIZA-ZBSA Zentrum für Baltische und Skandinavische Archäologie, Schlossinsel 1, 24837 Schleswig, E-Mail: claus.carnap@gmx.de, privat: Strandholm 27, 24857 Fahrdorf, Tel.: 04621/30190, Fachgebiet: Ur- und Frühgeschichte [2011]

*Carrier, Dr. phil. Martin, Professor (geb. 7.8.1955 in Lüdenscheid); Universität Bielefeld, Fakultät für Geschichtswissenschaft, Philosophie und Theologie, Abteilung Philosophie, Postfach 100131, 33501 Bielefeld (Paketpost: Universitätsstr. 25, 33615 Bielefeld), Tel.: 0521/1064596, Fax: 0521/1066441, E-Mail: martin.carrier@uni-bielefeld.de, www.uni-bielefeld.de/philosophie/personen/carrier, privat: Tel.: 05206/ 920971, Fachgebiet: Philosophie [2003]

Carstensen, Dr. rer. nat. Carsten, Professor (geb. 3.4.1962 in Prisser); Humboldt-Universität zu Berlin, Institut für Mathematik, Unter den Linden 6, 10099 Berlin, Tel.: 030/20935489, Fax: 030/20935859, E-Mail: cc@math.hu-berlin.de, www.math.hu-berlin.de/~cc/, privat: Boxhagener Str. 119B, 10245 Berlin, Fachgebiet: Mathematik [2003]

Claußen, Dr. rer. nat. Martin, Professor (geb. 6.11.1955 in Fockbek); Universität Hamburg, Bundesstr. 55, 20146 Hamburg, Tel.: 040/41173-212, E-Mail: martin.claussen@mpimet.mpg.de, privat: Schlossgarten 16, 22041 Hamburg, Tel.: 040/67108815, Fachgebiet: Meteorologie, Theoretische Klimatologie [2004]

*Coupland, Dr. George, Professor, FRS (geb. 20.12.1959 in Dumfries/GB); Max-Planck-Institut für Pflanzenzüchtungsforschung, Direktor der Abteilug Entwicklungsbiologie der Pflanzen, Carl-von-Linné Weg 10, 50829 Köln, Tel.: 0221/5062205, Fax: 0221/5062207, E-Mail: coupland@mpipz.mpg.de, Fachgebiet: Biologie der Pflanzen, Molekulargenetik, Entwicklung der Pflanzen [2018]

*Damm, Dr. phil. Sigrid (geb. 7.12.1940 in Gotha/Thüringen); Brüderstr. 14, 10178 Berlin, Fax: 030/44730331, E-Mail: mail@damm-virtuell.de, Fachgebiet: Literatur [2004]

*Danz, Dr. Daniela (geb. 5.9.1976 in Eisenach); freie Autorin, Wallstein Verlag, Geiststraße 11, 37073 Göttingen, privat: Schlossberg 32, 99448 Kranichfeld, Tel.: 036450/ 449915, E-Mail: mail@chiragon.de, Fachgebiet: Literatur und Kunstgeschichte [2015]

*Danzmann, Dr. rer. nat. Karsten, Professor (geb. 6.2.1955 in Rotenburg/Wümme); Direktor am Institut für Gravitationsphysik, Leibniz Universität Hannover, Callinstr. 38, 30167 Hannover, Tel.: 0511/7622229, Fax: 0511/7625861, E-Mail: danzmann@aei.mpg.de, http://aei.uni-hannover.de, privat: Auf der Haube 42, 30826 Garbsen, Tel.: 05131/51773, Fachgebiet: Gravitationsphysik [2006]

De Cola, Luisa, Professorin (geb. 15.7.1960 in Messina/Italien); Université de Strasbourg, Institut de Science et d'Ingénierie Supramoléculaires (ISIS), 8 allée Gaspard Monge, F-67083 Strasbourg Cedex, Tel.: 0033/368855220, Fax: 0033/368855242, E-Mail: decola@unistra.fr, Fachgebiet: Lumineszierende und elektrolumineszierende nanoporöse Strukturen für biologische Anwendungen [2016]

*Dehnen, Dr. Stefanie, Professorin (geb. 31.5.1969 in Gelnhausen); Philipps-Universität Marburg, Fachbereich Chemie, Hans-Meerwein-Str. 4, 35043 Marburg, Tel.: 06421/2825751, Fax: 06421/2825653, E-Mail: dehnen@chemie.uni-marburg.de, privat: Litzenhardtstr. 19, 76135 Karlsruhe, Tel.: 0721/1608033, Fachgebiet: Anorganische Chemie [2016]

*Detering, Dr. phil. Heinrich, Professor (geb. 1.11.1959 in Neumünster); Universität Göttingen, Seminar für Deutsche Philologie, Käte-Hamburger-Weg 3, 37073 Göttingen, Tel.: 0551/397528, Fax: 0551/397511, E-Mail: detering@phil.uni-goettingen.de, privat: Plesseweg 6, 37075 Göttingen, Fachgebiet: Neuere Deutsche Literatur und Vergleichende Literaturwissenschaft [2003]

*Diesmann, Dr. Markus, Professor (geb. 25.11.1968 in Bochum); Forschungszentrum Jülich GmbH, INM-6, Wilhelm-Johnen-Strasse, 52428 Jülich, Tel.: 02461/619301, Fax: 02461/619460, E-Mail: diesmann@fz-juelich.de, Fachgebiet: Computational Neuroscience [2019]

Diestelkamp, Dr. iur., Dr. iur. h.c. Bernhard, em. Professor (geb. 6.7.1929 in Magdeburg); GDA Wohnstift, Charlottenburger Str. 19, 37085 Göttingen, Tel.: 0551/7993151, E-Mail: bug.diestelkamp@t-online.de, Fachgebiet: Bürgerliches Recht, Rechtsgeschichte [1994]

*Đikić, Dr. Dr. Ivan, Professor (geb. 28.5.1966 in Zagreb, Kroatien); Institut für Biochemie II, Fachbereich Medizin der Goethe-Universität Frankfurt, Universitätsklinikum, Gebäude 75, Theodor-Stern-Kai 7, 60590 Frankfurt a. M., Tel.: 069/6301 5652, Fax: 069/6301 5577, E-Mail: dikic@biochem2.uni-frankfurt.de, Fachgebiet: Biochemie, Molekularbiologie, Zellbiologie [2021]

*Dingel, Dr. phil. theol. habil. Irene, Univ.-Professorin (geb. 26.4.1956 in Werdohl/Westf.); Institut für Europäische Geschichte, Direktorin der Abteilung für Abendländische Religionsgeschichte, Alte Universitätsstr. 19, 55116 Mainz, Tel.: 06131/3939340, 3939351, Fax: 06131/3930153, E-Mail: dingel@ieg-mainz.de, privat: Am Sportplatz 5a, 55270 Ober-Olm, Tel.: 06136/850492, Fax: 06136/850494, Fachgebiet: Evangelische Theologie, Kirchen- und Dogmengeschichte [2000]

*Dittberner, Dr. phil. Hugo (geb. 16.11.1944 in Giboldehausen); Hauptstr. 54, 37589 Echte, Tel.: 05553/3688, Fax: 05553/3648, Fachgebiet: Literatur [1993]

*Doering-Manteuffel, Dr. phil. Anselm, Professor (geb. 19.1.1949 in Krefeld); Eberhard Karls Universität Tübingen, Seminar für Zeitgeschichte, Wilhelmstr. 36 (Hegelbau, 3. OG), 72074 Tübingen, Tel.: 07071/2972997, Fax: 07071/295793, E-Mail: anselm.doering-manteuffel@uni-tuebingen.de, www.uni-tuebingen.de/Zeitgeschichte/, privat: Am Pfannenstiel 20, 86153 Augsburg, Tel.: 07071/64753, Fachgebiet: Zeitgeschichte [2008]

Dreizler, Dr. habil. Andreas, Professor (geb. 27.3.1966 in Freiburg im Breisgau); Technische Universität Darmstadt, Fachbereich Maschinenbau, Fachgebiet Reaktive Strömungen und Messtechnik, Otto-Berndt-Straße 3, 64287 Darmstadt, Tel.: 06151/1628920, Fax: 06151/1628900, E-Mail: dreizler@rsm.tu-darmstadt.de, privat: Wilhelmstraße 187, 64625 Bensheim, Tel.: 0160/90879802, Fachgebiet: Chemisch reagierende Strömungen, Turbulenz, Lasermesstechnik [2022]

*Duchhardt, Dr. phil. Dr. h.c. Dr. h.c. Heinz, Professor (geb. 10.11.1943 in Berleburg/Westf.); Backhaushohl 29a, 55128 Mainz, Tel.: 06131/364441, E-Mail: mail@duchhardt.info, Fachgebiet: Neuere Geschichte [2001]

Duden, Anne (geb. 1.1.1942 in Oldenburg); 36 Ellesmere Road, London NW 101JR, Großbritannien, Tel.: 0044/208/2081421, Fachgebiet: Literatur [2000]

Duncan, Dr. rer. nat. Ruth, Professorin (geb. 3.6.1953 in Ihleston/Derbyshire, GB); Centre for Polymer Therapeutics, Welsh School of Pharmacy, Cardiff University, King Edward VII Avenue, Cardiff CF103XF, Großbritannien, Tel.: 0044/29/20874180, Fax: 0044/29/20874536, E-Mail: duncanr@cf.ac.uk, privat: Tel.: 0044/2920/453253, Fachgebiet: Zellbiologie und Pharmazie [2000]

*Duve, Dr. Thomas, Professor (geb. 24.4.1967 in Hamburg); Geschäftsführender Direktor am Max-Planck-Institut für Rechtsgeschichte und Rechtstheorie, Hansaallee 41, 60323 Frankfurt a. M., Tel.: 069/78978-222, Fax: 069/78978-211, E-Mail: sekduve@lhlt.mpg.de, privat: Humbrachtstr. 3, 60322 Frankfurt a. M., Tel.: 069/13025401, Fachgebiet: Vergleichende Rechtsgeschichte [2012]

Ebert-Schifferer, Dr. phil. Sybille, Professorin (geb. 24.1.1955 in Hamburg); Emeritiertes Wissenschaftliches Mitglied der Bibliotheca Hertziana, Max-Planck-Institut für Kunstgeschichte, Rom, privat: Kaulbachstr. 61/Rückgebäude, 80539 München, Tel.: 089/54846850, E-Mail: ebert-schifferer@biblhertz.it, pastore@biblhertz.it, Fachgebiet: Kunstgeschichte [2009]

*Eckardt, Dr. med. Kai-Uwe, Professor (geb. 22.2.1960 in Arnsberg); Direktor der Medizinischen Klinik mit Schwerpunkt Nephrologie und internistische Intensivmedizin am Campus Virchow Klinikum der Charité – Universitätsmedizin Berlin, Augustenburger Platz 1, 13353 Berlin, Tel.: 030/450553132, Fax: 030/450553909, sowie Direktor der Medizinischen Klinik mit Schwerpunkt Nephrologie am Campus Charité Mitte, Charitéplatz 1, 10117 Berlin, Tel.: 030/450514002, Fax: 030/450514902, Fachgebiet: Nephrologie und Hypertensiologie [2015]

*Eder, Claudia, Professorin (geb. 7.2.1946 in Augsburg); Prorektorin, Johannes Gutenberg-Universität, Hochschule für Musik, Jakob-Welder-Weg 28, 55128 Mainz, Tel.: 06131/39-28001, E-Mail: c.eder@t-online.de, privat: Rosselstr. 7, 65193 Wiesbaden, Tel.: 0611/598432, Fax: 0611/1851826, Fachgebiet: Klassischer Gesang [2009]

*Eggert, Moritz, Professor (geb. 25.11.1965 in Heidelberg); Roecklplatz 3, 80469 München, Tel.: 089/394575, E-Mail: eggy@moritzeggert.de, www.moritzeggert.de, Fachgebiet: Musik (Komposition/Klavier) [2009]

Eichelbaum, Dr. med. Michel, Professor (geb. 19.5.1941 in Leipzig); ehem. Direktor des Dr. Margarete Fischer-Bosch-Instituts für Klinische Pharmakologie, Auerbachstr. 112, 70376 Stuttgart, Tel.: 0711/81013700, Fax: 0711/859295, E-Mail: michel.eichelbaum@ikp-stuttgart.de, privat: Widdumgasse 17, 71711 Murr, Tel.: 07144/22363, Fachgebiet: Klinische Pharmakologie [2003]

Eichinger, Dr. phil., Dr. h.c. mult. Ludwig Maximilian, Professor (geb. 21.5.1950 in Arnstorf/Niederbayern); Ordinarius für Germanistische Linguistik (em.) Postfach 101621, 68016 Mannheim (Paketpost: R 5, 6–13, 68161 Mannheim), Tel.: 0621/1581-126/125, Fax: 0621/1581-200, E-Mail: eichinger@ids-mannheim.de, www.ids-mannheim.de, privat: Schopenhauerstr. 12, 68165 Mannheim, Tel.: 0621/4293791, Fachgebiet: Deutsche Philologie [2003]

*Einsele, Dr. Hermann, Professor (geb. 10.1.1958 in Stuttgart); Universitätsklinikum Würzburg, ZIM, Medizinische Klinik u. Poliklinik II, Oberdürrbacher Str. 6, 97080 Würzburg, Tel.: 0931/20140001, Fax: 0931/201640001, E-Mail: einsele_h@ukw.de, Fachgebiet: Hämatologie, Onkologie [2014]

*Erpenbeck, Jenny (geb. 12.3.1967 in Ost-Berlin); Schriftstellerin und Regisseurin, Fachgebiet: Literatur [2015]

*Esper, Dr. Jan, Professor (geb. 2.10.1968 in Andernach); Johannes Gutenberg-Universität Mainz, Geographisches Institut, Johann-Joachim-Becher-Weg 21, 55099 Mainz, Tel. Büro: 06131/3922296, Tel. Sekretariat: 06131/3923771, E-Mail: esper@uni-mainz.de, Fachgebiet: Geographie [2018]

*Ess, Dr. Hans van, Professor (geb. 2.3.1962 in Bergen-Enkheim); LMU München, Department für Asienstudien, Institut für Sinologie, Kaulbachstr. 53, 80539 München, Tel.: 089/2180-2362 (Sekr.) bzw. -3473, E-Mail: ess@lmu.de, privat: Habsburgerplatz 6, 80801 München, Tel.: 089/78790582, Fachgebiet: Sinologie [2020]

Falk, Dr. phil. Harry, o. Professor (geb. 26.6.1947 in Emmendingen); E-Mail: falk@zedat.fu-berlin.de, privat: Joachim-Friedrich-Str. 48, 10711 Berlin, Tel.: 030/8913460, Fachgebiet: Indologie [2008]

*Falter, Dr. rer. pol. Jürgen, o. Professor (geb. 22.1.1944 in Heppenheim a. d. Bergstraße); Institut für Politikwissenschaft, Johannes Gutenberg-Universität Mainz, 55099 Mainz, Tel.: 06131/3921051, E-Mail: falter@politik.uni-mainz.de, privat: Adelheidstraße 49, 65185 Wiesbaden, Tel.: 0611/58087979, Fachgebiet: Politikwissenschaft [2001]

*Felser, Dr. Claudia, Professorin (geb. 28.7.1962 in Aachen)); Max Planck Institut Chemische Physik fester Stoffe, Nöthnitzer Straße 40, 01187 Dresden, Tel.: 0351 46463000 E-Mail: felser@cpfs.mpg.de, Fachgebiet: Quantenmaterialien [2022]

Fiebig, Prof. Dr. Manfred (geb. 13.11.1965 in Iserlohn); Departement Materialwissenschaft, ETH Zürich, Vladimir-Prelog-Weg 4, 8093 Zürich, Schweiz, Tel.: 0041/446332690, Fax: 0041/446331154, E-Mail: manfred.fiebig@mat.ethz.ch, privat: Jacob-Burckhardt-Strasse 32, 8049 Zürich, Schweiz, Tel.: 0041/795951911, Fachgebiet: Festkörperphysik, Licht-Materie-Wechselwirkung [2021]

*Fischer, Dr. phil. Jens Malte, Professor (geb. 26.12.1943 in Salzburg); Ungererstr. 90, 80805 München, Tel.: 089/3612715, E-Mail: jens.malte.fischer@t-online.de, Fachgebiet: Kulturgeschichte des 19. und 20. Jh., Opernforschung, Antisemitismusforschung [2009]

*Fleischhauer, Dr. rer. nat. Michael, Professor (geb. 6.1.1963 in Rostock); Fachbereich Physik und Forschungszentrum OPTIMAS, Technische Universität Kaiserslautern, Erwin-Schrödinger-Str., Bldg. 46, 67663 Kaiserslautern, Tel.: 0631/205-3206, Fax: 0631/205-3907, E-Mail: mfleisch@physik.uni-kl.de, privat: Turmstr. 31A, 67659 Kaiserslautern, Tel.: 0631/4147734, Fachgebiet: Theoretische Physik, Quantenoptik [2014]

*Föllinger, Dr. Sabine, Professorin (geb. 1963 in Frankfurt a. M.); Philipps-Universität Marburg, Fachbereich 10, Institut für Klassische Sprachen und Literaturen/Klassische Philologie/Gräzistik, Wilhelm-Röpke-Str. 6d, 35032 Marburg, Tel.: 06421/2824517, E-Mail: foelling@staff.uni-marburg.de, privat: Zum Neuen Hieb 10, 35043 Marburg, Tel.: 06421/3046988, Fachgebiet: Klassische Philologie/Gräzistik [2022]

Font, Dr. phil. Márta, o. Professorin (geb. 28.4.1952 in Pécs/H); Középkori és Koraújkori Történeti Tanszék, Rókus u. 2, 7624 Pécs, Ungarn, Tel./Fax: 0036/72-51572, E-Mail: font.marta@pte.hu, privat: Légszeszgyár u. 5, 7622 Pécs, Ungarn, Tel.: 0036/72-532014, Fachgebiet: Mittelalterliche Geschichte [2002]

*Fratzl, Dr. Dr. h.c. Peter, Professor (geb. 13.9.1958 in Wien/Österreich); Max Planck Institute of Colloids and Interfaces, Department of Biomaterials, Research Campus Golm, 14424 Potsdam, Tel.: 0331/5679400, Fax: 0331/5679402, E-Mail: fratzl@mpikg.mpg.de, Fachgebiet: Materialphysik, Biomaterialien [2015]

*Fried, Dr. Dr. h. c. Johannes, o. Professor (geb. 23.5.1942 in Hamburg); Historisches Seminar der Johann Wolfgang Goethe-Universität, 60629 Frankfurt a. M., E-Mail: fried@em.uni-frankfurt.de, privat: Friedrichstr. 13a, 69117 Heidelberg, Tel.: 06221/20395, Fax: 06221/181560, Fachgebiet: Geschichtswissenschaften [1997]

Fröhlich, Dr. Dr. h.c. Jürg Martin, Professor (geb. 4.7.1946 in Schaffhausen/Schweiz); Theoretische Physik, ETH Zürich, 8093 Zürich, Schweiz, Tel.: 0041/44-6332579, Fax: 0041/44-6331115, E-Mail: juerg@ethz.ch, privat: Neuhausstr. 10, 8044 Zürich, Schweiz, Tel.: 0041/44-2621205, Fachgebiet: Allgemeine theoretische und mathematische Physik [2008]

Fuchs, Dr. med. Christoph, Professor (geb. 4.2.1945 in Wiedenbrück/Westf.); Königstr. 32a, 50321 Brühl, Tel.: 02232/942975, Fax: 02232/942977, E-Mail: christoph.f.fuchs@t-online.de, Fachgebiet: Physiologie und Innere Medizin [1990]

Gabriel, Dr. phil. Gottfried, Professor (geb. 4.10.1943 in Kulm a. d. Weichsel); Fischerstr. 15b, 78464 Konstanz, Tel.: 07531/33715, E-Mail: gottfried.gabriel@uni-jena.de, Fachgebiet: Philosophie [2002]

Gade, Dr. Lutz H., Professor (geb. 18.2.1963 in Bonn); Anorganisch-Chemisches Institut, Ruprecht-Karls-Universität Heidelberg, Im Neuenheimer Feld 270, 69120 Heidelberg, Tel.: 06221/548443, Fax: 06221/545609, E-Mail: lutz.gade@uni-heidelberg.de, privat: Hauptstraße 238, 69117 Heidelberg, Tel.: 0151/52368890, Fachgebiet: Anorganische Chemie [2019]

Gärtner, Dr. phil. Kurt, Universitätsprofessor (geb. 20.6.1936 in Hummetroth/Odenwald); FB II Sprach- und Literaturwissenschaften der Universität Trier, 54286 Trier (Paketpost: Universitätsring 15, 54286 Trier), Tel.: 0651/2013372, Fax: 0651/2013589, E-Mail: gaertner@uni-trier.de, www.staff.uni-marburg.de/~gaertnek, privat: Sonnhalde 9, 35041 Marburg, Tel.: 06421/35356, Fax: 06421/35415, E-Mail: gaertnek@staff.uni-marburg.de, Fachgebiet: Ältere deutsche Philologie [1990]

Geiger, Arno (geb. 22.7.1968 in Bregenz/Österreich); Carl Hanser Verlag, Vilshofener Straße 10, 81679 München, E-Mail: christina.knecht@hanser.de, Fachgebiet: Literatur [2019]

*Gerhaher, Dr. med. Dr. phil. h.c. Christian (geb. 24.7.1969 in Straubing), KS Professor, Hochschule für Musik und Theater München, Arcisstraße 12, 80333 München, E-Mail: christian.gerhaher@hmtm.de, Fachgebiet: Gesang [2024]

Gerstner, Dr. Wulfram, Professor (geb. 16.4.1963 in Heilbronn); EPFL, Laboratory for computational Neuroscience, Station 15, 1015 Lausanne EPFL, Schweiz, Tel.: 0041/21/6936713, E-Mail: wulfram.gerstner@epfl.ch, Fachgebiet: Computational Neuroscience [2019]

Gibbons, Dr. phil. Brian, Professor (geb. 8.10.1938 in British India); Prose Cottage, 23 Heslington Lane, Fulford, York YO104HN, Großbritannien, Tel.: 0044/19/ 04633174, E-Mail: bcgibbons07@yahoo.co.uk, Fachgebiet: Englische Philologie [1998]

Goebbels, Heiner, Professor (17.8.1952 in Neustadt/Weinstr.); Kettenhofweg 113, 60325 Frankfurt a. M., Tel.: 069/749454, E-Mail: heinergoebbels@gmail.com, www.heinergoebbels.com, Fachgebiet: Komposition, Regie, Angewandte Theaterwissenschaft [2009]

*Gomringer, Nora-Eugenie (geb. 26.1.1980 in Neunkirchen/Saar); Internationales Künstlerhaus Villa Concordia, Concordiastr. 28, 96049 Bamberg, Tel.: 0951/95501-0, E-Mail: gomringer@villa-concordia.de, privat: Tel.: 0151 41427775, E-Mail: norae gomringer@web.de, Fachgebiet: Literatur [2023]

Gorb, Dr. rer. nat. Stanislav N., Professor (geb. 19.6.1965 in Alexeevka/Ukraine); Zoologisches Institut, Abt. für Funktionelle Morphologie und Biomechanik, Christian-Albrechts-Universität, 24118 Kiel, Tel.: 0431/8804513, Fax: 0431/8801389, E-Mail: sgorb@zoologie.uni-kiel.de, www.uni-kiel.de/zoologie/GORB, privat: Amalienweg 2, 24119 Kronshagen, Tel.: 0431/2392062, Fax: 0431/2392063, Fachgebiet: Zoologie [2010]

*Gosepath, Dr. phil. Stefan, Professor (geb. 6.10.1959 in Mainz); Freie Universität Berlin, Institut für Philosophie, Habelschwerdter Allee 30, 14195 Berlin, Tel.: 030/ 838/ 59011, E-Mail: stefan.gosepath@fu-berlin.de, Fachgebiet: Philosophie, politische Theorie [2020]

Göske, Dr. Daniel, Professor (geb. 23.2.1960 in Lüneburg); privat: Hainholzweg 44 A, 37085 Göttingen, Tel.: 0551/59802, E-Mail: daniel-goeske@t-online.de, Fachgebiet: Literaturwissenschaft, Amerikanistik [2016]

*Gottstein, Dr. rer. nat. Dr. h.c. Günter, o. Professor (geb. 23.4.1944 in Albendorf/ Schlesien); RWTH Seniorprofessor, Institut für Metallkunde und Metallphysik, RWTH Aachen, 52056 Aachen, Tel.: 0241/8026859, Fax: 0241/8022608, E-Mail:

gottstein@imm.rwth-aachen.de, www.imm.rwth-aachen.de, privat: Steppenbergallee 181, 52074 Aachen, Tel.: 0241/873167, Fachgebiet: Metallkunde, Metallphysik [2002]

Götz, Dr. rer. nat. Karl Georg, Professor (geb. 24.12.1930 in Berlin); privat: Ferdinand-Christian-Baur-Str. 15, 72076 Tübingen, Tel.: 07071/64268, Fachgebiet: Biophysik [1983]

Grehn, Dr. med., Dr. h.c. Franz, Professor (geb. 23.4.1948 in Würzburg); Universitäts-Augenklinik Würzburg, Josef-Schneider-Str. 11, 97080 Würzburg, Tel.: 0931/201-20601, Fax: 0931/201-20245, E-Mail: grehn_f@ukw.de, privat: Walter-von-der-Vogelweide-Str. 34, 97074 Würzburg, Tel.: 0931/7840500, Fax: 0931/7840502, Fachgebiet: Augenheilkunde [2001]

*Grewing, Dr. rer. nat. Michael, o. Professor (geb. 5.3.1940 in Hamburg); privat: Max-Planck-Str. 30, 72810 Gomaringen, Tel.: 07072/6983, Fax: 07072/920888, E-Mail: michael.grewing@t-online.de, Fachgebiet: Astronomie [1994]

Grünbart, Dr. Michael, Professor (geb. 5.5.1969 in Bad Gastein); Institut für Byzantinistik und Neogräzistik/Universität Münster, Rosenstraße 9, 48143 Münster, Tel.: 0251/83 25112, Fax: 0251/83 25119, E-Mail: gruenbart@wwu.de, privat: Lühnstiege 6/33, 48151 Münster, Tel.: 017618300080, Fachgebiet: Byzantinistik, Mediävistik [2023]

*Gülke, Dr. Dr. h.c. mult. Peter, Professor (geb. 29.4.1934 in Weimar); privat: Freiherr-vom-Stein-Allee 21, 99425 Weimar, E-Mail: peterguelke@gmx.de, Fachgebiet: Musikwissenschaft [2011]

*Hacker, Katharina (geb. 11.1.1967 in Frankfurt a. M.); Eisenacher Straße 76, 10823 Berlin, Tel.: 0176/63655346, E-Mail: breitenbuch@gmx.de, Fachgebiet: Literatur [2021]

Hairer, Dr. Martin, Professor (geb. 14.11.1975 in Genf); Imperial College London, Department of Mathematics, 180 Queens Gate, London SW7 2AZ, E-Mail: m.hairer@imperial.ac.uk, Fachgebiet: Mathematik [2020]

*Händler, Dr. Ernst-Wilhelm (geb. 26.3.1953 in München); Margaretenstraße 15, 93047 Regensburg, Tel.: 0170/2757657, E-Mail: ernst-wilhelm.haendler@merkur-gmbh-cokg.de, Fachgebiet: Literatur [2014]

*Hanneder, Dr. phil. Jürgen, Professor, Philipps-Universität Marburg, Institut für Klassische Sprachen und Literaturen, Deutschhausstr. 12, 35032 Marburg, Tel.:

06421/2824930, E-Mail: hanneder@staff.uni-marburg.de, privat: Bechsteinstr. 2, 99423 Weimar, Tel.: 03643/904284, Fachgebiet: Indologie [2021]

*Hanson, Dr.-Ing. Jutta, Professorin (geb. 7.4.1967 in Vechta); Technische Universität Darmstadt, Fachgebiet Elektrische Energieversorgung unter Einsatz Erneuerbarer Energien, Landgraf-Georg-Straße 4, 64283 Darmstadt, Tel.: 06151/1624660, Fax: 06151/1624665, E-Mail: jutta.hanson@e5.tu-darmstadt.de, privat: Siegfried-Lenz-Weg 12, 64625 Bensheim, 06251/5702400, Fachgebiet: Energietechnik, Elektrotechnik, Ingenieurwissenschaften [2018]

*Hartung, Harald, Professor (geb. 29.10.1932 in Herne/Westf.); Rüdesheimer Platz 4, 14197 Berlin, Tel.: 030/82704431, Fachgebiet: Literatur [1992]

*Hasse, Dr.-Ing. Hans, Professor (27.9.1960 in Landau/Pfalz); Fachbereich Maschinenbau und Verfahrenstechnik, Technische Universität Kaiserslautern, Lehrstuhl für Thermodynamik (LTD), Erwin-Schrödinger-Str. 44, 67663 Kaiserslautern, Tel.: 0631/205-3464, Fax: 0631/205-3835, E-Mail: hans.hasse@mv.uni-kl.de, Fachgebiet: Thermodynamik [2019]

*Haubrichs, Dr. phil. Wolfgang, o. Professor (geb. 22.12.1942 in Saarbrücken); Universität des Saarlandes, E-Mail: w.haubrichs@mx.uni-saarland.de, privat: Dr. Schier-Str. 14k, 66386 St. Ingbert, Tel.: 06894/87176, Fachgebiet: Deutsche Literatur des Mittelalters und Deutsche Sprachgeschichte [1997]

*Haug, Gerald H., Professor (geb. 14.4.1968 in Karlsruhe); Max-Planck-Institut für Chemie, Direktor der Abteilung Klimageochemie, Hahn-Meintner Weg 1, 55128 Mainz, Tel.: 06131/305600, E-Mail: gerald.haug@mpic.de, Fachgebiet: Geologie [2018]

*Hediger, Dr. phil. Vinzenz, Professor (geb. 10.6.1969 in Aargau/Schweiz); Goethe-Universität Frankfurt, Institut für Theater-, Film und Medienwissenschaften, Norbert-Wollheimer-Platz 1, 60323 Frankfurt a. M., Tel.: 069/798-32077, Fax: 069/798-32078, E-Mail: hediger@tfm.uni-frankfurt.de, privat: Jordanstraße 7, 60486 Frankfurt a. M., Fachgebiet: Filmwissenschaft [2017]

*Heidemann, Dr. phil. Stefan, Professor (geb. 3.4.1961 in Strang); Universität Hamburg, Asien-Afrika-Institut, Edmund-Siemers-Allee 1 (Ost), 20146 Hamburg, Tel.: 040/42838-3180 oder -3181, Fax: 040/42838-5674, E-Mail: stefan.heidemann@uni-hamburg.de, privat: Dernburgstraße 15, 14057 Berlin, Tel.: 030/347-27354, E-Mail: stefan.heidemann@sparren.nyc, Fachgebiet: Islamwissenschaft [2015]

*Heinz, Dr. med., Dr. phil. habil. Andreas, Professor (geb. 4.2.1960 in Stuttgart); Charité-Universitätsmedizin Berlin, Direktor der Klinik für Psychiatrie und Psychotherapie, Charitéplatz 1, 10117 Berlin, Tel.: 030/450517001, E-Mail: andreas.heinz@charite.de, Fachgebiet: Psychiatrie, Psychotherapie [2012]

Heinze, Dr. med. Hans-Jochen, Professor (geb 15.7.1953 in Gummersbach); Direktor der Klinik für Neurologie II an der Otto-von-Guericke-Universität Magdeburg, Leipziger Str. 44, 39120 Magdeburg, Tel.: 0391/67-13431, Fax: 0391/67-15233, E-Mail: hans-jochen.heinze@med.ovgu.de, http://neuro2.med.uni-magdeburg.de, privat: Weidenkamp 17, 30966 Hemmingen, Tel.: 0511/2343762, Fachgebiet: Kognitive Neurologie [2005]

*Herbers, Dr. phil. Klaus, o. Professor (geb. 5.1.1951 in Wuppertal); Institut für Geschichte, Friedrich-Alexander-Universität Erlangen-Nürnberg, Kochstr. 4/BK 9, 91054 Erlangen, Tel.: 09131/8522356, Fax: 09131/8525891, E-Mail: klaus.herbers@fau.de, www.geschichte.uni-erlangen.de/lehrstuehle/mittelalter/mitarbeiter/herbers.shtml, privat: Lerchenweg 5, 91080 Uttenreuth, Tel.: 09131/507388, E-Mail: klaus.herbers@gmail.com, Fachgebiet: Geschichte des Mittelalters [2008]

Herrmann, Dr. rer. nat., Dr. h.c. mult. Wolfgang A., Professor (geb. 18.4.1948 in Kehlheim/Donau); Präsident der TU München, Technische Universität München, Arcisstr. 21, 80333 München, Tel.: 089/289-25273, Fax: 089/289-23399, E-Mail: president.emeritus@tum.de, privat: Gartenstr. 69c, 85354 Freising, Tel.: 08161/12425, Fax: 08161/12973, Fachgebiet: Anorganische Chemie [1990]

*Hesberg, Dr. phil., Dr. h.c. Henner von, o. Professor, (geb. 24.12.1947 in Lüneburg); Bolivarallee 9, 14050 Berlin, Tel.: 030/30824829, E-Mail: henner.von.hesberg@icloud.com, Fachgebiet: Klassische Archäologie [2003]

*Hillebrands, Dr. rer. nat. Burkard, Professor (geb. 15.10.1957 in Hattingen); Fachbereich Physik, Technische Universität Kaiserslautern, Erwin-Schrödinger-Straße 56, 67663 Kaiserslautern, Tel.: 0631/205-4228, Fax: 0631/205-4095, E-Mail: hilleb@physik.uni-kl.de, privat: Hofdell 14, 67661 Kaiserslautern, Tel.: 0631/940395, Fax: 0631/940396, Fachgebiet: Experimentalphysik, Technische Physik [2010]

*Hinüber, Dr. phil. Oskar von, em. o. Professor (geb. 18.2.1939 in Hannover); Kartäuserstr. 138, 79102 Freiburg, Tel.: 0761/1562403, 39112, Fax: 0761/1562404, Fachgebiet: Indologie [1993]

Honigmann, Barbara (geb. 12.2.1949 in Berlin); 9, rue Edel, 67000 Straßburg, Frankreich, Tel.: 0033/388/605849, Fax: 0033/388/604504, E-Mail: barbara.honigmann@gmail.com, Fachgebiet: Literatur [2007]

Hörnle, Dr. Tatjana, Professorin (geb. 15.11.1963 in Tübingen); Juristische Fakultät Humboldt-Universität zu Berlin, Unter den Linden 6, 10551 Berlin, Tel.: 030/2093-3376 (Sekr.) -3448 (Hörnle), E-Mail: Tatjana.Hoernle@rewi.hu-berlin.de, Fachgebiet: Strafrecht, Rechtsphilosophie [2015]

*Hotz, Dr. rer. nat., Dr. h.c. mult. Günter, Ehrenprofessor des Institutes der Informatik der Academia Sinica, o. Professor (geb. 16.11.1931 in Rommelhausen); FB Informatik, Universität des Saarlandes, E-Mail: g.hotz@rz.uni-sb.de, privat: Karlstr. 10, 66386 St. Ingbert, Tel.: 06894/2678, Fachgebiet: Angewandte Mathematik und Informatik [1985]

*Hradil, Dr. phil., Dr. sc. oec. h.c. Stefan, em. Professor (geb. 19.7.1946 in Frankenthal); Johannes Gutenberg-Universität, Institut für Soziologie, FB 02, 55099 Mainz, E-Mail: hradil@uni-mainz.de, privat: Schillstr. 98, 55131 Mainz, Tel.: 06131/578993, Fachgebiet: Soziologie [2006]

*Issing, Dr. rer. pol., Dr. h.c. mult. Otmar, Professor (geb. 27.3.1936 in Würzburg); Georg-Sittig-Str. 8, 97074 Würzburg, Tel.: 0931/85312, E-Mail: wue@otmar-issing.de, Fachgebiet: Volkswirtschaftslehre, Geld und Internationale Beziehungen [1991]

*Jacobs, Dr. Karin, Professorin; Universität des Saarlandes, Experimentalphysik, Campus E2, 66041 Saarbrücken, Tel.: 0681/30271788, Fax: 0681/30271700, E-Mail: k.jacobs@physik.uni-saarland.de, Fachgebiet: Experimentalphysik, Physik weicher Materie, Biophysik [2015]

*Jacobs, Steffen (geb. 4.4.1968 in Düsseldorf); E-Mail: steffen.jacobs@me.com, Fachgebiet: Literatur [2007]

Jäger, Dr. rer. nat. Eckehart J., Universitätsprofessor (geb. 2.5.1934 in Leipzig); Institut für Geobotanik und Botanischer Garten, Martin-Luther-Universität Halle-Wittenberg, Neuwerk 21, 06108 Halle, Tel.: 0345/5526282, Fax: 0345/5527094, E-Mail: eckehart.jaeger@botanik.uni-halle.de, privat: Lindenweg 8, 06179 Bennstedt, Tel.: 034601/26078, Fachgebiet: Botanik [1998]

*Janicka, Dr.-Ing. Johannes, Professor (geb. 14.3.1951 in Bottrop); Technische Universität Darmstadt, Energie- u. Kraftwerkstechnik, Petersenstr. 30, 64287 Darmstadt, Tel.: 06151/16-2157, Fax: 06151/16-6555, E-Mail: janicka@ekt.tu-darmstadt.de, www.ekt.tu-darmstadt.de/home.php, privat: Langeweg 3, 64297 Darmstadt, Tel.: 06151/52945, 537303, E-Mail: mjjanicka@aol.com, Fachgebiet: Energie- und Kraftwerkstechnik [2006]

*Jansohn, Dr. phil. Christa, Professorin (geb. 2.9.1958 in Duisburg); Otto-Friedrich-Universität Bamberg, Lehrstuhl für Britische Kultur, Kapuzinerstr. 16, 96047 Bamberg, Tel.: 0951/863-2270, 0172/2359146, E-Mail: christa.jansohn@uni-bamberg.de, http://www.uni-bamberg.de/britcult/, Fachgebiet: Britische Kultur [2005]

*Jestaedt, Dr. iur. Matthias, Professor (geb. 8.12.1961 in Bonn); Institut für Rechtsphilosophie und Staatswissenschaft, Abteilung 3: Rechtstheorie, Albert-Ludwigs-Universität Freiburg i. Br., Platz der Alten Synagoge, 79098 Freiburg i. Br., Tel.: 0761/20397800, Fax: 0761/20397802, E-Mail: matthias.jestaedt@jura.uni-freiburg.de, Fachgebiet: Rechtswissenschaft (Öffentliches Recht, Rechtstheorie) [2014]

*Jirgl, Reinhard (geb. 16.1.1953 in Berlin); Wiesbadener Str. 3, 12161 Berlin, Tel.: 030/85966777, Fachgebiet: Literatur [2011]

*Jost, Dr. rer. nat. Jürgen, Professor (geb. 9.6.1956 in Münster/Westf.); Max-Planck-Institut für Mathematik in den Naturwissenschaften, Inselstr. 22–26, 04103 Leipzig, Tel.: 0341/9959550, Fax: 0341/9959555, E-Mail: jost@mis.mpg.de, www.mis.mpg.de/jjost/jjost.html, privat: Stieglitzstr. 48, 04229 Leipzig, Fachgebiet: Mathematik [1998]

*Jülicher, Dr. Frank, Professor (geb. 19.3.1965 in Ludwigsburg); Max-Planck-Institut für Physik komplexer Systeme, Nöthnitzer Str. 38, 01187 Dresden, Tel.: 0351/871-1202, Fax: 0351/871-1299, E-Mail: julicher@pks.mpg.de, Fachgebiet: Biophysik [2013]

Jung, Dr. phil. Jochen (geb. 5.1.1942 in Frankfurt a. M.); Jung und Jung Verlag für Literatur und Kunst, Hubert-Sattler-Gasse 1, 5020 Salzburg (Österreich), Tel.: 0043/662/885048, Fax: 0043/662/88504820, E-Mail: jochen.jung@jungundjung.at, privat: Kleingmainergasse 26, 5020 Salzburg (Österreich), Tel.: 0043/662/822018, Fachgebiet: Literatur [2014]

Kaenel, Dr. phil. Hans-Markus von, o. Professor (geb. 18.9.1947 in Einigen/CH); Institut für Archäologische Wissenschaften, Abt. II, Archäologie und Geschichte der römischen Provinzen sowie Hilfswissenschaften der Altertumskunde der Johann Wolfgang Goethe-Universität, 60629 Frankfurt a. M. (Paketpost: Grüneburgplatz 1, 60323 Frankfurt a. M.), Tel.: 069/79832265, Fax: 069/79832268, E-Mail: v.kaenel@em.uni-frankfurt.de, privat: Gustav-Freytag-Str. 36, 60320 Frankfurt a. M., Tel.: 069/565178, Fachgebiet: Hilfswissenschaften der Altertumskunde [1999]

Kahsnitz, Dr. phil. Rainer, Professor (geb. 5.9.1936 in Schneidemühl); Wilmersdorfer Str. 157, 10585 Berlin, Tel.: 030/43729236, E-Mail: rainer-kahsnitz@t-online.de, Fachgebiet: Mittelalterliche Kunstgeschichte [1992]

Kandel, Dr. rer. nat. Eric Richard, Professor (geb. 7.11.1929 in Wien); Center for Neurobiology and Behavior, Columbia University, 722 West 168th Street, New York 10032, USA, Tel.: 001212/9237269, privat: 9 Sigma Place, Riverdale, New York 10471, USA, Fachgebiet: Neurobiologie [1988]

*Kehlmann, Daniel (geb. 13.1.1975 in München); Herrengasse 6–8/6/8, 1010 Wien, Österreich, Tel./Fax: 0043/15324709, E-Mail: kehlmann@web.de, Fachgebiet: Literatur [2004]

*Kersting, Dr. rer. nat. Kristian, Professor (geb. 28.11.1973 in Cuxhaven); Technische Universität Darmstadt, Fachbereich für Informatik, Fachgebiet Künstliche Intelligenz und Maschinelles Lernen, Altes Hauptgebäude, Raum 074, Hochschulstraße 1, 64289 Darmstadt, Tel.: 06151/1624411, E-Mail: kristian.kersting@tu-darmstadt.de, Fachgebiet: Informatik/Künstliche Intelligenz [2023]

*Kiefer, Peter, Univ.-Prof (geb. 24.2.1961 in Aachen); Johannes Gutenberg-Universität Mainz, Hochschule für Musik, Jakob-Welder-Weg 28, 55128 Mainz, Tel.: 06131/3928036, Fax: 06131/3928004, E-Mail: peter.kiefer@uni-mainz.de, privat: Kaiserstrasse 38, 52146 Würselen, Tel.: 02405/6079119, Fax: 02405/60791197, Fachgebiet: Klangkunst-Komposition [2019]

*Kleßmann, Eckart (geb. 17.3.1933 in Lemgo/Lippe); Böckhstr. 23, 10967 Berlin, Tel.: 030/28664416, Fachgebiet: Literatur [1991]

*Koch, Dr. Hans-Gerd, Professor (geb. 6.9.1954 in Gevelsberg/Nordrhein-Westfalen); Gereonsdriesch 21, 50670 Köln, Tel.: 0172-2741109, E-Mail: hanskoch@uni-wuppertal.de, Fachgebiet: Germanistik, Editionswissenschaft [2021]

*Kodalle, Dr. phil. Klaus-Michael, em. o. Professor (geb. 18.10.1943 in Gleiwitz/Oberschlesien); Friedrich-Schiller-Universität, Institut für Philosophie, Zwätzengasse 9, 07743 Jena, Tel.: 03641/944120, Fax: 03641/944122, E-Mail: klaus-michael.kodalle@uni-jena.de, privat: Forstweg 25, 07745 Jena, Tel.: 03641/619700, Fachgebiet: Praktische Philosophie [1998]

*Kollmann, Dr.-Ing., Dr.-Ing. E. h. Franz Gustav, em. o. Professor (geb. 15.8.1934 in Füssen); Augustinum Seniorenresidenz München-Neufriedenheim, Stiftbogen 74, Ap. 5041, 81375 München, Tel.: 089/709-65041, E-Mail: fg.kollmann@t-online.de, Fachgebiet: Maschinenbau und Maschinenakustik [1991]

Konrad, Dr. phil. Ulrich, Professor (geb. 14.8.1957 in Bonn); Institut für Musikforschung, Julius-Maximilians-Universität, Domerschulstr. 13, 97070 Würzburg, Tel.: 0931/31-82828, Fax: 0931/31-82830, E-Mail: ulrich.konrad@mail.uni-wuerzburg.de, privat: Otto-Hahn-Str. 27, 97218 Gerbrunn, Tel.: 0931/7052180, Fachgebiet: Musikwissenschaft [2009]

Koopman, Dr. Ton, Professor (geb. 2.10.1944 in Zwolle); Meerweg 23, 1405 BC Bussum, Niederlande, Tel.: 0031/356913676, Fax: 0031/356939752, E-Mail: dagmar@tonkoopman.nl, Fachgebiet: Musik [2011]

*Kramer, Dr. Michael, Professor (geb. 31.12.1967 in Köln); Max-Planck-Institut für Radioastronomie, Auf dem Hügel 69, 53121 Bonn, Tel.: 0228/525279, 0228/525299, E-Mail: mkramer@mpifr-bonn.mpg.de, Fachgebiet: Astronomie, Astrophysik, Radioastronomie, Gravitationsphysik [2021]

*Krauß, Angela (geb. 2.5.1950 in Chemnitz); Kickerlingsberg 8, 04105 Leipzig, Tel.:/Fax: 0341/5906533, E-Mail: an.angelaroma@googlemail.com, Fachgebiet: Literatur [2006]

*Krebs, Dr. rer. nat., Dr. h.c. Bernt, Professor (geb. 26.11.1938 in Gotha); privat: Schürbusch 65, 48163 Münster, Tel.: 0251/717960, Fachgebiet: Anorganische Chemie [1996]

*Krechel, Dr. phil. Ursula (geb. 4.12.1947 in Trier); Helmstedter Str. 5, 10717 Berlin, Tel.: 030/21477012, Fax: 030/21477018, E-Mail: u.krechel@berlin.de, Fachgebiet: Literatur [2013]

Kresten, Dr. phil. Otto, Professor i. R. (geb. 27.1.1943 in Wien); Abteilung Byzanzforschung. Institut für Mittelalterforschung der Österreichischen Akademie der Wissenschaften, Hollandstraße 11–13, A-1020 Wien, Österreich, Tel.: 00431/51581-3457, E-Mail: otto.kresten@oeaw.ac.at, privat: Laaerbergstr. 32/1/8/36, 1100 Wien, Österreich, Fachgebiet: Byzantinistik [1998]

*Krüger, Dr. h.c. Michael (geb. 9.12.1943 in Wittgendorf/Zeitz); Gellertstr. 10, 81925 München, Tel.: 089/475428, E-Mail: ariane.wedel@t-online.de, Fachgebiet: Literatur [1984]

*Krummacher, Dr. phil. Hans-Henrik, em. o. Professor (geb. 24.8.1931 in Essen-Werden); privat: Am Mainzer Weg 10, 55127 Mainz, Tel.: 06131/477550, Fachgebiet: Neuere deutsche Literaturgeschichte [1984]

*Kuße, Dr. Holger, Professor (geb. 29.4.1964 in Osnabrück); Institut für Slavistik, TU Dresden, Wiener Str. 48, 01062 Dresden, Tel.: 0351/46334220, Fax: 0351/46337071, E-Mail: holger.kusse@tu-dresden.de, privat: Rethelstr. 34, 01139 Dresden, Tel.: 0351/4827736, Fachgebiet: Slavische Sprachgeschichte und Sprachwissenschaft [2015]

Lehmann, Dipl.-Phys., Dr. h.c. Klaus-Dieter, Professor (geb. 19.2.1940 in Breslau); Goethe-Institut e. V., Dachauer Str. 122, 80637 München, E-Mail: Klaus-Dieter.Lehmann@goethe.de, privat: Kaulbachstr. 41 c, 12247 Berlin, Tel.: 030/34706925, Fax: 030/34706926, Fachgebiet: Literatur [1987]

Lehn, Dr. rer. nat. Jean-Marie, Professor (geb. 30.9.1939 in Rosheim/Elsaß); privat: 6, rue des Pontonniers, 67000 Straßburg, Frankreich, Tel.: 003/3388/370642, Fachgebiet: Organische Chemie [1989]

*Lehnert, Dr. theol. h. c. Christian (geb. 20.5.1969 in Dresden); Johann-Sebastian-Bach-Platz 11, 04571 Rötha, Tel.: 0342/06683773, E-Mail: christian.lehnert@posteo.de, Fachgebiet: Literatur [2014]

*Lehr, Thomas (geb. 22.11.1957 in Speyer); Riehlstraße 3, 14057 Berlin. Tel.: 030/3246588, E-Mail: thomas_lehr@gmx.de, Fachgebiet: Literatur [2016]

*Liebig, Dr. Stefan, Professor (geb. 26.11.1962 in Coburg); Freie Universität Berlin, Fachbereich Politik- und Sozialwissenschaften, Institut für Soziologie, Sozialstrukturanalyse und Survey-Methodologie, Garystr. 55, 14195 Berlin, Tel. 030 838 57651, E-Mail: stefan.liebig@fu-berlin.de, Fachgebiet:L Soziologie [2022]

Lienhard, Dr. theol., Dr. h.c. Marc, em. Professor (geb. 22.8.1935 in Colmar/Elsaß); 17, rue de Verdun, 67000 Straßburg, Frankreich, Tel.: 0033/388/606392, 893740, E-Mail: marc.lienhard@orange.fr, Fachgebiet: Kirchengeschichte [1988]

Linder, Dr. Hans Peter, o. Professor (geb. 8.5.1954 in Piketberg, Kap-Provinz Südafrika); Direktor am Institut für Systematische Botanik, Universität Zürich, Zollikerstr. 107, 8008 Zürich, Schweiz, Tel.: 0041/44/6348410, Fax: 0041/44/6348403, E-Mail: plinder@systbot.uzh.ch, www.systbot.uzh.ch; privat: Wieswaldweg 12, 8135 Langnau am Albis, Schweiz, Tel.: 0041/43/3778014, Fachgebiet: Systematik und Geographie der Pflanzen [2008]

*Lipps, Dr. Johannes, Prof. (geb. 24.3.1980 in Heidelberg); Johannes Gutenberg-Universität Mainz, FB 07/IAW/Klassische Archäologie, Philosophicum II, Raum 01-211, Jakob-Welder-Weg 20, 55128 Mainz, Tel.: 06131/39-22723, E-Mail: jlipps@uni-mainz.de, Fachgebiet: Klassische Archäologie [2024]

*List, Dr. Benjamin, Prof. (geb. 11.1.1968 in Frankfurt a. M.); Department of Homogeneous Catalysis, Max-Planck-Institut für Kohlenforschung, Kaiser-Wilhelm-Platz 1, 45470 Mühlheim an der Ruhr, Tel.: 0208 3062410, Fax: 0208 3062999, E-Mail: list@kofo.mpg.de, Fachgebiet: Chemische Grundlagenforschung – Homogene Katalyse [2022]

Loher, Dr. rer. nat., Dr. phil. Werner, o. Professor (geb. 27.6.1929 in Landshut); privat: 1386 Euclid Ave., Berkeley, CA 94708, USA, Tel.: 001415/8483388, Fachgebiet: Physiologie des Verhaltens [1983]

Lohwasser, Dr. Angelika, Prof. (geb. 28.5.1967 in Wien); Institut für Ägyptologie und Koptologie, Westfälische Wilhelms-Universität Münster, Schlaunstr. 2, 48143 Münster, Tel.: 0251/8324536, E-mail: a.lohwasser@uni-muenster.de, Fachgebiet: Ägyptologie/Sudanarchäologie [2022]

Lübbe, Dr. phil., Dr. h.c. Hermann (geb. 31.12.1926 in Aurich); em. o. Professor der Philosophie und politischen Theorie, Wachsenberg 43, 9560 Steuerberg, Österreich, Tel./Fax: 0043/4271/2178, E-Mail: prof.luebbe@t-online.de, Fachgebiet: Philosophie [1974]

*Luterbacher, Jürg, Professor, PhD (geb. 21.4.1968 in Solothurn); World Meteorological Organization (WMO), Director Science and Innovation Department, 7bis, avenue de la Paix, case postale 2300, CH-1211 Geneva 2, Switzerland, E-Mail: jluterbacher@wmo.int, Fachgebiet: Klimatologie, Klimawandel, Wetter- und Klimaextreme, Fachgebiet: Paläoklima [2020]

*Lütjen-Drecoll, Dr. med. Elke, o. Professorin (geb. 8.1.1944 in Ahlerstedt); Am Veilchenberg 29, 91080 Spardorf, Tel.: 09131/54608, E-Mail: elke@drecoll.net, Fachgebiet: Anatomie [1991]

Lützeler, Dr. phil. Paul Michael, Professor (geb. 4.11.1943 in Hückelhoven-Doveren/Rheinland); Rosa May Distinguished University Professor in the Humanities, Department of Germanic Languages and Literature, Washington University in St. Louis, Campus Box 1104, One Brookings Drive, St. Louis, Missouri 63130-4899, USA, E-Mail: jahrbuch@wustl.edu, Fachgebiet: Literatur [1994]

Magris, Dr. phil., Dr. h.c. Claudio, Professor (geb. 10.4.1939 in Triest); privat: V. Carpaccio 2, 34143 Trieste, Italien, Tel.: 0039/40/305428, Fax: 0039/40/314455, Fachgebiet: Literatur [2002]

*Maier, Dr. rer. nat. Joachim, Professor (geb. 5.5.1955 in Neunkirchen); Direktor am Max-Planck-Institut für Festkörperforschung, Postfach 800665; 70506 Stuttgart (Paketpost: Heisenbergstr. 1, 70569 Stuttgart), Tel.: 0711/689-1720, Fax: 0711/689-1722, E-Mail: m.burkhardt@fkf.mpg.de, www.mpi-stuttgart.mpg.de/maier, privat: Im Kazenloch 102, 75446 Wiernsheim, Tel./Fax: 07044/8938, Fachgebiet: Physikalische Chemie [2003]

Manns, Dr. med. Michael P., Univ.-Professor (geb. am 16.11.1951 in Koblenz); Direktor der Klinik für Gastroenterologie, Hepatologie und Endokrinologie, Medizinische Hochschule Hannover, Carl-Neuberg-Str. 1, 30625 Hannover, Tel.: 0511/532-3306, Fax: 0511/532-4896, E-Mail: manns.michael@mh-hannover.de, www.mh-hannover.de/gasdtro.html, Fachgebiet: Innere Medizin [2012]

Markschies, Dr. Dr. h.c. mult. Christoph, o. Professor (geb. 3.10.1962 in Berlin-Zehlendorf); Humboldt-Universität zu Berlin, Theologische Fakultät, Lehrstuhl für Antikes Christentum, Unter den Linden 6, 10099 Berlin, Sitz: Burgstr. 26, 10178 Berlin, Tel.: 030/2093-91780, Fax: 030/2093-91781, E-Mail: christoph.markschies@rz.hu-berlin.de, Fachgebiet: Ältere Kirchengeschichte [2012]

*Martynova, Olga (geb. 26.2.1962 in Dudinka/Russland); Rhönstraße 14, 60316 Frankfurt a. M., Tel.: 0173/3126610, E-Mail: martynova@online.de, Fachgebiet: Literatur [2021]

*Meier, Dr. theol. Johannes, o. Professor (geb. 31.5.1948 in Neubeckum/Westf.); Universität Mainz, FB 01, Katholisch-Theologische Fakultät, Forum 6, 55099 Mainz, Tel.: 06131/3920455, Fax: 06131/3920460, E-Mail: johannes.meier@uni-mainz.de, privat: Schenkendorfstr. 5, 56068 Koblenz, Tel.: 0261/3002134, Fax: 0261/3002135, Fachgebiet: Mittlere und Neuere Kirchengeschichte, Religiöse Volkskunde [2003]

Menzel, Dr. rer. nat. Randolf, o. Professor (geb. 7.6.1940 in Marienbad/CZ); Institut für Tierphysiologie, FB Biologie der FU Berlin, Königin-Luise-Str. 28–30, 14195 Berlin, Tel.: 030/83853930, Fax: 030/83855455, E-Mail: menzel@zedat.fu-berlin.de, privat: Tollensestr. 42e, 14167 Berlin, Tel.: 030/8177808, Fachgebiet: Neurobiologie und Verhaltensbiologie [1994]

*Metzner-Nebelsick, Dr. Carola, Univ.-Professorin (geb. 21.3.1962 in Berlin); Ludwig-Maximilians-Universität München, Institut für Vor- und Frühgeschichtliche Archäologie und Provinzialrömische Archäologie, Lehrstuhl für Vor- und Frühgeschichte, Geschwister-Scholl-Platz 1, 80539 München, Tel.: 089/218055-31/-30, Fax: 089/21805662, E-Mail: metzner-nebelsick@vfpa.fak12.uni-muenchen.de, Fachgebiet: Vor- und Frühgeschichtliche Archäologie [2018]

Michaelis, Dr. med. Jörg, o. Professor (geb. 7.12.1940 in Essen); IMBEI – Institut für Medizinische Biometrie, Epidemiologie u. Informatik, Klinikum der Johannes Gutenberg-Universität, 55101 Mainz, Tel.: 06131/176807, Fax: 06131/172968, E-Mail: jmichael@uni-mainz.de, privat: Liebermannstr. 26, 55127 Mainz, Tel.: 06131/8948001, Fax: 06131/8948002, Fachgebiet: Medizinische Statistik und Dokumentation [1991]

Michelsen, Dr. phil. Axel, Professor (geb. 1.3.1940 in Haderslev/DK); privat: Rosenvænget 74, 5250 Odense SV, Dänemark, Tel.: 0045/66117568, Fax: 0045/66119716, Fachgebiet: Zoologie [1990]

*Miller, Dr. phil. Norbert, o. Professor (geb. 14.5.1937 in München); Am Schlachtensee 132, 14129 Berlin, Tel.: 030/40725220, E-Mail: norb.miller@t-online.de, Fachgebiet: Literatur [1985]

Moeglin, Dr. Jean-Marie, Professor (geb. 16.4.1955 in Lille/Frankreich); Université Paris-Sorbonne, UFR d'histoire, 1 rue Victor Cousin, F-75230 Paris cedex 05, E-Mail: jean-marie.moeglin@paris-sorbonne.fr; Ecole pratique des Hautes Etudes, Section des sciences historiques et philologiques, 45–47 rue des Ecoles – CS 20525, F-75005 Paris, E-Mail: jean-marie.moeglin@ephe.sorbonne.fr, privat: 5 impasse Franchemont, F-75011 Paris, Fachgebiet: Geschichte des Mittelalters [2015]

*Mosbrugger, Dr. rer. nat. Volker, Professor (geb. 12.7.1953 in Konstanz); Senckenberg Gesellschaft für Naturforschung, Senckenberganlage 25, 60325 Frankfurt a. M., Tel.: 069/7542-1214, Fax: 069/7542-1242, E-Mail: volker.mosbrugger@senckenberg.de, privat: Eibenweg 1, 72119 Ammerbuch I, Tel.: 07073/4823, Fachgebiet: Biogeologie, Paläontologie, Paläoklimatologie [2003]

*Müller, Dr. theol., D.D. Gerhard, Professor (geb. 10.5.1929 in Marburg); Landesbischof i. R., Sperlingstr. 59, 91056 Erlangen, Tel.: 09131/490939, E-Mail: gmuellerdd@arcor.de, Fachgebiet: Historische Theologie [1979]

*Müller, Dr. Rolf, o. Professor (geb. 13.3.1965 in Birkesdorf); Helmholtz-Institut für Pharmazeutische Forschung Saarland, Universitätscampus E8.1, 66123 Saarbrücken, Tel.: 0681/98806-3000, Fax: 0681/ 98006-3009, E-Mail: rolf.mueller@helmholtz-hzi.de, Fachgebiet: Mikrobielle Naturstoffe, Myxobakterien, Antibiotika [2017]

*Müller, Dr. phil. Walter W., em. o. Professor (geb. 26.9.1933 in Weipert/böhmisches Erzgebierge); privat: Holderstrauch 7, 35041 Marburg, Tel.: 06421/31847, Fachgebiet: Semitistik [1987]

*Müller-Plathe, Dr. rer. nat. Florian, Professor (geb. 1.5.1960 in Hamburg); Eduard-Zintl-Insitut für Anorganische und Physikalische Chemie, Technische Universität Darmstadt, Peter-Grünberg-Str. 8, 64287 Darmstadt, Tel.: 06151/16-22620, Fax: 06151/16-22619, E-Mail: f.mueller-plathe@theo.chemie.tu-darmstadt.de, www.chemie.tu-darmstadt.de/mueller-plathe, privat: Feuerwehrstr. 10, 60435 Frankfurt a. M., Tel.: 069/36608970, Fachgebiet: Theoretische Physikalische Chemie [2009]

Müller-Stach, Dr. Stefan, Univ.-Professor (geb. 13.2.1962 in Friedrichshafen); Vizepräsidenten für Forschung und wissenschaftlichen Nachwuchs an der Johannes Gutenberg-Universität, Saarstraße 21, 55122 Mainz, Tel.: 06131/39-27772, Fax: 06131/39-26611, E-Mail: E-Mail vpforsch@uni-mainz.de, Fachgebiet: Zahlentheorie [2022]

*Mundry, Isabel, Professorin (geb. 20.4.1963 in Schlüchter/Hessen); Hochschule für Musik und Theater München, Arcisstrasse 12, 80333 München, E-Mail: isabel.mundry@hmtm.de, privat: Lothringerstrasse 20, 81667 München, Tel.: 0175/5901770, E-Mail: isabel.mundry@t-online.de, Fachgebiet: Komposition [2016]

Muschg, Dr. phil. Adolf, Professor (geb. 13.5.1934 in Zollikon/CH); Hasenackerstr. 24, 8708 Männedorf, Schweiz, Tel.: 00411/9204838, E-Mail: adolfmuschg@bluewin.ch, muschg@adk.de, Fachgebiet: Literatur [1979]

*Mutschler, Dr. rer. nat., Dr. med., Dres. h.c. Ernst, em. o. Professor (geb. 24.5.1931 in Isny); privat: Am Hechenberg 24, 55129 Mainz, Tel.: 06131/581275, Fax: 06131/581271, E-Mail: mutschler@onlinehome.de, Fachgebiet: Pharmakologie [1984]

*Nachtigall, Dr. rer. nat. Werner, em. o. Professor (geb. 7.6.1934 in Saaz/Sudetenland); privat: Höhenweg 169, 66133 Scheidt, Tel.: 0681/897173, E-Mail: nachtigall.werner@t-online.de, Fachgebiet: Zoologie [1980]

Nahm, Dr. rer. nat. Werner, Professor (geb. 23.3.1949 in Münster/Krs. Limburg/Weilburg); Director, School of Theoretical Physics, Dublin Institute for Advanced Studies, 10 Burlington Road, Dublin 4, Irland, Tel.: 00353/1/6140100, 6140143, Fax: 00353/1/6680561, E-Mail: physics@stp.dias.ie, werner@th.physik.uni-bonn.de, Fachgebiet: Physik [2010]

*Nebes, Dr. phil. Norbert, o. Professor (geb. 6.2.1955 in München); Friedrich-Schiller-Universität Jena, Institut für Orientalistik, Indogermanistik, Ur- und Frühgeschichtliche Archäologie, Seminar für Orientalistik, Lehrstuhl für Semitische Philologie und Islamwissenschaft, Löbdergraben 24a, 07743 Jena, Tel.: 03641/944-850 oder -851, Fax: 03641/944852, E-Mail: norbert.nebes@uni-jena.de, privat: Windischenstr. 10, 99423 Weimar, Tel.: 03643/779414, Fachgebiet: Semitische Philologie [2008]

*Neubert, Dr. rer. nat. Matthias, Professor (geb. 20.12.1962 in Siegen); Exzellenzcluster PRISMA, Institut für Physik, Johannes Gutenberg-Universität, Staudingerweg 7, 55099 Mainz, Tel.: 06131/3923681, Fax: 06131/3924611, E-Mail: matthias.neubert@uni-mainz.de, privat: Im Rheinblick 37, 55411 Bingen am Rhein, 06721/400049, Fachgebiet: Theoretische Elementarteilchenphysik [2014]

Niehrs, Dr. rer. nat. Christof, Professor (geb. 29.4.1962 in Berlin); Direktor des Instituts für Molekulare Biologie gGmbH, Ackermannweg 4, 55128 Mainz, Tel.: 06131/39-21401, Fax: 06131/39-21421, E-Mail: c.niehrs@imb-mainz.de, privat: Neuenheimer Landstr. 34, 69120 Heidelberg, Tel.: 06221/26849, Fachgebiet: Molkulare Biologie [2012]

*Nübling, Dr. Damaris, Professorin (geb. 2.3.1963 in Hohenau/Paraguay); Johannes Gutenberg-Universität, FB 05/Deutsches Institut, 55099 Mainz, Tel.: 06131/3922611, E-Mail: nuebling@uni-mainz.de, Fachgebiet: Germanistische Linguistik [2015]

Oberreuter, Dr. phil., Dr. h.c. M. A. Heinrich, o. Professor (geb. 21.9.1942 in Breslau); privat: Eppaner Str. 12, 94036 Passau, Tel.: 0851/58606, E-Mail: h.oberreuter@apb-tutzing.de, Fachgebiet: Politikwissenschaft [1994]

Oesterhelt, Dr. rer. nat. Dieter, Professor (geb. 10.11.1940 in München); Max-Planck-Institut für Biochemie, Am Klopferspitz, 82143 Martinsried, Tel.: 089/85782386, Fax: 089/85783557, Fachgebiet: Biochemie [1984]

O'Meara, Dr. phil., Dominic, o. Professor (geb. 14.5.1948 in Dublin); vormals Universität Freiburg, Fachgebiet: Philosophie [2009]

*Osten, Dr. jur. Manfred (geb. 19.1.1938 in Ludwigslust); Weißdornweg 23, 53177 Bonn, Tel.: 0228/328301, Fax: 0228/328300, E-Mail: manfred.osten@t-online.de, Fachgebiet: Literatur [2001]

*Osterkamp, Dr. phil. Ernst, Professor (geb. 24.5.1950 in Tecklenburg); E-Mail: ernst.osterkamp@rz.hu-berlin.de, privat: Heimat 35, 14165 Berlin, Tel.: 030/8155293, Fachgebiet: Deutsche Literatur [2003]

*Ostermaier, Albert (geb. 30.11.1967 in München), E-Mail: office@albert-ostermaier.de, www.albert-ostermaier.com, privat: Ottostraße 3, 80333 München, Fachgebiet: Literatur [2023]

*Ott, Karl-Heinz (geb. 14.9.1957 in Ehingen/Donau); Stollenweg 4 B, 79299 Wittnau, 0761/13730930, E-Mail: karlhzott@aol.com, Fachgebiet: Literatur [2006]

*Otten, Dr. phil. Fred, em. o. Professor (geb. 23.7.1942 in Berlin); Zehntwerderweg 168, 13469 Berlin, Tel.: 030/4028778, E-Mail: fred.otten@rz.hu-berlin.de, Fachgebiet: Slavische Philologie [1991]

*Patel, Prof. Dr. Kiran Klaus (geb. 3.10.1971 in Villingen-Schwenningen); Ludwig-Maximilians-Universität München, Historisches Seminar, Lehrstuhl für europäische

Geschichte, Geschwister-Scholl-Platz 1, 80539 München, Tel.: 089/21805581, E-Mail: patel@lmu.de, Fachgebiet: Geschichtswissenschaften [2021]

*Paul, Dr. Ludwig, Professor (geb. 22.4.1963 in München); Universität Hamburg, Asien-Afrika-Institut, Iranistik, Edmund Siemers-Allee 1 (Ostflügel), 20146 Hamburg, Tel.: 040 / 42838 3054, Fax: 040 / 42838 5674, E-Mail: ludwig.paul@uni-hamburg.de, privat: Lattenkamp 70, 22299 Hamburg, Tel.: 040 414 66 737, Fachgebiet: Iranistik, Sprachwissenschaft [2022]

Paul, Dr. rer. medic., M.A. Norbert W., o. Professor (geb. 29.4.1964 in Solingen); Institut für Geschichte, Theorie und Ethik der Medizin, Universitätsmedizin der Johannes Gutenberg-Universität Mainz, Gebäude 906, Am Pulverturm 13, 55131 Mainz, Tel.: 06131/17-9545, Fax: 06131/17-9479, E-Mail: npaul@uni-mainz.de, privat: Domherrnstr. 8, 55268 Nieder-Olm, Fachgebiet: Geschichte, Theorie und Ethik der Medizin [2009]

*Pausch, Prof. Dr. Dennis (geb. 7.4.1976 in Wetzlar); Philipps-Universität Marburg, FB 10 – Fremdsprachige Philologien, Wilhelm-Röple-Str. 6D, 36032 Marburg, Tel.: 06421/2824752, E-Mail: dennis.pausch@uni-marburg.de, Fachgebiet: Klassische Philologie/Latinistik [2024]

*Petersdorff, Dr. phil. Dirk von, Professor (geb. 16.3.1966 in Kiel); Institut für Germanistische Literaturwissenschaft, Friedrich-Schiller-Universität, Fürstengraben 18, 07737 Jena, Tel.: 03641/944-230, 944-220, E-Mail: dirk.von-petersdorff@uni-jena.de, privat: Closewitzer Str. 1A, 07743 Jena, Fachgebiet: Literatur [2004]

*Pietschmann, Dr. Klaus, Professor, Johannes Gutenberg-Universität Mainz, Institut für Kunstgeschichte und Musikwissenschaft, Jakob-Welder-Weg 18, 55128 Mainz, Tel.: 06131/39-22589, Fax: 06131/39-22993, E-Mail: pietschmann@uni-mainz.de, Fachgebiet: Musikwissenschaft [2021]

Pinault, Dr. Georges-Jean, Professor (geb. 4.7.1955 in Paris); École Pratique des Hautes Études, Science historiques et philologiques, Á la Sorbonne, 45–47 rue des Écoles, F-75005 Paris, Tel.: 0033/1/49548358, Fax: 0033/1/49548378, E-Mail: georges.pinault@wanadoo.fr, privat: 23 rue Léon Frot, F-75011 Paris, Fachgebiet: Sprachwissenschaft [2012]

*Pinkal, Dr. Manfred, Professor (geb. am 24.8.1949 in Dortmund), Universität des Saarlandes, Lehrstuhl Computerlinguistik, Campus, Geb. C 7.2, 66123 Saarbrücken, Tel.: 0681/302-4343, Fax: 0681/302-4351, E-Mail: pinkal@coli.uni-saarland.de, privat: Trillerweg 61, 66117 Saarbrücken, Fachgebiet: Computerlinguistik [2013]

*Pörksen, Dr. phil. Uwe, o. Professor (geb. 13.3.1935 in Breklum); Erwinstr. 28, 79102 Freiburg, Tel.: 0761/73985, Fax: 0761/70439891, E-Mail: uwe.poerksen@gmx.de, Fachgebiet: Literatur [1986]

*Poschmann, Marion (geb. 15.12.1969 in Essen); Suhrkamp Verlag, Pappelallee 78–79, 10437 Berlin, Tel.: 030/740744-0, E-Mail: www.suhrkamp.de, Fachgebiet: Literatur [2016]

Rabinovici, Dr. Doron (geb. 2.12.1961 in Tel-Aviv); Schriftsteller und Historiker, Fachgebiet: Literatur [2018]

*Ramm, Dr.-Ing., Dr.-Ing. E.h., Dr. h.c. Ekkehard, em. o. Professor (geb. 3.10.1940 in Osnabrück); Universität Stuttgart, Institut für Baustatik und Baudynamik, Pfaffenwaldring 7, 70550 Stuttgart, Tel.: 0711/685-66124, Fax: 0711/685-66130, E-Mail: ramm@ibb.uni-stuttgart.de, www.uni-stuttgart.de/ibs/ramm.html, privat: Sperberweg 31, 71032 Böblingen, Tel.: 07031/275513, Fachgebiet: Bauingenieurwesen [1997]

Rammensee, Dr. rer. nat. Hans-Georg, Professor (geb. 12.4.1953 in Tübingen); Eberhard Karls Universität, Interfakultäres Institut für Zellbiologie, Abteilung Immunologie, Auf der Morgenstelle 15, 72076 Tübingen, Tel.: 07071/2987628, Fax: 07071/295653, E-Mail: rammensee@uni-tuebingen.de, privat: Sommerhalde 3, 72070 Tübingen-Unterjesingen, Tel.: 07073/2618, Fachgebiet: Immunologie [2006]

*Raphael, Dr. phil. Lutz, Professor (geb. 12.9.1955 in Essen); Universität Trier, FB 111, 54286 Trier, Tel.: 0651/201-2191, Fax: 0651/201-2179, E-Mail: raphael@uni-trier.de, privat: Im Alten Garten 31, 54296 Trier, Tel.: 0651/9991574, Fachgebiet: Neuere und Neueste Geschichte [2014]

*Rapp, Dr. Andrea, Professorin (geb. 19.9.1963 in Birkesdorf/Düren), Institut für Sprach- und Literaturwissenschaft, FB 02, Technische Universität Darmstadt, Dolivostraße 15, 64289 Darmstadt, (Gebäude: Landwehrstr. 50A, 64293 Darmstadt, S4/23 120), Tel.: 06151/1657408, Fax: 06151/1657411, E-Mail: rapp@linglit.tu-darmstadt.de, Fachgebiet: Germanistik – Computerphilologie und Mediävistik [2019]

Rapp, Dr. phil. Christof, Professor (geb. 30.12.1964 in Rottweil); Fakultät für Philosophie, Lehrstuhl für Antike Philosophie, Ludwig-Maximilians-Universität, Geschwister-Scholl-Platz 1, 80539 München, Tel.: 089/2180-72171, Fax: 089/2180-72162, E-Mail: office.ch.rapp@lrz.uni-muenchen.de, Fachgebiet: Philosophie der Antike und Gegenwart [2008]

*Rapp, Dr. med. Ulf R., o. Professor (geb. 22.12.1943 in Wernigerode); E-Mail: ulf.r.rapp@gmx.de, Fachgebiet: Molekulare Onkologie [2000]

*Reis, Dr. med. André, Professor (geb. 25.7.1960 in Sao Paulo/Brasilien); Direktor am Institut für Humangenetik, Friedrich-Alexander-Universität Erlangen-Nürnberg, Schwabachanlage 10, 91054 Erlangen, Tel.: 09131/85-22318, Fax: 09131/23232, E-Mail: andre.reis@uk-erlangen.de, www.humgenetik.uk-erlangen.de, privat: Adalbert-Stifter-Str. 8, 91054 Erlangen, Tel.: 09131/539258, Fachgebiet: Humangenetik [2006]

*Rieken, Dr. Elisabeth, Professorin (geb. 25.2.1965 in Gießen); Philipps-Universität Marburg, Wilhelm-Röpke-Straße 6E, 35032 Marburg, Tel.: 06421/2824785, E-Mail: rieken@staff.uni-marburg.de, privat: Stresemannstraße 36, 35037 Marburg, Tel.: 06421/165324, Fachgebiet: Historisch-Vergleichende Sprachwissenschaft (Indogermanistik) [2019]

*Riethmüller, Dr. phil. Albrecht, em. o. Professor (geb. 21.1.1947 in Stuttgart); Institut für Theaterwissenschaft der Freien Universität Berlin, Grunewaldstr. 35, 12165 Berlin, E-Mail: albrieth@zedat.fu-berlin.de, privat: Berner Str. 44A, 12205 Berlin, Tel.: 030/8312825, https://albrieth.userpage.fu-berlin.de/riethmueller.html, Fachgebiet: Musikwissenschaft [1991]

*Rihm, Dr. h.c. Wolfgang, Professor (geb. 13.3.1952 in Karlsruhe); Institut für neue Musik und Medien, Hochschule für Musik Karlsruhe, Am Schloss Gottesaue 7, 76131 Karlsruhe, Tel.: 0721/6629-120, Fax: 0721/6629-266, www.hfm-karlsruhe.de, privat: Kriegsstr. 109, 76135 Karlsruhe, Tel.: 0721/856511, Fax: 0721-84659, Fachgebiet: Komposition [2009]

Rittner, Dr. med. Christian, o. Professor (geb. 29.9.1938 in Dresden); Institut für Rechtsmedizin der Universität Mainz, Am Pulverturm 3, 55131 Mainz, Tel.: 06131/3932118, Fax: 06131/3936467, E-Mail: rittner@uni-mainz.de, privat: Höhenweg 8, 55268 Nieder-Olm, Fachgebiet: Rechtsmedizin [1994]

*Röckner, Dr. rer. nat. Michael, o. Professor (geb. 15.2.1956 in Herford); Universität Bielefeld, Fakultät für Mathematik, Postfach 100131, 33501 Bielefeld (Paketpost: Universitätsstr. 25, 33615 Bielefeld), Tel.: 0521/106-4774, -4773, Fax: 0521/106-6462, E-Mail: roeckner@math.uni-bielefeld.de, privat: Ostenbergstr. 22, 33378 Rheda-Wiedenbrück, Tel.: 05242/379068, Fax: 05242/379069, Fachgebiet: Mathematik und mathematische Physik [2003]

*Rudolph, Dr. Harriet, Professorin (geb. 12.7.1966 in Dresden); Universität Regensburg, Lehrstuhl für Neuere Geschichte (Frühe Neuzeit), Universitätsstraße 31, 93053 Regensburg, Tel.: 0941/943-3541, Fax: 0941/943-1987, E-Mail: Harriet.Rudolph@geschichte.uni-regensburg.de, Fachgebiet: Geschichte der Frühen Neuzeit [2014]

*Runge, Doris, Professorin (geb. 15.7.1943 in Carlow); Weißes Haus, 23743 Cismar, Tel: 04366/255, Fax: 04366/1003, E-Mail: doris.runge@t-online.de, Fachgebiet: Literatur [2011]

*Şahin, Dr. Uğur, Professor, (geb. 19.9.1965 in Iskenderun/Türkei); BioNtech Europe GmbH, An der Goldgrube 12, 55131 Mainz, E-Mail: Uta.Nagel@biontech.de, Fachgebiet: Krebsforschung und Immunologie [2021]

*Salzmann, Sasha Marianna (geb. 21.8.1985 in Wolgograd/Russland); http://sasha-mariannasalzmann.com/, Fachgebiet: Literatur [2023]

Sandeman, Dr. rer. nat. David, Professor (geb. 18.4.1936 in Springs/ZA); Zoologisches Institut und Museum, Cytologie und Evolutionsbiologie, Universität Greifswald, Fachgebiet: Biologie [1993]

*Schäfer, Dr. phil. Hans Dieter (geb. 7.9.1939 in Berlin); Franziskanerplatz 3, 93059 Regensburg, Tel.:/Fax: 0941/88202, E-Mail: hans_dieter.schaefer@t-online.de, Fachgebiet: Literatur [2002]

*Schalansky, Judith (geb. 20.9.1980 in Greifswald); Suhrkamp Verlag, Postfach 580165, 10411 Berlin, Tel.: 030/7407440, Fax: 030/740744199, E-Mail: info@suhrkamp.de, privat: Düsseldorfer Straße 4, 10719 Berlin, Tel.: 030/98362772, E-Mail: js@judith-schalansky.de, Fachgebiet: Literatur, Buchgestaltung [2019]

*Schink, Dr. rer. nat. Bernhard, o. Professor (geb. 27.4.1950 in Mönchengladbach); Universität Konstanz, FB Biologie, Lehrstuhl für Mikrobielle Ökologie, Postfach 5560 <M654>, 78457 Konstanz, Tel.: 07531/88-2140, Fax: 07531/88-4047, E-Mail: bernhard.schink@uni-konstanz.de, privat: Hans-Lobisser-Str. 12, 78465 Konstanz-Dingelsdorf, Tel.: 07533/7826, Fachgebiet: Mikrobiologie [2002]

*Schirnding, Albert von (geb. 9.4.1935 in Regensburg); Harmating 6, 82544 Egling 2, Tel.: 08176/362, Fachgebiet: Literatur [2001]

*Schmidt, Dr. Christoph M., Professor (geb. 25.8.1962 in Canberra/Australien); RWI – Rheinisch-Westfälisches Institut für Wirtschaftsforschung, Hohenzollernstr. 1–3, 45128 Essen, Tel.: 0201/8149-227, Fax: 0201/8149-236, E-Mail: praesident@rwi-essen.de, Fachgebiet: Angewandte Ökonometrie, Makroökonomik, Energie-, Gesundheits- und Arbeitsmarktökonomik [2015]

Schmidt, Dr. phil. Jürgen Erich, Professor (geb. 24.9.1954 in Mayen/Eifel); Direktor am Forschungszentrum Deutscher Sprachatlas, Philipps-Universität Marburg, Hermann-Jacobsohn-Weg 3, 35032 Marburg, Tel.: 06421/28-22483, Fax: 06421/28-28936,

E-Mail: schmidtj@staff.uni-marburg.de, www.deutscher-sprachatlas.de, privat: Sankt-Florian-Str. 7, 35041 Marburg-Elnhausen, Tel.: 06420/821714, Fachgebiet: Variationslinguistik [2010]

*Schmidt-Glintzer, Dr. phil. Helwig, o. Professor (geb. 24.6.1948 in Bad Hersfeld); Universität Göttingen, Ostasiatische Literatur- und Kulturwissenschaft, privat: Yorckstr. 10, 30161 Hannover, Fachgebiet: Sinologie [2002]

*Schmitz, Dr. Winfried, Professor (geb. 17.7.1958 in Köln); Rheinische Friedrich-Wilhelms-Universität Bonn, Institut für Geschichtswissenschaft, Abt. für Alte Geschichte, Am Hof 1e, 53113 Bonn, Tel.: 0228/73-7338, Fax: 0228/73-7723, E-Mail: winfried.schmitz@uni-bonn.de, privat: Kielsberg 15, 51491 Overath, Fachgebiet: Alte Geschichte [2011]

Schöler, Dr. rer. nat. Hans R., Professor (geb. 30.1.1953 in Toronto/Kanada); Direktor der Abt. Zell- und Entwicklungsbiologie, Max-Planck-Institut für molekulare Biomedizin, Röntgenstr. 20, 48149 Münster, Tel.: 0251/70365-300, 301, Fax: 0251/70365-399, E-Mail: office@mpi-muenster.mpg.de, privat: Habichtshöhe 34, 48151 Münster, Fachgebiet: Zell- und Entwicklungsbiologie [2010]

*Scholl, Andreas (geb. 10.11.1967 in Eltville); Bingerpfortenstraße 2, 65399 Kiedrich, Tel.: 06123/999-633, E-Mail: countertenor@t-online.de, Fachgebiet: Musik-Gesang [2016]

*Scholze, Dr. Peter, Professor (geb. 11.12.1987 in Dresden); Universität Bonn, Mathematisches Institut, Endenicher Allee 60, 53115 Bonn, Tel.: 0228/73-62237, E-Mail: scholze@math.uni-bonn.de, Fachgebiet: Mathematik, Arithmetische Geometrie [2016]

*Schreiner, Dr. rer. nat. Peter, PhD, Professor (geb. 17.11.1965 in Nürnberg); Justus-Liebig-Universität, Institut für Organische Chemie, Heinrich-Buff-Ring 17, 35392 Gießen, Tel.: 0641/9934300, Fax: 0641/9934309, E-Mail: prs@uni-giessen.de, Fachgebiet: Organische Chemie [2017]

*Schröder, Dr. iur., Dr. h.c. Jan, o. Professor (geb. 28.5.1943 in Berlin); Juristisches Seminar, Universität Tübingen, Geschwister-Scholl-Platz, 72074 Tübingen, Tel.: 07071/640419, E-Mail: jan.schroeder@jura.uni-tuebingen.de, privat: Bohnenbergerstr. 20, 72076 Tübingen, Tel.: 07071/640-414, Fax: 07071/640-415, Fachgebiet: Rechtsgeschichte, Bürgerliches Recht [2001]

*Schröder, Dr.-Ing. habil. Jörg, Professor (geb. 8.11.1964 in Höxter); Universität Duisburg-Essen, Fakultät für Ingenieurwissenschaften, Abteilung Bauwissenschaften,

Institut für Mechanik, Universitätsstr. 15, 45141 Essen, Tel.: 0201/183-2682, Fax: 0201/183-2680, E-Mail: j.schroeder@uni-due.de, Fachgebiet: Ingenieurwissenschaften/Bauwissenschaften, Mechanik [2016]

*Schulenburg, Dr. rer. pol. Johann-Matthias Graf von der, o. Professor (geb. 20.6.1950 in Hamburg); Leibniz Universität Hannover, FB Wirtschaftswissenschaften, Institut für Versicherungsbetriebslehre, Otto-Brenner-Str. 1, 30159 Hannover, Tel.: 0511/7625083, Fax: 0511/7625081, E-Mail: jms@ivbl.uni-hannover.de, privat: Schleiermacherstr. 24, 30625 Hannover, Tel.: 0511/5332613, Fachgebiet: Wirtschaftswissenschaften [2001]

*Schulz, Dr. phil. Günther, Professor (geb. 27.11.1950 in Morsbach/Sieg); Rheinische Friedrich-Wilhelms-Universität, Institut für Geschichtswissenschaft, Abt. Verfassungs-, Sozial- und Wirtschaftsgeschichte, Konviktstr. 11, 53113 Bonn, Tel.: 0228/73-5172/5033, Fax: 0228/73-5171, E-Mail: g.schulz@uni-bonn.de, www.igw.uni-bonn.de/vswg/schulz, privat: Königin-Sophie-Str. 17, 53604 Bad Honnef, Tel.: 02224/74398, E-Mail: schulz.sz@t-online.de, Fachgebiet: Sozial- und Wirtschaftsgeschichte [2006]

*Schütz, Helga, Professorin (geb. 2.10.1937 in Falkenhain/Schlesien); Jägersteig 4, 14482 Potsdam, Tel.: 0331/708656, Fachgebiet: Literatur [1994]

*Schwab, Dr. med. Matthias, Professor (geb. 3.9.1963 in Nürnberg); Direktor des Dr. Margarete Fischer-Bosch-Instituts für Klinische Pharmakologie (IKP), Auerbachstr. 112, 70376 Stuttgart, Tel.: 0711/8101-3700, Fax: 0711/859295, E-Mail: matthias.schwab@ikp-stuttgart.de, Fachgebiet: Klinische Pharmakologie [2012]

*Schweickard, Dr. Dr. h.c. mult. Wolfgang, Professor (geb. 16.10.1954 in Aschaffenburg); Universität des Saarlandes, Fachrichtung Romanistik, Campus A5 3, 1 OG, Zi. 1.12, 66123 Saarbrücken Tel.: 0681/302-64051, Fax: 0681/302-64052, E-Mail: wolfgang.schweickard@mx.uni-saarland.de, http://www.uni-saarland.de/lehrstuhl/schweickard.html, privat: Hangweg 8, 66121 Saarbrücken, Tel.: 0681/8305693, Fax: 0681/8305695, Fachgebiet: Romanische Philologie (Sprachwissenschaft) [2004]

*Schwemer, Dr. phil. Daniel, Professor (geb. 26.1.1970 in Tübingen); Julius-Maximilians-Universität Würzburg, Institut für Altertumswissenschaften, Lehrstuhl für Altorientalistik, Residenzplatz 2, Tor A, 97070 Würzburg, Tel.: 0931/31-86460, Fax: 0931/31-82674, E-Mail: daniel.schwemer@uni-wuerzburg.de, privat: Am Sonnenberg 37, 97078 Würzburg, Fachgebiet: Altorientalistik [2012]

Seebach, Dr. rer. nat. Dieter, Professor (geb. 3.10.1937 in Karlsruhe); Laboratorium für Organische Chemie, ETH Zürich, HCI H331 Hönggerberg, Vladimir-Prelog-Weg 3, 8093 Zürich, Schweiz, Tel.: 0041/44/6322990, Fax: 0041/44/6321144, E-Mail: seebach@org.chem.ethz.ch, Fachgebiet: Organische Chemie [1990]

*Seiler, Lutz (geb. 8.6.1963 in Gera); Peter-Huchel-Haus, Hubertusweg 41, 14552 Michendorf/Wilhelmshorst, Tel.: 033205/49245, E-Mail: lutz-seiler@web.de, Fachgebiet: Literatur [2007]

*Sier, Dr. phil. Kurt, o. Professor (geb. 21.4.1955 in Dudweiler/Saar); Institut für Klassische Philologie und Komparatistik, Universität Leipzig, Beethovenstr. 15, 04107 Leipzig, Tel.: 0341/97377-10/-01, Fax: 0341/9737748, E-Mail: sier@rz.uni-leipzig.de, privat: Lilienstr. 34, 66386 St. Ingbert, Tel.: 06894/3894092, Fachgebiet: Klassische Philologie [2000]

Simon, Dr. rer. nat., Dr. h.c. mult. Arndt, Professor (geb. 14.1.1940 in Dresden); Max-Planck-Institut für Festkörperforschung, Heisenbergstr. 1, 70569 Stuttgart, Tel.: 0711/689-1640, Fax: 0711/689-1010, E-Mail: a.simon@fkf.mpg.de, privat: Ob dem Steinbach 15, 70569 Stuttgart, Tel.: 0711/6876292, Fachgebiet: Anorganische Chemie [1994]

Sinn, Dr. rer. nat., Dr. rer. nat. h.c., Dipl.-Chem. Hansjörg, o. Professor (geb. 20.7.1929 in Ludwigshafen); An der Trift 8, 38678 Clausthal-Zellerfeld, Tel.: 05323/78135, Fax: 05323/78138, E-Mail: sinnalox@t-online.de, Fachgebiet: Technische und Makromolekulare Chemie [1976]

*Slaje, Dr. phil. Walter, Professor (geb. 17.6.1954 in Graz); Martin-Luther-Universität Halle-Wittenberg, E-Mail: walter.slaje@indologie.uni-halle.de, privat: Grillparzergasse 1, 2340 Mödling, Österreich, E-Mail: walter.slaje@gmail.com, Fachgebiet: Indologie [2002]

*Stadler, Dr. phil., Dr. h.c. Arnold (geb. 9.4.1954 in Meßkirch); Walder Str. 32, 88605 Rast über Meßkirch, Tel.: 07578/2462, E-Mail: arnold.stadler@gmx.de, Fachgebiet: Literatur [1998]

Šteger, Aleš (geb. 31.5.1973 in Ptuj, Jugoslawien [Slowenien]); Vošnjakova 4a, 1000 Ljubljana, Slowenien, Fachgebiet: Literatur [2019]

*Steinaecker, Dr. Thomas von (geb. 6.2.1977 in Traunstein); Fachgebiet: Literatur [2018]

Steinbeck, Dr. phil. Wolfram, Professor (geb. 5.10.1945 in Hagen/Westf.); Musikwissenschaftliches Institut, Universität zu Köln, Albertus Magnus-Platz, 50923 Köln, Tel.: 0221/4702249, Fax: 0221/4704964, E-Mail: w.steinbeck@uni-koeln.de, privat:

Trierer Str. 75, 53115 Bonn, Tel.: 0228/7077636, Fax: 0228/7077637, Fachgebiet: Historische Musikwissenschaft [2005]

*Steinle, Dr. Friedrich, Professor (geb. 16.4.1957); Institut für Philosophie, Literatur-, Wissenschafts- und Technikgeschichte, Technische Universität Berlin, Sekr. H 72, Straße des 17. Juni 135, 10623 Berlin, Tel.: 030/314-24016 oder -24841, Fax: 030/314-25962, E-Mail: friedrich.steinle@tu-berlin.de, Fachgebiet: Wissenschaftsgeschichte [2011]

Stern, Dr. Elsbeth, Professorin (geb. 25.12.1957 in Marburg); ETH Zürich, Clausiusstr. 59, 8092 Zürich, Tel.: 0041/44/6325366, E-Mail: stern@ifv.gess.ethz.ch, privat: Hinterbergstr. 99, 8044 Zürich, Tel.: 0041/435383616, Fachgebiet: Psychologie [2014]

Stocker, Dr. sc. nat., Dr. h.c. ETH Thomas, o. Professor (geb. 1.7.1959 in Zürich); Universität Bern, Physikalisches Institut, Abt. für Klima- und Umweltphysik, Sidlerstr. 5, 3012 Bern, Schweiz, Tel.: 0041/31/6314462, Fax: 0041/31/6318742, E-Mail: stocker@climate.unibe.ch, www.climate.unibe.ch/stocker, privat: Buchserstr. 50, 3006 Bern, Schweiz, Fachgebiet: Klima- und Umweltphysik [2004]

Störmer-Caysa, Dr. Uta, Professorin (geb. 20.10.1957 in Weimar); Johannes Gutenberg-Universität Mainz, Deutsches Institut, FB 05, Jakob-Welder-Weg 18, 55099 Mainz, Tel.: 06131/39-22530, E-Mail: caysa@uni-mainz.de, Fachgebiet: Ältere Deutsche Literaturgeschichte [2012]

*Strubel, Antje Rávik (geb. 12.4.1974 in Potsdam); Schriftstellerin und Übersetzerin, Fachgebiet: Literatur [2021]

*Tawada, Dr. Yoko (geb. 23.3.1960 in Tokio/Japan); Schriftstellerin, Fachgebiet: Literatur [2015]

Tennstedt, Dr. disc. pol. Florian, Professor (geb. 6.9.1943 in Sangerhausen); privat: Grubenrain 10, 34132 Kassel, Tel.: 0561/406798, E-Mail: tennstedtflorian@gmail.com, Fachgebiet: Sozialpolitik [2000]

*Tockner, Dr. Klement, Professor (geb. 1.11.1962 in Schröder/Österreich); Senckenberg Gesellschaft für Naturforschung, Senckenberganlage 25, 60325 Frankfurt a. M., Tel.: 069 7542 1215, E-Mail: klement.tockner@senckenberg.de/generaldirektion@senckenberg.de, Fachgebiet: Gewässerökologie [2021]

*Türeci, Dr. Özlem, Professor (geb. 6.3.1967 in Lastrup/Niedersachsen); BioNtech Europe GmbH, An der Goldgrube 12, 55131 Mainz, E-Mail: Uta.Nagel@biontech.de, Fachgebiet: Krebsforschung und Immunologie [2021]

*Vaupel, Dr. med. Peter W., M.A./Univ. Harvard, Univ.-Professor (geb. 21.8.1943 in Lemberg/Pfalz); Am Eiskeller 71, 55126 Mainz, Tel.: 06131/472555, E-Mail: vaupel@mail.uni-mainz.de, Fachgebiet: Physiologie und Pathophysiologie [1998]

*Veith, Dr. rer. nat., Dr. h.c. Michael, Seniorprofessor (geb. 9.11.1944 in Görlitz); privat: Am Hangweg 1, 66386 St. Ingbert, E-Mail: veith@mx.uni-saarland.de, Fachgebiet: Anorganische und Allgemeine Chemie [2006]

*Veltri, Dr. Giuseppe, Professor (geb. 4.1.1958 in San Giovanni in Fiore/Italien); Institute for Jewish Philosophy and Religion, University of Hamburg, Rothenbaumchaussee 34, 21048 Hamburg, Tel.: 040/42838-9578, E-Mail: giuseppe.veltri@uni-hamburg.de, privat: Kronblumenweg 31, 06118 Halle, Tel.: 0345/2090949, Fachgebiet: Judaistik, Jüdische Philosophie und Religion [2014]

*Verhoeven-van Elsbergen, Dr. Ursula, Professorin (geb. 20.4.1957 in Hagen); Institut für Altertumswissenschaften, Ägyptologie, FB 07, Johannes Gutenberg-Universität Mainz, 55099 Mainz, Gebäude: Hegelstraße 59, 55122 Mainz, Tel: 06131/39-38349, E-Mail: verhoeve@uni-mainz.de, https://www.aegyptologie.uni-mainz.de/verhoeven/, Fachgebiet: Ägyptologie [2011]

Voegelin, Salomé (geb. 12.1.1972 in Basel); University of the Arts London, London College of Communication, Elephant and Castle, London SE1 6SB, Großbritannien, https://www.salomevoegelin.net/, E-Mail: s.voegelin@lcc.arts.ac.uk, Fachgebiet: Sound Studies/Sound Arts [2023]

*Vogenauer, Stefan, Professor (geb. 4.8.1968 in Eutin); Max-Planck-Institut für Rechtsgeschichte und Rechtstheorie, Hansaallee 41, 60323 Frankfurt a. M., Tel.: 069/78978-100, Fax: 069/78978-169, E-Mail: vogenauer@lhlt.mpg.de, Fachgebiet: Rechtswissenschaften [2016]

*Vowinckel, Dr. Antje (geb. 14.12.1964 in Hagen); Ilsestraße 7a, 12053 Berlin, Tel.: 01578/5644175, E-Mail: vowel@antjevowinckel.de, Fachgebiet: Musik, Literatur [2021]

*Wägele, Dr. Johann Wolfgang, Professor (geb. 21.10.1953 in Neuwied am Rhein); Zoologisches Forschungsmuseum Alexander Koenig, Leibniz-Institut zur Analyse des Biodiversitätswandels (LIB), Adenauerallee 160, 53113 Bonn, Tel.: 0228/9122200, Fax: 0228/9122202, E-Mail: w.waegele@zfmk.de, privat: Kesselsfeldweg 17, 53343 Wachtberg, Tel.: 0228/3504840, Fax: 0228/9122202, Fachgebiet: Biologie [2015]

*Wagner, Dr. rer. nat. habil. Hermann, Universitätsprofessor (geb. 1.2.1953 in Speckbrodi/Bayern); RWTH Aachen, Institut für Biologie II, Worringerweg 3, 52074

Aachen, Tel.: 0241/80-20822, Fax: 0241/80-22133, E-Mail: wagner@bio2.rwth-aachen.de, privat: An den Finkenweiden 8, 52074 Aachen, Tel.: 0241/8759029, Fachgebiet: Neuroethologie [2014]

*Wagner, Jan (geb. 18.10.1971 in Hamburg); Reuterstr. 62, 12047 Berlin, Tel.: 030/44049739, E-Mail: janxwagner@t-online.de, Fachgebiet: Lyrik [2010]

*Wahlster, Dr. rer. nat., Dr. h.c. mult. Wolfgang, o. Professor (geb. 2.2.1953 in Saarbrücken); Deutsches Forschungszentrum für Künstliche Intelligenz GmbH, Vorsitzender der Geschäftsführung und technisch-wissenschaftlicher Leiter, Stuhlsatzenhausweg 3, Campus D32, 66123 Saarbrücken, Tel.: 0681/85775-5252, Fax: 0681/85775-5383, E-Mail: wolfgang.wahlster@dfki.de, bufa-ww@dfki.de, www.dfki.de/~wahlster/, privat: Joachim-Friedrich-Str. 21, 10711 Berlin, Fachgebiet: Informatik [2002]

*Wald-Fuhrmann, Dr. Melanie, Professorin (geb. 1.3.1979 in Crivitz); Max-Planck-Institut für empirische Ästhetik, Musikabteilung, Grüneburgweg 14, 60322 Frankfurt a. M., Tel.: 069/8300479-200, E-Mail: melanie.wald-fuhrmann@aesthetics.mpg.de, Fachgebiet: Musikwissenschaft [2015/*2023]

*Waldmann, Dr. rer. nat. Herbert, Professor (geb. 11.6.1957 in Neuwied/Rhein); Max-Planck-Institut für molekulare Physiologie, Abt. Chemische Biologie, Otto-Hahn-Str. 11, 44227 Dortmund, Tel.: 0231/133-2400, Fax: 0231/133-2499, E-Mail: herbert.waldmann@mpi-dortmund.mpg.de, privat: Vincklöther Mark 32, 44265 Dortmund, Tel.: 0231/3951346, Fachgebiet: Organische Chemie [2009]

*Wegner, Dr. rer. nat., Dr. h.c. Gerhard, o. Professor (geb. 3.1.1940 in Berlin); privat: Carl-Zuckmayer-Str. 1, 55127 Mainz, Tel.: 06131/476724, Fachgebiet: Festkörperchemie der Polymere [1996]

Wehner, Dr. phil. nat., Dr. h.c. mult. Rüdiger, o. Professor (geb. 6.2.1940 in Nürnberg); Hirnforschungsinstitut der Universität, Winterthurerstr. 190, CH-8057 Zürich, Schweiz, Tel.: 0041/44/6354813, E-Mail: ruediger.wehner@uzh.ch, privat: Zürichbergstr. 130, CH-8044 Zürich, Tel.: 0041/44/2611374, Fachgebiet: Neuro- und Verhaltensbiologie [1977]

*Weikum, Dr.-Ing. Gerhard, Professor (geb. 28.9.1957 in Frankfurt a. M.); Max-Planck-Institut für Informatik, Campus E1.4, 66123 Saarbrücken, Tel.: 0681/9325-5000, Fax: 0681/9325-5099, E-Mail: weikum@mpi-inf.mpg.de, privat: Pfaffenkopfstraße 119A, 66125 Saarbrücken, Fachgebiet: Informatik [2012]

*Weiland, Dr.-Ing. Thomas, Professor (geb. 24.10.1951 in Riegelsberg); Technische Universität Darmstadt, FB 18, Schloßgartenstr. 8, 64289 Darmstadt, Tel.:

06151/1624031, Fax: 06151/164611, E-Mail: thomas.weiland@temf.tu-darmstadt.de, privat: Seitzstr. 6a, 80538 München, Tel.: 089/89043445, Fax: 089/0187581, Fachgebiet: Theorie Elektromagnetischer Felder [1992]

Welte, Dr. Dr. h.c. Dietrich H., o. Professor (geb. 22.1.1935 in Würzburg); privat: I. Rote-Haag-Weg 42 a, 52076 Aachen, Tel.: 0241/63621, Fax: 0241/6052123, E-Mail: dhwelte5@t-online.de, Fachgebiet: Organische Geochemie, Erdölgeologie, numerische Simulation von Geoprozessen [1996]

*Wendland, Dr. Katrin, Professorin (geb. 18.7.1970 in Berlin-Schöneberg); School of Mathematics, Trinity College, Dublin 2, Ireland, Tel.: 00353 (0)1 896 3566, Homepage: https://www.maths.tcd.ie/people/wendland/, E-Mail: wendland@maths.tcd.ie, Fachgebiet: Mathematik [2013]

*Werding, Dr., Martin, Professor (geb. 23.3.1964 in Leverkusen); Lehrstuhl für Sozialpolitik und öffentliche Finanzen, Ruhr-Universität Bochum, Gebäude GC 04/312, 44780 Bochum, Tel.: 0234/32-28971, Fax: 0234/32-14247, E-Mail: martin.werding@ruhr-uni-bochum.de, www.sowi.rub.de/sozialpolitik/oekonomik, Fachgebiet: Volkswirtschaftslehre [2013]

*Widmann, Jörg, Professor (geb. 19.6.1973 in München); Kontakt über: www.joerg-widman.com, Fachgebiet: Musik [2016]

*Wilhelm, Dr. phil., Dr. h.c. Gernot, em. o. Professor (geb. 28.1.1945 in Laasphe/Lahn); privat: Mozartstr. 2a, 97209 Veitshöchheim, Tel.: 0931/92989, E-Mail: grnt.wilhelm@t-online.de, Fachgebiet: Altorientalistik [2000]

*Wilhelm, Dr. Manfred, Professor (geb. 19.4.1966 in Landau); Karlsruher Institut für Technologie (KIT), Institut für Technische Chemie und Polymerchemie (ITCP), Engesserstr. 18, 76131 Karlsruhe, Tel.: 0721/60843150, Fax: 0721/608994004, E-Mail: manfred.wilhelm@kit.edu, privat: Im Brügel 28, 76356 Weingarten/Baden, Tel.: 07244/609781, E-Mail: manfred.wilhelm@kit.edu, Fachgebiet: Physikalische Chemie, Polymere [2021]

*Winiger, Dr. rer. nat. Matthias, Professor (geb. 24.3.1943 in Bern); Geographisches Institut der Universität Bonn, E-Mail: winiger@uni-bonn.de, www.giub.uni-bonn.de/winiger/, privat: Apothekergasse 16, 69117 Heidelberg, Tel.: 06221/6526580; Grabmatt 1, 3088 Rüeggisberg, Schweiz, Fachgebiet: Geographie, Klimatologie, Hochgebirge [1995]

*Wittern-Sterzel, Dr. phil., Dr. med. habil. Renate, o. Professorin (geb. 30.11.1943 in Bautzen/Sachsen); Friedrich-Alexander-Universität Erlangen-Nürnberg, Institut für Geschichte und Ethik der Medizin, Glückstr. 10, 91054 Erlangen, Tel.: 09131/ 8523011, E-Mail: renate.wittern-sterzel@fau.de, privat: Hindenburgstr. 84, 91054 Erlangen, Tel.: 09131/21566, Fax: 09131/21533, Fachgebiet: Geschichte der Medizin [2005]

*Wriggers, Dr.-Ing. Peter, Professor (geb. 3.2.1951 in Hamburg); Gottfried Wilhelm Leibniz Universität, Institut für Kontinuumsmechanik (IKM), An der Universität 1, 30823 Garbsen, Tel.: 0511/762-2220, Fax: 0511/762-5496, E-Mail: wriggers@ikm.uni-hannover.de, www.ikm.uni-hannover.de, privat: Bödekerstr. 8, 30161 Hannover, Tel.: 0511/315548, Fachgebiet: Mechanik [2004]

Würtenberger, Dr. iur. Thomas, Professor (geb. 27.1.1943 in Erlangen); Universität Freiburg, Rechtswissenschaftliche Fakultät, privat: Beethovenstr. 9, 79100 Freiburg, Tel.: 0761/78623, Fachgebiet: Öffentliches Recht, Staatsphilosophie, Verfassungsgeschichte [2000]

*Wynsberghe, Dr. Aimee van, Prof. (geb. 1981 in London, Kanada); Rheinische Friedrich-Wilhelms-Universität Bonn, Institut für Wissenschaft und Ethik, Bonner Talweg 57, 53113 Bonn, Tel.: 0228 738120, E-Mail: vanwynsberghe@uni-bonn.de, Fachgebiet: Angewandte Ethik der Künstlichen Intelligenz [2022]

*Zimmermann, Dr. rer. nat. Andreas, Professor (geb. 17.6.1951 in Naumburg/Saale); Universität zu Köln, Institut für Ur- und Frühgeschichte, Weyertal 125, 50923 Köln, Tel.: 0221/470-2877, oder -2306, Fax: 0221/470-4892, E-Mail: a.zimmermann@uni-koeln.de, privat: Theophanoplatz 9, 50969 Köln, Tel.: 0221/365213, Fax: 0221/3979946, Fachgebiet: Vor- und Frühgeschichte [2010]

Zinn-Justin, Dr. Jean, Professor (geb. 10.7.1943 in Berlin); E-Mail: jean.zinn-justin@cea.fr, Fachgebiet: Theoretische Physik [2010]

*Zippelius, Dr. iur., Dr. h.c. Reinhold, em. o. Professor (geb. 19.5.1928 in Ansbach); Institut für Rechtsphilosophie und Allgemeine Staatslehre der Universität Erlangen-Nürnberg, privat: Niendorfstr. 5, 91054 Erlangen, Tel.: 09131/55726, Fachgebiet: Allgemeine Staatslehre und Rechtsphilosophie [1985]

*Zischler, Hanns (geb. 18.6.1947 in Nürnberg); Ebereschenallee 26, 14050 Berlin, E-Mail: info@hanns-zischler.de, Fachgebiet: Regisseur, Schauspiel [2010]

Zwierlein, Dr. phil. Otto, o. Professor (geb. 5.8.1939 in Hollstadt/Unterfranken); Seminar für Griechische und Lateinische Philologie, Bonn, E-Mail: zwierlein@uni-bonn.de, privat: Mozartstr. 30, 53115 Bonn, Tel.: 0228/633943, Fachgebiet: Klassische und Mittellateinische Philologie [1980]

SACHVERSTÄNDIGE/
EXTERNE MITGLIEDER DER KOMMISSIONEN

Deicke, Prof. Dr. Aline, Akademie der Wissenschaften und der Literatur, Geschwister-Scholl-Str. 2, 55131 Mainz, Tel.: 06131/577-118, E-Mail: aline.deicke@adwmainz.de [Projektkommission: Euroäische Religionsfrieden Digital]

Depauw, Dr. Mark, Professor, Onderzoekseenheid Oude Geschiedenis, Blijde Inkomststraat 21 bus 3307, 3000 Leuven/Belgien, Tel.: 0032/1632/4927, E-Mail: mark.depauw@arts.kuleuven.be [Projektkommission: Altägyptische Kursivschriften]

Dietz, Dr. phil. Ute Luise, E-Mail: dietz@em.uni-frankfurt.de, privat: Wibbeltweg 11, 48366 Laer, Tel.: 02554/921702 [Projektkommission: Forschungskontinuität – Kontinuitätsforschung]

Fiedler, Dr. Lutz, Moses Mendelssohn Zentrum für europäisch-jüdische Studien e.V., Am Neuen Markt 8, 14467 Potsdam, Tel.: 0331/28094-22, E-Mail: fiedler9@uni-potsdam.de [Projektkommission: Buber-Korrespondenzen Digital]

Fischer-Elfert, Prof. Dr. Hans-Werner, Ägyptologisches Institut der Universität Leipzig, Georg Steindorff, Goethestraße 2, 04109 Leipzig, Tel.: 0341/97-37010-11 E-Mail: fischere@rz.uni-leipzig.de [Projektkommission: Altägyptische Kursivschriften]

Frankenberg, Dr. rer. nat., Dr. h. c. Peter, o. Professor, Vorstand Heinrich-Vetter-Stiftung, Goethestr. 11, 68549 Ilversheim, Tel.: 0621/23366, Fax: 0621/155315, E-Mail: hvstiftung@aol.com, privat: Salinenstr. 55, 67098 Bad Dürkheim, Tel.: 06322/65843 [Kommission für Bio- und Geowissenschaften]

Gilles, Dr. Peter, Professor, Université du Luxembourg, Maison des Sciences Humaines, 11, Porte des Sciences, L-4366 Esch-sur-Alzette, Tel.: 00352/4666446383, E-Mail: peter.gilles@uni.lu [Projektkommission: Digitales Familiennamenwörterbuch Deutschlands]

Glaser, Dr. Elvira, Professorin, Universität Zürich, Deutsches Seminar, Schönberggasse 9, 8001 Zürich, Tel.: 0041/(0)44/6342562, Fax: 0041/(0)44/6344905, E-Mail: eglaser@ds.uzh.ch [Projektkommission: Digitales Familiennamenwörterbuch Deutschlands; Regionalsprache.de (REDE)]

Goldblum-Krause, Dr. Sonia, Professorin, Mulhouse – Université de Haute-Alsace – Faculté des lettres et sciences humaines, 10, rue des Frères Lumière, 68093 Mulhouse Cedex, Frankreich, E-Mail: sonia.goldblum-krause@uha.fr [Projektkommission: Buber-Korrespondenzen Digital]

Gölz, Dr. Tanja, Akademie der Wissenschaften und der Literatur, Geschwister-Scholl-Str. 2, 55131 Mainz, Tel.: 06131/577-240, E-Mail: tanja.goelz@adwmainz.de [Kommission für Musikwissenschaft]

Haas, Dr. phil. Walter, em. o. Professor, Department für Germanistik, Universität Freiburg/Schweiz, Tel.: 0041/26/3231580, E-Mail: walter.haas@unifr.ch, privat: Stalden 12, 1700 Freiburg, Schweiz [Projektkommission: regionalsprache.de (REDE)]

Haug, Dr. Andreas, Professor, Lehrstuhl für Musikwissenschaft II, Institut für Musikforschung, Julius-Maximilians-Universität, Domerschulstraße 13, 97070 Würzburg, Tel.: 0931/318-4218, E-Mail: andreas.haug@uni-wuerzburg.de, privat: Petrinistraße 22, 97080 Würzburg [Kommission für Musikwissenschaft]

Haustein, Dr. Jens, Professor, Friedrich-Schiller-Universität Jena, Institut für Germanistische Literaturwissenschaft, Frommannsches Anwesen, Fürstengraben 18, 07743 Jena, Tel.: 03641/9-44250, Fax: 03641/9-44252, E-Mail: jens-dieter.haustein@uni-jena.de [Projektkommission für das Mittelhochdeutsche Wörterbuch]

Helbig, Dr. Holger, Professor, Universität Rostock, Institut für Germanistik, Gertrudenstraße 11, Torhaus, 18057 Rostock, Tel.: 0381/498-2540, Fax: 0381/498-2542, E-Mail: holger.helbig@uni-rostock.de [Projektkommission: Propyläen. Forschungsplattform zu Goethes Biographica]

Holtmeier, Dr. rer. nat. Friedrich-Karl, Universitätsprofessor, Institut für Landschaftsökologie, Robert-Koch-Str. 26, 48149 Münster, Tel.: 0251/833994, Fax: 0251/8331970, E-Mail: holtmei@uni-muenster.de, privat: Dionysiusstr. 6, 48329 Havixbeck, Tel.: 02507/7741 [Kommission für Bio- und Geowissenschaften]

Holtus, Dr. Günter, Professor, Seminar für Romanische Philologie der Universität Göttingen, Humboldtallee 19, 37073 Göttingen, Tel.: 0551/398-996, -145, Fax: 0551/395667, E-Mail: gholtus@uni-goettingen.de [Projektkommission: Lessico Etimologico Italiano]

Holzhauser, Dr. Hanspeter, Universität Zürich, Winterthurerstr. 190, I63 G23, 8057 Zürich, Schweiz, Tel.: 0041/44/6355166, Fax: 0041/44/6355906, E-Mail: holhans@ethz.ch, privat: Ahornstr. 38, 8051 Zürich, Schweiz, Tel.: 0041/44/3229953 [Kommission für Bio- und Geowissenschaften]

Hundius, Dr. phil., Dr. h.c. Harald, o. Professor, privat: Am Vogelfelsen 8, 94036 Passau, Tel./Fax: 0851/55840, E-Mail: laomanuscipts@gmail.com [Fachgruppenkommission für Außereuropäische Sprachen und Kulturen]

Kahl, Dr. Jochem, Professor, Ägyptologisches Seminar der Freien Universität Berlin, Fabeckstr. 23-25, 14195 Berlin, Tel.: 030/838-56784, E-Mail: Jochem.Kahl@fu-berlin.de; kahlj@zedat.fu-berlin.de [Projektkommission: Altägyptische Kursivschriften]

Kaiser, Dr. Anna-Bettina, LL.M., Professorin, Humboldt-Universität zu Berlin, Juristische Fakultät, Professur für Öffentliches Recht und Grundlagen des Rechts, Unter den Linden 6, 10099 Berlin, Tel.: 030/2093-3682 (Sekr.), 030-2093-3579, Fax: 030 2093-3430, E-Mail: anna-bettina.kaiser@rewi.hu-berlin.de [Projektkommission Hans-Kelsen-Werke]

Kilcher, Dr. Andreas, Professor, ETH Zürich, RZ H 1.2, Clausiusstrasse 59, 8092 Zürich, Schweiz, Tel. +41/44 632 79 20, E-Mail: akilcher@ethz.ch, [Projektkommission: Buber-Korrespondenzen Digital]

Klinger, Dr. phil. Jörg W., Professor, Freie Universität Berlin, Fachbereich Geschichts- und Kulturwissenschaften, Institut für Altorientalistik, Fabeckstr. 23-25, 14195 Berlin, Tel.: 030/83852758, E-Mail: j.klinger@fu-berlin.de [Projektkommission: Corpus der Hethitischen Festrituale]

Kramer, Dr. phil. Johannes, Universitätsprofessor, Universität Trier, FB II (Romanistik), 54286 Trier, Tel.: 0651/201-2215, -2222, Fax: 0651/201-3929, E-Mail: kramerj@uni-trier.de, privat: Am Trimmelter Hof 68, 54296 Trier, Tel.: 0651/45515, Fax: 0651/180782 [Projektkommission: Lessico Etimologico Italiano]

Marynissen, Dr. Ann, Professorin, Universität zu Köln, Philosophische Fakultät, Lindenthalgürtel 15a, 50935 Köln, Tel.: 0221/470-4161, E-Mail: ann.marynissen@uni-koeln.de [Projektkommission: Das Digitale Familiennamenwörterbuch Deutschlands]

Neumann, Dr. Dres. h.c. Ulfrid, Prof. em., Goethe-Universität Frankfurt am Main, Fachbereich Rechtswissenschaft, Institut für Kriminalwissenschaften und Rechtsphilosophie, Postfach 11 19 32, 60629 Frankfurt am Main, E-Mail: U.Neumann@jur.uni-frankfurt.de [Projektkommission Hans-Kelsen-Werke]

Oettinger, Dr. phil. Norbert, Professor, Friedrich-Alexander-Universität Erlangen-Nürnberg, Institut für Vergleichende Indogermanische Sprachwissenschaft, Kochstr. 4, 91054 Erlangen, Tel.: 09131/85-24850, Fax: 09131/85-26390, E-Mail: Norbert.Oettinger@ig.phil.uni-erlangen.de, privat: Im Herrengarten 5, 91054 Buckenhof, Tel.:

09131/51792, E-Mail: norbert@oettinger-online.de [Projektkommission Corpus der Hethitischen Festrituale]

Schmidt, Dr. Peter, Professor, Kunstgeschichtliches Seminar, Universität Hamburg, Edmund-Siemers-Allee 1, 20146 Hamburg, Tel.: 040/42838-3262, Fax: 040/42838 -6279, E-Mail: peter.schmidt-2@uni-hamburg.de [Projektkommission: Handschriftencensus]

Schröder, Dr. Ingrid, Professorin, Universität Hamburg, Institut für Germanistik, Fachbereich Sprache, Literatur, Medien I, Von-Melle-Park 6, 20146 Hamburg, Tel.: 040/42838-2723, Fax: 040/42838-3553, E-Mail: ingrid.schroeder@uni-hamburg.de [Projektkommission: regionalsprache.de (REDE)]

Schubert, Dr. phil. Giselher, Professor, Sertürner Str. 25, 31785 Hameln, E-Mail: gis. bert@t-online.de [Kommission für Musikwissenschaft]

Schulte, Dr. Petra, Professorin, Lehrstuhl für Mittelalterliche Geschichte, Universität Trier, Tel.: 0651/201-3136, E-Mail: schultep@uni-trier.de [Projektkommission: Deutsche Inschriften; Regesta Imperii]

Speer, Dr. Andreas, Professor, Universität zu Köln, Thomas-Institut, Universitätsstraße 22, 50923 Köln, Tel.: 0221/4702309, Fax: 0221/4705011, E-Mail: andreas.speer@uni-koeln.de [Projektkommission: Die Schule von Salamanca]

Spieß, Dr. Karl-Heinz, Professor, Lehrstuhl für Allgemeine Geschichte des Mittelalters, Universität Greifswald, Domstraße 9a, 17487 Greifswald, E-Mail: spiess@uni-greifswald.de [Projektkommission: Regesta Imperii / Die Deutschen Inschriften]

Stäcker, Dr. Thomas, Professor, Direktor der Universitäts- und Landesbibliothek Darmstadt, Magdalenenstr. 8, 64289 Darmstadt, Tel.: 06151/16-76200, E-Mail: direktion@ulb.tu-darmstadt.de [Projektkommission: Buber-Korrespondenzen Digital]

Thier, Dr. Andreas, Professor, Lehrstuhl für Rechtsgeschichte, Kirchenrecht, Rechtstheorie und Privatrecht, Universität Zürich, Rämistrasse 74/11, 8001 Zürich, Tel.: 0041/(0)44/6343034, Fax: 0041/(0)44/6344944, E-Mail: lst.thier@rwi.uzh.ch, Sekretariat Tel.: 0041/(0)44/6343034, Fax: 0041/(0)44/6344944 [Projektkommissionen: Europäische Religionsfrieden Digital; Die Schule von Salamanca]

Thums, Dr. Barbara, Univ.-Professorin, Johannes Gutenberg-Universität, Neuere Deutsche Literaturgeschichte 4, Jakob-Welder-Weg 18, 55128 Mainz, Tel.: 06131/39-22575, E-Mail: thums@uni-mainz.de [Kommission für die Poetik-Dozentur]

Ubl, Dr. Karl, Professor, Lehrstuhl für Geschichte des Mittelalters, Historisches Institut, Universität zu Köln, Albertus-Magnus-Platz, 50923 Köln, Tel.: 0221/4702717, E-Mail: karl.ubl@uni-koeln.de [Projektkommission: Regesta Imperii / Die Deutschen Inschriften]

Veit, Dr. phil Joachim, Professor, Musikwissenschaftliches Seminar Detmold/Paderborn, Gartenstraße 20, 32756 Detmold, Tel.: 05231/975-663, Fax: 05231/975-668, E-Mail: jveit@mail.uni-paderborn.de [Kommission für Musikwissenschaft]

Wallmoden, Thedel von, Verleger, Wallstein Verlag GmbH, Geiststr. 11, 37073 Göttingen, Tel.: 0551/54898-0, Fax: 0551/54898-33, E-Mail: tvwallmoden@wallstein-verlag.de, privat: Merkelstr. 9, 37085 Göttingen, Tel.: 0551/55105 [Kommission für „Die Mainzer Reihe"]

Westphal, Dr. Siegrid, Professorin, Forschungszentrum Institut für Kulturgeschichte der Frühen Neuzeit (IKFN), Universität Osnabrück, An der Katharinenkirche 8a, 49074 Osnabrück, Tel.: (0 541) 969 4418, E-Mail: siegrid.westphal@uni-osnabrueck.de [Projektkommission: Europäische Religionsfrieden Digital (EuReD)]

JUNGE AKADEMIE

Mit der Jungen Akademie | Mainz fördert die Akademie den wissenschaftlichen und künstlerischen Nachwuchs. Wissenschaftlerinnen und Wissenschaftler sowie Musik- und Literaturschaffende, die sich in einer frühen Karrierephase befinden, werden in Anerkennung ihrer bisherigen herausragenden wissenschaftlichen und künstlerischen Leistungen für die Dauer von vier Jahren in die Junge Akademie aufgenommen und in ihrer weiteren akademischen Laufbahn unterstützt. Ihre fachliche Zuordnung entspricht der Struktur der Gelehrtengesellschaft und deckt mit Geistes- und Sozialwissenschaften, Mathematik und Naturwissenschaften sowie Literatur und Musik das gesamte Spektrum der Akademie ab.

Der Grundgedanke des Formats ist in seinem interdisziplinären und integrativen Charakter wiederzufinden. Die Mitglieder der Jungen Akademie nehmen aktiv an den Akademiesitzungen teil und tauschen sich bei Vorträgen, Diskussionen und Symposien mit den Mitgliedern der Gelehrtengesellschaft aus. Dieser einzigartige Dialog findet nicht nur über die Generationen hinweg statt, sondern spiegelt sich auch über die Fächer hinaus in den Formaten und Aktivitäten der Jungen Akademie wider. Die Mitglieder haben die Möglichkeit, ihr wissenschaftliches Netzwerk über das eigene Fach hinaus auszuweiten und in interdisziplinären Arbeitsgruppen an selbstgewählten Forschungsfragen zu arbeiten. Die Ergebnisse werden der Öffentlichkeit unter anderem im Rahmen von Symposien, Podiumsdiskussionen, digitalen Texten und Publikationen in der Schriftenreihe der Jungen Akademie | Mainz, aber auch in Science Slams, Ausstellungen und Gesprächskonzerten vorgestellt.

Die Junge Akademie ist auch lokal und überregional vernetzt, u. a. mit den anderen Jungen Akademien und Kollegs in Deutschland sowie im Rahmen des Netzwerkes Junge Wissenschaft | Mainz, das die Junge Akademie und die Johannes Gutenberg-Universität Mainz initiiert haben. Weitere Kooperationen bestehen u. a. mit der Gutenberg Graduate School of Humanities and Social Sciences und mit der Werner Reimers Stiftung in Bad Homburg, die im Rahmen der jährlich stattfindenden Reimers Tage die Junge Akademie in ihren Räumlichkeiten willkommen heißt und den wissenschaftlichen Austausch fördert.

Nach der Startfinanzierung durch die Fritz Thyssen Stiftung wird die Junge Akademie | Mainz vom rheinland-pfälzischen Wissenschaftsministerium getragen. Der Minister für Wissenschaft und Gesundheit, Clemens Hoch, hat die Schirmherrschaft inne. Von 2016 bis 2020 zählte die Junge Akademie 36 Mitglieder, ab 2020 sind 50 Mitglieder aktiv, wobei die Alumni und Alumnae auch weiterhin im Akademiegeschehen eingebunden bleiben.

Koordination: Dr. Aglaia Schieke (aglaia.schieke@adwmainz.de)

Mitglieder

Antomo, Prof. Dr. Jennifer (geb. 21.6.1986); Hochschule Mainz, Fachbereich Wirtschaft, Lucy-Hillebrand-Str. 2, 55128 Mainz, E-Mail: jennifer.antomo@hs-mainz.de
Fachgebiet: Rechtswissenschaft | Forschungsschwerpunkte: Internationales Privat- und Verfahrensrecht, Rechtsvergleichung, Familienrecht

Bettinger, Prof. Dr. Patrick (geb. 8.8.1984); Otto-von-Guericke-Universität Magdeburg, Fakultät für Humanwissenschaften, Universitätsplatz 2, 39106 Magdeburg, E-Mail: patrick.bettinger@ovgu.de
Fachgebiet: Erziehungswissenschaft/Medienpädagogik | Forschungsschwerpunkte: Qualitative Methodologien und Methoden der Sozial- und Medienforschung, pädagogische Medientheorie, medienpädagogische Subjektivierungsforschung

Blossfeld, Dr. Pia (geb. 21.10.1987); University of Innsbruck, Universitätsstraße 15, A-6020 Innsbruck, E-Mail: pia.blossfeld@uibk.ac.at
Fachgebiet: Soziologie | Forschungsschwerpunkte: Soziale Ungleichheit, Bildung, Arbeitsmarkt

Borek, Dr. Luise (geb. 16.2.1982); Technische Universität Darmstadt, Institut für Sprach- und Literaturwissenschaft, Dolviostraße 15, 64293 Darmstadt, E-Mail: luise.borek@tu-darmstadt.de
Fachgebiete: Germanistische Mediävistik und Computerphilologie | Forschungsschwerpunkte: Artusdichtung, Editionsphilologie, Lexikografie

Breiding, Prof. Dr. Paul (geb. 12.5.1988); Universität Osnabrück, Fachbereich Mathematik/Informatik, Albrechtstr. 28a, 49076 Osnabrück, E-Mail: pbreiding@uni-osnabrück.de
Fachgebiet: Mathematik | Forschungsschwerpunkte: Nichtlineare Algebra, Numerische Analysis, Geometrische Wahrscheinlichkeitstheorie

Burnautzki, Prof. Dr. Sarah (geb. 25.8.1984); Universität Heidelberg, Romanisches Seminar, Seminarstr. 3, 69117 Heidelberg, E-Mail: sarah.burnautzki@rose.uni-heidelberg.de
Fachgebiet: Romanistik | Forschungsschwerpunkte: Frankophone Literaturen Afrikas, Lateinamerikanische Literaturen, Postkoloniale Theorien

Campbell, Paul-Henri (geb. 1982), E-Mail: paulhenri.campbell@googlemail.com
Fachgebiet: Literatur

Champollion, Elisabeth (geb. 4.9.1984); E-Mail: cs.elisabeth@gmail.com, http://www.elisabethchampollion.de/

Fachgebiet: Musik, Blockflöte | Forschungsschwerpunkte: Genreüberwindende klassische Konzertformate, Verbindung von Alter und Neuer Musik, Publikumsforschung

Contzen, Prof. Dr. Eva von (geb. 16.8.1984); Albert-Ludwigs-Universität Freiburg, Englisches Seminar, Rempartstr. 15, 79085 Freiburg i. Br., E-Mail: eva.voncontzen@anglistik.uni-freiburg.de
Fachgebiete: Englische Literaturwissenschaft, mittelalterliche Literatur | Forschungsschwerpunkte: Historische Erzählforschung, Listen und Aufzählungen in literarischen Texten, kognitive Literaturwissenschaft

Cordes, Prof. Dr. Lisa (geb. 31.5.1986); Humboldt-Universität zu Berlin, Institut für Klassische Philologie, Unter den Linden 6, 10099 Berlin, E-Mail: lisa.cordes@hu-berlin.de
Fachgebiet: Klassische Philologie – Latinistik | Forschungsschwerpunkte: Antike Konzeption von Fiktion, *persona* und Autorenschaft, Literarische Repräsentation römischer Herrscher und Poesie der Kaiserzeit, Gender Studies in den Altertumswissenschaften

Eisentraut, Julia (geb. 6.1.1993); Technische Universität München, Fakultät für Informatik 17, Boltzmannstraße 3, 85748 Garching bei München
Fachgebiet: Informatik | Forschungsschwerpunkte: IT-Sicherheit, formale Methoden, Verifikation

Ferella, Dr. Chiara (geb. 3.3.1982); Frühe Konzepte von Mensch und Natur: Universalität, Spezifität, Tradierung, GRK 1876, Johannes Gutenberg-Universität, Hegelstr. 59, 55122 Mainz, E-Mail: ferella@uni-mainz.de
Fachgebiet: Klassische Philologie – Gräzistik | Forschungsschwerpunkte: Altgriechische Literatur, altgriechische Philosophie, Metapherntheorien

Fischer, Prof. Dr. Hanna (geb. 22.4.1983); Universität Rostock, Institut für Germanistik, Kröpeliner Straße 57, 18055 Rostock, E-Mail: h.fischer@uni-rostock.de
Fachgebiet: Germanistische Sprachwissenschaft | Forschungsschwerpunkte: Dialektologie und Regionalsprachenforschung, Historische Linguistik, Tempus-Aspekt-Modus-Systeme der germanischen Sprachen

Günther, Dr. Felix (geb. 10.3.1989); Technische Universität Berlin, Institut für Mathematik MA 8–3, Straße des 17. Juni 136, 10623 Berlin, E-Mail: fguenth@math.tu-berlin.de
Fachgebiet: Mathematik | Forschungsschwerpunkte: Diskrete Differentialgeometrie und diskrete komplexe Analysis

Guse, Juan Sebastian (geb. 11.10.1989); Universität Hannover, Institut für Soziologie, Im Moore 21, 30167 Hannover, E-Mail: j.guse@ish.uni-hannover.de

Fachgebiete: Literatur, Soziologie | Forschungsschwerpunkte: Soziologie der Bewertung, Multilaterale Organisationen, Videospiele

Hegenbart, Dr. Sarah; Technische Universität München, Fakultät für Architektur, Lehrstuhl für Theorie und Geschichte von Architektur, Kunst und Design, Arcisstraße 21, 80333 München, E-Mail: sarah.hegenbart@tum.de
Fachgebiete: Kunstgeschichte, Philosophie | Forschungsschwerpunkte: Zeitgenössische Kunst und Ästhetik, Kunst der Schwarzen Diaspora, Dekolonisation, Museale und kuratorische Praxis

Hein, Prof. Nicola (geb. 15.12.1988), Professur für digitale Kreation an der Musikhochschule Lübeck
Fachgebiete: Musik, Klangkunst, Musikphilosophie | Forschungsschwerpunkte: Klangkunst, Critical Improvisation Studies, Sound Studies, Philosophie der Technologie und der künstlichen Intelligenz

Hock, Dr. Jonas (geb. 30.12.1987); Universität Regensburg, Institut für Romanistik, Universitätsstraße 31, 93053 Regensburg, E-Mail: jonas.hock@ur.de
Fachgebiet: Romanistik | Forschungsschwerpunkte: Französische Literatur des 18.–20. Jahrhunderts, Barockforschung, Mediterranistik

Hofmann, Prof. Dr. Andrea (geb. 14.6.1983); Professorin für Kirchen- und Theologiegeschichte an der Theologischen Fakultät der Universität Basel, Nadelberg 10, 4051 Basel, Schweiz, E-Mail: andreagabriele.hofmann@unibas.ch
Fachgebiet: Theologie, Kirchengeschichte | Forschungsschwerpunkte: Reformation und Musik, Theologie im Ersten Weltkrieg, Frauen und Frömmigkeit in der Frühen Neuzeit

Hübner, Paul (geb. 10.5.1985); privat: Rigaer Str. 38, 10247 Berlin, E-Mail: paulhuebner@gmx.com
Fachgebiet: Musik | Forschungsschwerpunkte: Zeitgenössische Musik, Kulturelle Bildung

Kersten, Jun.-Prof. Dr. Markus (geb. 15.5.1986); Institut für Altertumswissenschaften, Johannes Gutenberg-Universität Mainz, Jakob-Welder-Weg 18, 55122 Mainz, E-Mail: mkersten@uni-mainz.de
Fachgebiet: Klassische Philologie | Forschungsschwerpunkte: Antike Epik, spätrömische Dichtung

Köhler, Jun.-Prof. Dr. Kristina (geb. 8.3.1981); Universität zu Köln; Kunsthistorisches Institut, Albertus-Magnus-Platz, 50923 Köln, E-Mail: k.koehler@uni-koeln.de

Fachgebiet: Filmwissenschaft | Forschungsschwerpunkte: Frühes Kino und Filmgeschichte, insbesondere 19. und frühes 20. Jahrhundert, Theorie- und Wissensgeschichte des Films, Medienarchäologie und Medienwandel

Lang, Jun.-Prof. Dr. Christine (geb. 26.8.1984); Juniorprofessorin für Sozialgeographie und Reflexive Migrationsforschung, Institut für Geographie, Universität Osnabrück, Seminarstr. 19a/b, 49069 Osnabrück, E-Mail: christine.lang@uos.de
Fachgebiet: Soziologie | Forschungsschwerpunkte: Migration, Organisationen, Städte

Lohmann, Dr. Sophie (geb. 26.1.1995); IREES GMBH, Durlacher Allee 77, 76131 Karlsruhe, E-Mail: s.lohmann@irees.de
Fachgebiet: Psychologie | Forschungsschwerpunkte: Motivation, Soziale Medien, Nachhaltigkeitsverhalten

Lorenz-Sinai, Prof. Dr. Friederike (geb. 20.7.1983); Methoden der Sozialen Arbeit und Sozialarbeitsforschung, Fachbereich Sozial- und Bildungswissenschaften, Fachhochschule Potsdam, University of Applied Sciences, Kipenheuerallee 5, Raum HA5 220, 14469 Potsdam, E-Mail: friederike.lorenz-sinai@fh-potsdam.de
Fachgebiet: Erziehungswissenschaft | Forschungsschwerpunkte: (Sexualisierte) Gewalt in Institutionen und Prozesse ihrer Aufarbeitung, Antisemitismus an Schulen

Loy, Prof. Dr. Benjamin (geb. 10.2.1987); Professor für Romanische Literaturwissenschaft (Iberoromanische Literaturwissenschaft mit Schwerpunkt Lateinamerika) am Institut für Romanische Philologie der Ludwig-Maximilians-Universität München, E-Mail: benjamin.dominique.loy@univie.ac.at
Fachgebiet: Romanistik | Forschungsschwerpunkte: Französisch- und spanischsprachige Literaturen (1750–Gegenwart), Gesellschaftsnarrative, Intertextualität

Meersch-Dini, Prof. Dr. med. Melanie (geb. 14.2.1980); Universitätsklinikum Münster, Klinik für Anästhesiologie, operative Intensivmedizin und Schmerztherapie, Albert-Schweizer-Campus 1, Gebäude A1, 48149 Münster, E-Mail: meersch@uni-muenster.de
Fachgebiet: Medizin | Forschungsschwerpunkt: Translationale Forschung der akuten Nierenschädigung in der Intensivmedizin

Meixner, Dr. Sebastian (geb. 9.8.1987); Universität Zürich, Deutsches Seminar, Schönberggasse 9, 8001 Zürich, Schweiz, E-Mail: sebastian.meixner@ds.uzh.ch
Fachgebiet: Germanistik: Literaturwissenschaft | Forschungsschwerpunkte: Narratologie, Rhetorik, Literatur und Ökonomie, Literatur des 18. und 19. Jahrhunderts

Meuer, Dr. Marlene; Alfried Krupp Wissenschaftskolleg Greifswald, Martin-Luther-Straße 14, 17489 Greifswald, E-Mail: marlene.meuer@wiko-greifswald.de

Fachgebiete: Literatur- und Kulturwissenschaft | Aktuelle Forschungsschwerpunkte: Ideengeschichte, Avantgardeforschung, Literarische Gegenwartskünste (insb. Sprachkunst und technisierte Kommunikation/Digitalität), Interart-Studies

Penke, Dr. Niels (geb. 18.9.1981); Universität Siegen, Germanistisches Seminar, Hölderlinstr. 3, 57068 Siegen, E-Mail: penke@germanistik.uni-siegen.de
Fachgebiet: Germanistik: Literaturwissenschaft | Forschungsschwerpunkte: Theorie und Geschichte des Populären, Literatur um 1800, Fantasy

Pohlit, Dr. Stefan (geb. 21.8.1976); privat: Alter Neustadter Weg 43, 67454 Haßloch/Pfalz, E-Mail: info@stefanpohlit.com
Fachgebiete: Komposition, Musiktheorie, Musikethnologie | Forschungsschwerpunkte: Nahöstliche Musik, Mikrotonalität, Kulturanthropologie

Repke, Dr. Lydia (geb. 9.12.1986); GESIS – Leibniz-Institut für Sozialwissenschaften, Postfach 122155, 68072 Mannheim, E-Mail: Lydia.Repke@gesis.org
Fachgebiet: Umfragemethodik | Forschungsschwerpunkte: Soziale Netzwerke, Multikulturalität, Fragebogendesign

Riehl, Dr. Torben (geb. 30.6.1982); Senckenberg Gesellschaft für Naturforschung, Abteilung Marine Zoologie, Sektion Crustaceen, Senckenberganlage 25, 60325 Frankfurt a. M., E-Mail: triehl@senckenberg.de
Fachgebiet: Meeresbiologie | Forschungsschwerpunkte: Tiefsee-Biodiversität, Krebstier-Taxonomie

Rößner, Ass.-Prof. Dr. Lic. Christian (geb. 19.7.1983); Lehrstuhl für Philosophie, Theologische Fakultät Trier, Universitätsring 19, 54296 Trier, E-Mail: roessner@uni-trier.de
Fachgebiet: Philosophie | Forschungsschwerpunkte: Philosophische Theologie, Metaphysik, Religionsphilosophie

Saeedi, Dr. Hanieh (geb. 12.6.1983); Senckenberg Institut für Naturforschung, Department of Marine Zoology, Crustaceans, Senckenberganlage 25, 60325 Frankfurt a. M., E-Mail: hanieh.saeedi@senckenberg.de
Fachgebiet: Meeresbiologie | Forschungsschwerpunkte: Marine Biodiversität und Biogeographie, Digitalisierung von Museumssammlungen, Biodiversitätsinformatik (Big Data-Analysen)

Salzmann, Dr. Miriam (geb. 23.12.1987); Johannes Gutenberg-Universität Mainz, FB 07: Geschichts- und Kulturwissenschaften, Historisches Seminar, Jakob-Welder-Weg 18, 55099 Mainz, E-Mail: msalzman@uni-mainz.de

Fachgebiet: Byzantinistik | Forschungsschwerpunkte: Spätmittelalterliches Zypern, Byzanz und der Westen, Übersetzungen

Schafföner, Prof. Dr.-Ing. Stefan, Universität Bayreuth, Fakultät für Ingenieurwissenschaften, Lehrstuhl Keramische Werkstoffe, Prof. Rüdiger-Bormann-Straße 1, 95447 Bayreuth, E-Mail: stefan.schaffoener@uni-bayreuth.de, http://www.cme-keramik.uni-bayreuth.de/
Fachgebiete: Materialwissenschaft und Werkstofftechnik

Spitra, Dr. Sebastian M., LL.M. (geb. 7.10.1989); Universität Wien, Institut für Rechts- und Verfassungsgeschichte, Schottenbastei 10–16, Stiege 2, 3. Stock, 1010 Wien, Österreich, E-Mail: sebastian.spitra@univie.ac.at
Fachgebiet: Rechtswissenschaft, Rechtsgeschichte | Forschungsschwerpunkte: Ideengeschichte des Rechts, (Post)koloniale Rechtswissenschaft, Geschichte des internationalen Rechts

Štajner, Tamara (geb. 6.9.1987); privat: Mariahilfer Straße 117/3/34, 1060 Wien, Österreich, E-Mail: stajner.tamara@gmail.com
Fachgebiete: Musik, Literatur, performative Künste | Forschungs- und künstlerische Schaffensschwerpunkte: Neue Musik, Kunstanthropologie, Instrumentalmusiker*innen als Performer*innen an den Schnittstellen zu den anderen Künsten, Literatur als musikalisch-performatives Ereignis

Stumpf, PD Dr. Sören (geb. 25.7.1987); Ludwig-Maximilians-Universität München, Institut für Deutsche Philologie, Schellingstraße 3, 80799 München, E-Mail: soeren.stumpf@lmu.de
Fachgebiet: Germanistische Linguistik | Forschungsschwerpunkte: Wortbildung, Pragmatik, Kognitive Linguistik

Tamborini, Dr. Marco (geb. 24.11.1986); Technische Universität Darmstadt, Fachbereich Gesellschafts- und Geschichtswissenschaften, Institut für Philosophie, Karolinenplatz 5, 64289 Darmstadt, E-Mail: marco.tamborini@tu-darmstadt.de
Fachgebiet: Wissenschaftsgeschichte und -philosophie | Forschungsschwerpunkte: Allgemeine Wissenschaftstheorie und -Geschichte, Geschichte und Philosophie der Biologie, Paläontologie, Technowissenschaften und Architektur vom 19. Jahrhundert bis zur Gegenwart

Temmen, Dr. Jens (geb. 25.2.1985); Heinrich-Heine-Universität Düsseldorf, English Department, Abteilung für American Studies, Anglistik II, 40225 Düsseldorf, E-Mail: jens.temmen@hhu.de
Fachgebiet: Amerikanische Literatur und Kultur | Forschungsschwerpunkte: U.S. Im-

perialismus, Posthumanismus, Transnational American Studies, Kritische Weltraumforschung

Theis, Dr. phil. habil. Christoffer (geb. 24.2.1984); Ägyptologisches Institut, Kroch-Hochhaus, Goethestr. 2, 04109 Leipzig, E-Mail: Christoffer_Theis@web.de, https://uni-leipzig1.academia.edu/ChristofferTheis
Fachgebiete: Ägyptologie und Theologie | Forschungsschwerpunkte: Anwendung digitaler Ressourcen in den Altertumswissenschaften (Digital Humanities), Beziehungen Ägyptens zum Vorderen Orient, die Bibel im Kontext ihrer altorientalischen Umwelt, Religion, Rituale und Magie im diachronen Vergleich, Sprachvergleich und Sprachentwicklung vom Altägyptischen bis zum Koptischen; Lehnworte in Nachbarkulturen

Tranchina, Dr. Antonino (geb. 22.5.1985); Bibliotheca Hertziana – Max Planck-Institut für Kunstgeschichte, Via Gregoriana 28, 00187 Rom, Italien, E-Mail: tranchina@biblhertz.it
Fachgebiet: Kunstgeschichte | Forschungsschwerpunkte: Mittelalterliche Sakralarchitektur und ihre Beziehung mit der natürlichen Umgebung und der Landschaft als Kultur- und Gedächtnisträger, Kultureller Austausch im mittelalterlichen Mittelmeerraum, Auswirkung der griechisch-christlichen Bildkultur im frühneuzeitlichen Europa

Unger, Dr. Veronika (geb. 30.7.1983); Regesta Imperii Erlangen, Lehrstuhl für Mittelalterliche Geschichte und Historische Hilfswissenschaften, Kochstraße 4/BK 9, 91054 Erlangen, E-Mail: veronika.unger@fau.de
Fachgebiet: Mittelalterliche Geschichte | Forschungsschwerpunkte: Historische Hilfswissenschaften und Grundlagenforschung, Papstgeschichte, Digitale Geschichtswissenschaft

Wassiliwizky, Dr. Eugen (geb. 28.3.1985); Max-Planck-Institut für empirische Ästhetik, Abteilung Sprache & Literatur, Raum 348, Grüneburgweg 14, 60322 Frankfurt am Main, E-Mail: eugen.wassiliwizky@ae.mpg.de
Fachgebiete: Psychologie, Neurowissenschaften | Forschungsschwerpunkte: Empirische Ästhetik, Emotionen, Psychophysiologie

Weidenholzer, Anna (geb. 21.1.1984); E-Mail: aw@annaweidenholzer.at
Fachgebiet: Literatur

Weißmann, Dr. Tobias Christian (geb. 26.7.1985); Johannes Gutenberg-Universität, Institut für Kunstgeschichte und Musikwissenschaft (IKM), Abteilung Musikwissenschaft, 55099 Mainz, E-Mail: tobias.weissmann@uni-mainz.de
Fachgebiete: Kunstgeschichte, Musikwissenschaft | Forschungsschwerpunkte: Intermedialität von bildender Kunst und Musik in der Frühen Neuzeit, Wechselwirkungen

zwischen Sakralarchitektur, Ritus und Musik in Mittelalter und Früher Neuzeit, Verhandlung interreligiöser Wahrnehmung in den Künsten vom 17. bis 19. Jahrhundert

Wetenkamp, Jun.-Prof. Dr. Lena (geb. 20.7.1983); Universität Trier, Fachbereich II Germanistik, Neuere deutsche Literaturwissenschaft, 54286 Trier, E-Mail: wetenkamp@uni-trier.de
Fachgebiet: Germanistik: Literaturwissenschaft | Forschungsschwerpunkte: Literarische Europa-Diskurse, Literatur und Medialität, Diskurse zu Gewalt, Postmemory und Trauma

Willeke, Dr. Stephanie (geb. 14.4.1986); Universität Paderborn, Institut für Germanistik und Vergleichende Literaturwissenschaft, Warburger Straße 10, 33098 Paderborn, E-Mail: willeke@mail.uni-paderborn.de
Fachgebiet: Germanistik: Literaturwissenschaft | Forschungsschwerpunkte: Krieg und Terrorismus in der Gegenwartsliteratur, Literarische Figurationen der Störung, Fragen der Literatur- und Kulturtheorie, besonders im Zusammenhang von Diskursanalyse, Narratologie, Transkulturalität, Erinnerungstheorien und Poetologien des Wissens

Alumni und Alumnae der Jungen Akademie

Asano, Prof. Dr. Yuki
(geb. 11. Januar 1984) E-Mail: yuki.asano@imc.hokudai.ac.jp, https://www.imc.hokudai.ac.jp/rfmc/teacher/002364.html; Fachgebiet: Psycholinguistik

Bauer, Dr. Martin
E-Mail: martin.m.bauer@durham.ac.uk; Fachgebiet: Physik

Berning, Dr. Nora
Fachgebiet: Literatur- und Kulturwissenschaft

Brockstieger, Dr. Sylvia
(geb. 19. März 1982) E-Mail: sylvia.brockstieger@gs.uni-heidelberg.de, https://www.gs.uni-heidelberg.de/ndl/werle/mitarbeiter/brockstieger.html; Fachgebiet: Germanistik

Caetano da Rosa, Dr. Catarina
(geb. 12. März 1973) E-Mail: ccdarosa@friedrich-nietzsche-stiftung.de; Fachgebiet: Kultur- und Technikgeschichte

Cecchet, Dr. Lucia
(geb. 2. April 1983) E-Mail: lucia.cecchet@unimi.it, http://www.studistorici.unimi.it/ecm/home/docenti/lucia-cecchet; Fachgebiet: Alte Geschichte

Docter, Dr. rer. nat. Dominic
(geb. 28. Dezember 1982) E-Mail: docter@uni-mainz.de, Fachgebiet: Biologie

Duden, Dr. iur. Konrad, LL.M.
(geb. 1. April 1983) E-Mail: duden@mpipriv.de; Fachgebiet: Rechtswissenschaft

Garloff, Dr. Mona
(geb. 24. Januar 1982) E-Mail: mona.garloff@uibk.ac.at, https://www.uibk.ac.at/geschichte-ethnologie/mitarbeiterinnen/univ-ass/garloff-mona/; Fachgebiet: Geschichte der Frühen Neuzeit

Globke, Dr. Christina
(geb. 18. August 1978) E-Mail: christina.globke@posteo.de, https://scheinfeld.jura.uni-mainz.de/ehemalige/christina-globke/; Fachgebiet: Rechtswissenschaft

Graffi, Jun.-Prof. Dr.-Ing. Kálmán György
(geb. 18. Juni 1982) E-Mail: kalman@graffi.de, https://graffi.de; Fachgebiet: Kommunikationsnetze und IT-Sicherheit, Informatik

Gül (geb.) Wünsch, Dr. rer. nat. Désirée
(geb. 19. Juli 1984) E-Mail: wuensch@uni-mainz.de; Fachgebiet: Molekulare und Zelluläre Onkologie

Haupt, Dr. Andreas
(geb. 7. September 1983) E-Mail: andreas.haupt@kit.edu, http://www.andreas-haupt.com/; Fachgebiet: Soziologie

Heepe, Dr. Lars
(geb. 26. Juli 1983) E-Mail: lheepe@zoologie.uni-kiel.de; Fachgebiet: Funktionelle Morphologie und Biomechanik

Holzer, Dr. Stephan
(geb. 22. Juni 1985) Fachgebiet: Distributed Computing, Computer Science

Kaspar, Prof. Dr. rer. nat. Dr. phil. Kai
(geb. 20. November 1982) E-Mail: kkaspar@uni-koeln.de, https://www.hf.uni-koeln.de/40810; Fachgebiet: Psychologie

Kruggel-Emden, Prof. Dr.-Ing. Harald
(geb. 26. Februar 1978) E-Mail: kruggel-emden@tu-berlin.de, https://www.mvta.tu-berlin.de/menue/ueber_uns/lehrstuhlleitung/; Fachgebiet: Mechanische Verfahrenstechnik und Aufbereitung

Lange, Norbert
(Jahrgang 1978) Fachgebiet: Schriftsteller und Übersetzer

Lippmann, Dr. Kristina
(geb. 28. September 1988) E-Mail: Kristina.Lippmann@medizin.uni-leipzig.de, Fachgebiet: Medizin und Neurophysiologie

Mahlke, Inger-Maria
(geb. 14. Dezember 1977) Fachgebiet: Literatur

Mihaylova, Dr. Elitza LL.M. (Yale)
(geb. 10. Dezember 1986) Fachgebiet: Rechtswissenschaften

Monot, Prof. Dr. Pierre-Héli
(geb. 4. Januar 1981) E-Mail: p.monot@lmu.de, https://www.en.amerikanistik.uni-muenchen.de/personen/professoren/pierre-heli-monot/index.html; Fachgebiet: Amerikanistik

Müller, Prof. Dr. Dominik M.
(geb. 1. April 1982) E-Mail: dominik.m.mueller@fau.de, https://www.sdac.studium.fau.de/person/prof-dr-dominik-muller/; Fachgebiet: Kultur- und Sozialanthropologie (Ethnologie)

Nagel, Dr. Svenja
(geb. 8. Februar 1984) E-Mail: nagel@hcts.uni-heidelberg.de, https://www.uni-heidelberg.de/fakultaeten/philosophie/zaw/aegy/institut/nagel.html; Fachgebiet: Ägyptologie

Papadopoulou, Dr. Vasiliki
(geb. 29. August 1984) E-Mail: vasiliki.papadopoulou@oeaw.ac.at, https://www.oeaw.ac.at/acdh/team/current-team/vasiliki-papadopoulou/; Fachgebiet: Musikwissenschaft

Potthast, Dr. Daniel
Fachgebiet: Islamwissenschaft

Sandig, Ulrike Almut
(geb. 15. Mai 1979) http://www.ulrike-almut-sandig.de/; Fachgebiet: Literatur, Religionswissenschaft/Moderne Indologie

Schindler, Dr. Tanja Isabelle
(geb. 10. Dezember 1987) E-Mail: tanja.schindler@univie.ac.at, http://ufind.univie.ac.at/en/person.html?id=117661; Fachgebiet: Mathematik

Schirner, Dr. Rebekka
(geb. 12. Juni 1984) E-Mail: schirner@uni-mainz.de, https://www.klassphil.uni-mainz.de/dr-rebekka-schirner/; Fachgebiet: Klassische Philologie/Latinistik

Schmetkamp, Dr. Susanne Maria
(geb. 17. Februar 1977) E-Mail: susanne.schmetkamp@unifr.ch, www.susanneschmetkamp.com, Fachgebiet: Philosophie

Schönthaler, Dr. Philipp
(geb. 13. Oktober 1976) E-Mail: p.schoenthaler@gmx.de; Fachgebiet: Literatur

Schreier, Anno
(geb. 3. Dezember 1979) E-Mail: anno.schreier@gmx.de, www.annoschreier.de, Fachgebiet: Komposition

Séville, Prof. Dr. Astrid
(geb. 10. Oktober 1984) E-Mail: astrid.seville@leuphana.de; Fachgebiet: Politikwissenschaften

Unterweger, Dr. Daniel
(geb. 2. Dezember 1987) E-Mail: unterweger@evolbio.mpg.de, www.evolbio.mpg.de, Fachgebiet: Mikrobiologie

Wich, Prof. Dr. Peter R.
(geb. 12. August 1978) E-Mail: p.wich@unsw.edu.au, www.wichlab.com, Fachgebiet: Makromolekulare und Bioorganische Chemie

Wübbeler, Prof. Dr. rer. med. Markus
(geb. 22. November 1984) E-Mail: markuswuebbeler@icloud.com, https://www.hs-gesundheit.de/profile/prof-dr-markus-wuebbeler, Fachgebiet: Gesundheits- und Pflegewissenschaft

Zorn, PD Dr. Magdalena
(geb. 25. Februar 1984) E-Mail: zorn@em.uni-frankfurt.de, https://www.uni-frankfurt.de/116463443/Magdalena_Zorn; Fachgebiet: Musikwissenschaft

ARBEITSKREISE UND INITIATIVEN

Arbeitskreis für Rechtswissenschaft und Zeitgeschichte

Der 2012 mit Unterstützung durch die Walter und Sibylle Kalkhof-Rose-Stiftung gegründete Arbeitskreis stellt sich die Aufgabe, den Zusammenhang von rechtlichem, politischem und gesellschaftlichem Geschehen in den verschiedenen Epochen des 20. Jahrhunderts sichtbar zu machen. In diesem Sinne werden Fragen der nationalen und europäischen Geschichte auf Jahrestagungen diskutiert und, wo das sinnvoll und möglich ist, in Forschungsvorhaben überführt.

Durch die Integration der Erkenntnisperspektiven wird die Gesprächsfähigkeit zwischen den Disziplinen gefördert, um das Bewusstsein für die Geschichtlichkeit des Rechts und die Bedeutung des historischen Prozesses in der Rechtsentwicklung zu schärfen. Der Arbeitskreis hat die Ergebnisse seiner interdisziplinären Arbeit in fünf Bänden publiziert und ist auch weiterhin bestrebt, Anstöße für neue juristische und zeitgeschichtliche Forschung zu geben.

Im Verlag Mohr Siebeck sind bisher erschienen:

- Anselm Doering-Manteuffel, Bernd Greiner, Olivier Lepsius: Der Brokdorf-Beschluss des Bundesverfassungsgerichts 1985. Tübingen 2015
- Julia Angster, Dieter Gosewinkel, Christoph Gusy: Staatsbürgerschaft im 19. und 20. Jahrhundert. Tübingen 2019.
- Klaus Kiran Patel, Hans Christian Röhl (Hrsg.): Transformation durch Recht. Geschichte und Jurisprudenz Europäischer Integration 1985-1992. Tübingen 2020
- Joachim Rückert, Lutz Raphael (Hrsg.): Autonomie des Rechts nach 1945. Tübingen 2020.
- Pascale Cancik (Hrsg.): Demokratie zwischen Parlamentarisierung und Entparlamentarisierung. Tübingen 2023.

Sprecher:	Prof. Dr. Lutz Raphael (Universität Trier, Akademie Mainz)
	Prof. Dr. Christoph Gusy (Universität Bielefeld)
	Prof. Dr. Jan Thiessen (Humboldt Universität zu Berlin)
Wissenschaftlicher Koordinator:	Lars Legath M.A. (Universität Tübingen)
Mitglieder:	Prof. Dr. Julia Angster (Universität Mannheim)
	PD Dr. Kerstin Brückweh (ZZF Potsdam)

Prof. Dr. Pascale Cancik (Universität Osnabrück)

Prof. Dr. Eckart Conze (Universität Marburg)

Prof. Dr. Anselm Doering-Manteuffel
  (Universität Tübingen, Akademie Mainz)

Prof. Dr. Dieter Gosewinkel
  (Wissenschaftszentrum Berlin für Sozialforschung)

Dr. Frieder Günther (Institut für Zeitgeschichte München/Berlin)

Prof. Dr. Christoph Gusy (Universität Bielefeld)

Prof. Dr. Hans-Peter Haferkamp (Universität zu Köln)

Prof. Dr. Jan-Otmar Hesse (Universität Bayreuth)

Prof. Dr. Matthias Jestaedt
  (Universität Freiburg, Akademie Mainz)

Prof. Dr. Anna-Bettina Kaiser (Humboldt-Universität zu Berlin)

Prof. Dr. Jörn Leonhard (Universität Freiburg)

Prof. Dr. Oliver Lepsius LL.M. (Universität Münster)

Prof. Dr. Kiran Klaus Patel (LMU München, Akademie Mainz)

Prof. Dr. Lutz Raphael (Universität Trier, Akademie Mainz)

Prof. Dr. Hans Christian Röhl (Universität Konstanz)

Prof. Dr. Anne Roethel (Max-Planck-Institut für ausländisches
  und internationales Privatrecht)

Prof. Dr. Joachim Rückert (Universität Frankfurt a. M.)

Prof. Dr. Ute Schneider (Universität Duisburg-Essen)

Prof. Dr. Christoph Schönberger (Universität zu Köln)

Prof. Dr. Frank Schorkopf (Universität Göttingen)

Prof. Dr. Günther Schulz (Universität Bonn, Akademie Mainz)

Prof. Dr. Eva Schumann (Universität Göttingen)

Prof. Dr. Margit Szöllösi-Janze (LMU München)

Prof. Dr. Jan Thiessen (Humboldt-Universität zu Berlin)

Prof. Dr. Andreas Wirsching
  (Institut für Zeitgeschichte München-Berlin)

Arbeitskreis „Digitale Musikedition"

Der Arbeitskreis wurde 2015 von Vertretern der Akademie der Wissenschaften und der Literatur Mainz und der Music Encoding Initiative (MEI) gegründet. Er sieht einerseits seine Aufgabe darin, den Austausch zwischen MEI und den an der Akademie angesiedelten Musikeditionen über die dynamischen Entwicklungen im Bereich musikwissenschaftlicher Editionsmethoden zu fördern. Andererseits gibt er der internationalen Wissenschaftler-Community der MEI durch die Anbindung an die Akademie eine institutionelle Verankerung. Die MEI hatte bereits im Jahr 2014 eine neue Satzung verabschiedet, welche die Akademie der Wissenschaften und der Literatur als aufnehmende Einrichtung (host institution) vorsieht.

Das Format der Music Encoding Initiative hat sich zum de-facto-Standard im Bereich digitaler wissenschaftlicher Musikeditionen entwickelt; alle in jüngerer Zeit in das Akademienprogramm aufgenommenen musikwissenschaftlichen Langzeitvorhaben arbeiten inzwischen ebenso mit diesem Format wie eine Vielzahl weiterer musikwissenschaftlicher Forschungsprojekte im In- und Ausland.

Zur Förderung des Austauschs zwischen Akademieprojekten und MEI organisiert der Arbeitskreis Veranstaltungen im ein- bis zweijährigen Turnus zu bestimmten Fragestellungen aus den musikwissenschaftlichen Editionsprojekten und über das MEI-Format. Im Berichtszeitraum fanden keine gesonderten Veranstaltungen des Arbeitskreises statt. Gleichwohl trafen sich einzelne Mitglieder im Rahmen verschiedener Tagungen, um über Fragestellungen aus dem Bereich der Digitalen Musikedition zu beraten. Zu nennen sind hier insbesondere der von den Fachgruppen Digitale Musikwissenschaft und Freie Forschungsinstitute federführend organisierte „Marktplatz" im Rahmen der Jahrestagung der Gesellschaft für Musikforschung in Saarbrücken sowie die Encoding Cultures-Konferenz in Paderborn.

Sprecher:	Prof. Dr. Manfred Pinkal (Akademie Mainz)
Wissenschaftliche Koordinatorin:	Dr. Tanja Gölz (Akademie Mainz)
Mitglieder:	Prof. Dr. Kurt Gärtner (Akademie Mainz)
	Benjamin W. Bohl M.A. (MEI)
	Prof. Dr. Thomas Betzwieser, Projektleitung OPERA (Akademie Mainz)
	Prof. Dr. Johannes Kepper (MEI)
	Prof. Dr. Manfred Pinkal (Akademie Mainz)
	Prof. Dr. Susanne Popp (Projektleitung Reger-Werkausgabe)
	Dr. Laurent Pugin (MEI)

Dr. Kristina Richts-Matthaei (MEI)
Prof. Torsten Schrade (Digitale Akademie Mainz)
Prof. Dr. Joachim Veit (Projektleitung Carl-Maria von
  Weber-Gesamtausgabe und Beethovens Werkstatt)

Arbeitskreis „Autoimmunerkrankungen mit dem Schwerpunkt chronische Neuropathien"

In der Akademie der Wissenschaften und der Literatur zu Mainz wurde mit Unterstützung durch die Walter und Sibylle Kalkhof-Rose-Stiftung ein Arbeitskreis zum Thema Autoimmunerkrankungen mit dem Schwerpunkt „Chronische Neuropathien" gegründet. Mitglieder der Akademie, der Jungen Akademie sowie eingeladene Experten sollten ihre Erfahrungen in den Bereichen Neurologie, Pharmakologie, Schmerzforschung, Ophthalmologie und Pathologie einbringen, um die Ursachen dieser eingreifenden und mit dem demografischen Wandel deutlich zunehmenden Erkrankungen gemeinsam weiter zu ergründen, und so Ideen für neue, individueller abgestimmte Therapien zu entwickeln.

Das erste Treffen, bei dem die Grundlagen der neuropathischen Schmerzen aus klinischer Sicht sowie aus Sicht der Grundlagenforschung vorgestellt und diskutiert wurden, fand am 26.10.2017 statt. Bei einem zweiten Treffen am 28.3.2018 standen die Themen „Therapieansätze zur Behandlung neuropathischer Schmerzen" sowie „Augenbeteiligung bei Neuropathien" im Vordergrund. Das dritte Treffen am 30.1.2019 gab zunächst sechs jungen Wissenschaftlerinnen und Wissenschaftlern aus der Arbeitsgruppe von Prof. Dr. Gerd Geisslinger, Prof. Dr. Friedrich Paulsen und Prof. Dr. Frank Birklein die Möglichkeit, neue Ergebnisse wissenschaftlicher Untersuchungen zum Thema „Polyneuropathie" vorzustellen und anschließend intensiv mit den Mitgliedern der Arbeitsgruppe zu diskutieren. In einem anschließenden öffentlichen Vortrag stellte Prof. Heinz Wiendl, Vorstand der Klinik für Neurologie mit Institut für Translationale Neurologie am Universitätsklinikum Münster die neuesten Ergebnisse zur „Funktionellen Interaktion von Immunsystem und ZNS" am Beispiel der Multiplen Sklerose vor.

Ein viertes Treffen am 15.10.2020 und ein fünftes Treffen am 7.1.2021 fanden als Zoom-Meetings statt. Hierbei wurde erstmals gezeigt, dass bei zwei verschiedenen experimentellen Formen von Neuropathien mit vergleichbaren Veränderungen der peripheren Nerven (Chemotherapie-induzierte und diabetischen Form), die Tränenfilm- und Augenveränderungen deutliche Unterschiede aufwiesen. Diese Unterschiede fanden sich schon in den ersten Stadien der Erkrankungen und können daher der Frühdiagnostik dienen. Auch erste Erkenntnisse kausaler Zusammenhänge zwischen den Grunderkrankungen und der Entwicklung von Neuropathien konnten gewonnen werden.

Diese Erkenntnisse konnten vertieft werden und die Ergebnisse am 8. April 2022 bei einem Treffen in Erlangen vorgestellt werden. Da die Unterschiede in der Ausprägung der neuronalen Veränderungen am Auge nicht invasiv und für verschiedene Nerven (sensible, motorisch und vegetative) getrennt untersucht werden können, soll jetzt die Zusammenarbeit der klinischen mit den klinisch-theoretisch arbeitenden Gruppen dafür benutzt werden, die diagnostischen Ansätze auf Patienten mit verschiedenen Formen von Polyneuropathien zu über-tragen.

Vorsitz:	Prof. Dr. Elke Lütjen-Drecoll (Universitätsklinikum Erlangen, Akademie Mainz)
Mitglieder:	Prof. Dr. Kai-Uwe Eckardt (Charité Universitätsmedizin Berlin, Akademie Mainz)
	Prof. Dr. Franz Grehn (Universitäts-Augenklinik Würzburg, Akademie Mainz)
	Prof. Dr. Matthias Schwab (IKP Stuttgart, Akademie Mainz)
Sachverständige:	Prof. Dr. Frank Birklein (Universität Mainz)
	Prof. Dr. Gerd Geisslinger (Universität Frankfurt/Main)
	Prof. Dr. Dontscho Kerjaschki (Medizinische Universität Wien)
	Prof. Dr. Friedrich Paulsen (Universität Erlangen-Nürnberg)
	Prof. Dr. Peter W. Reeh (Universität Erlangen-Nürnberg)
	Univ.-Prof. Prof. h.c. Dr. Heinz Wiendl (Universitätsklinikum Münster)

Neurowissenschaftlicher Arbeitskreis zu „Neuronalen Dynamiken und Informationsverarbeitung"

Mit dem Ziel, den neurowissenschaftlichen Austausch in der Akademie der Wissenschaften und der Literatur | Mainz zu stärken und damit einen Schwerpunkt zu bilden, wurde im Jahr 2018 ein Arbeitskreis gegründet, der sich mit dem Thema der „Neuronalen Dynamiken und Informationsverarbeitung" beschäftigt. Der Arbeitskreis setzt sich mit den wechselwirkenden Interaktionen von Synapsen, Neuronen und Netzwerkoszillationen auseinander. Dabei interessieren u. a. die Fragen: Wie und wo werden Informationen im Gehirn aufgenommen, verarbeitet und gespeichert? Welche Nervenzellsubtypen sind essenziell und welchen Einfluss haben synaptische Modulationen auf die Informationsverarbeitung? Welche neuronalen ‚circuits' übernehmen welche Aufgaben und wie beeinflusst deren Größe den Prozess?

Über derartige Fragen wird der transdisziplinäre Austausch zwischen den zellulären, systemischen und theoretischen Neurowissenschaften gestärkt, mit dem Ziel, den jeweiligen Wissensstand durch den der anderen Subdisziplinen zu bereichern. Um ein Forum für den Austausch zwischen den neurowissenschaftlichen Subdisziplinen und der Akademie zu fördern, hat der Arbeitskreis vorletztes Jahr das internationale Symposium „Brain Dynamics and Information Processing" organisiert, welches im November 2022 in der Akademie der Wissenschaften und Literatur | Mainz stattfand. Im Rahmen dieses Symposiums war es möglich, ausgewiesene Experten und Nachwuchswissenschaftler der Neurowissenschaften zusammenzubringen und intensive Diskussionen über aktuelle Forschungsfortschritte zu führen. Es wurden aktuelle Entwicklungen über neuronale Prozesse der Informationsaufnahme, der Verarbeitung und des Transfers in speichernde Hirnareale sowie die Entwicklung und Modulation dieser Prozesse vorgestellt und lebhaft diskutiert. Das Symposium und die Arbeitsgruppe in der Mainzer Akademie werden, über die Akademie hinausgehend, freundlicherweise durch die Sybille Kalkhof-Rose-Stiftung und das Bernstein Center Computational Neuroscience unterstützt.

Vorsitz:	Dr. Kristina Lippmann (Alumna der Jungen Akademie Mainz)
stellv. Vorsitz:	Prof. Dr. Jürgen Jost (Max-Planck-Institut Leipzig, Akademie Mainz)
Mitglieder:	Prof. Dr. Markus Diesmann (Forschungszentrum Jülich, Akademie Mainz)
	Prof. Dr. Wulfram Gerstner (EPFL Lausanne, Akademie Mainz)
	Prof. Dr. Hermann Wagner (RWTH Aachen, Akademie Mainz)

AKADEMIEZENTRUM FÜR MITTELALTER UND FRÜHE NEUZEIT

Das Akademiezentrum für Mittelalter und Frühe Neuzeit (AMZ; https://www.adwmainz.de/amz/) dient der Koordination und Organisation der projektübergreifenden Zusammenarbeit der auf diesem Gebiet forschenden 19 Akademievorhaben. Die vorhandene Dichte von Grundlagenforschung zum Mittelalter und der Frühen Neuzeit ist ein Alleinstellungsmerkmal der Mainzer Akademie, das sie zu einem der herausragenden Orte der epochenübergreifenden mediävistischen und frühneuzeitlichen Studien macht. Das AMZ knüpft an die in Mainz bereits etablierten langjährigen Forschungsschwerpunkte an, vernetzt die auf einzelne Projekte und Fächer verteilte Grundlagenforschung und bietet eine epochenübergreifende Plattform für den interdisziplinären fachlichen Austausch. Ziel ist es, Kooperationen mit anderen Forschungseinrichtungen (Universitäten, außeruniversitären Zentren, Instituten und Gesellschaften) systematisch weiterzuentwickeln und projektübergreifende Wissenschaftsstrukturen zu schaffen. Die transdisziplinäre Vernetzung profiliert die Forschung zum Mittelalter und der Frühen Neuzeit und gestaltet sie auf diese Weise auch für junge Wissenschaftlerinnen und Wissenschaftler attraktiv. Die strukturierte Nachwuchsförderung und der generelle Wissenstransfer gehört somit zu den vorrangigen Aufgaben des AMZ.

Der AMZ-Tag (Akademie Mittelalter Zentrum) fand am 26. September 2023 in der Akademie der Wissenschaften und der Literatur im neueröffneten Kalkhof-Rose-Saal statt und wurde mit zwei wunderbaren Klavierstücken von Jennifer Klein eröffnet. Die Organisation und Konzeption lag, wie bereits im Jahr zuvor, wieder in den Händen der Projekte *Regesta Imperrii* und *Die Deutschen Inschriften*.

Erfreulicherweise gab es auch in 2023 eine rege Beteiligung, so waren Kolleginnen und Kollegen aus folgenden Projekten vertreten: *Regesta Imperii* (RI), *Die Deutschen Inschriften* (DI) sowie den *Deutschen Inschriften online* (DIO), der *Schule von Salamca*, dem *Corpus Vitrearum Medii Aevi* (CVMA) sowie *CVMA digital*, dem *Handschriftencensus*, dem *Mittelhochdeutschen Wörterbuch*, dem *Digitalen Familienwörterbuch*, *Burchards Dekret Digital* und *Europäischer Religionsfrieden/Controversia et Confessio*.

Nach einen Get Together wurden die beiden Projekte, die beim letzten AMZ-Tag leider nicht vorgestellt werden konnten, präsentiert. Es waren dies der *Handschriftencensus (HSC) – Kompetenzzentrum Deutschsprachige Handschriften des Mittelalters,* vorgestellt von Daniel Könitz und Bernhard Runzheimer sowie *Die Schule von Salamanca. Eine digitale Quellensammlung und ein Wörterbuch ihrer juristisch-politischen Sprache* von Andreas Wagner und Polina Solonets. Im Anschluss erläuterte Daniel Parello (CVMA) kurz das Programm der Springschool 2024, die in Freiburg stattfinden wird.

Nach einer kurzen Kaffeepause stellten Julia Noll und Raoul Hippchen (DI) in einem PowerPoint-Vortrag die von den *Regesta Imperrii* und den *Deutschen Inschriften* gesammelten Ideen zu Außenwirkung und Öffentlichkeitsarbeit des AMZ vor, der eine sehr angeregt Diskussion folgte.

Anstelle eines Vortrages besuchten die AMZ-Teilnehmer in diesem Jahr das LEIZA (Museum für Archäologie des Leibniz –Zentrums für Archäologie). In einer gut eineinhalb stündigen Führung konnten die Teilnehmer nahezu sämtliche Räume des im Aufbau befindlichen Museums sowie Teile der Restaurierungswerkstätten und das vorbildlich geordnete Depot besichtigen. Hochinteressant waren zudem die Ausführungen zur Konzeption sowie zum Forschungsauftrag des LEIZA. Gemütlicher Ausklang war im Eisgrubbräu.

Teilnehmer des AMZ-Tages beim Besuch des Leibniz-Zentrums für Archäologie in Mainz

Sprecher: Prof. Dr. Steffen Krieb (Akademie Mainz)
Dr. Susanne Kern (Akademie Mainz)
weitere Ansprechpartnerinnen: Dr. Aglaia Schieke (Akademie Mainz)
Prof. Dr. Aline Deicke (Akademie Mainz)

Beteiligte Projekte:

Archivum Medii Aevi Digitale (AMAD)

Augsburger Baumeisterbücher

Burchards Dekret Digital. Arbeitsplattform zu Texterschließung und Wirkungsgeschichte früh- und hochmittelalterlicher Rechtskulturen

Controversia et Confessio. Quellenedition zur Bekenntnisbildung und Konfessionalisierung (1548–1580)

Corpus monodicum (Einstimmige Musik des lateinischen Mittelalters)

Corpus der Quellen zur Geschichte der Juden im spätmittelalterlichen Reich

Corpus Vitrearum Medii Aevi

Das Buch der Briefe der Hildegard von Bingen

Das digitale Familiennamenwörterbuch Deutschlands (DFD)

Die deutschen Inschriften

Die sozinianischen Briefwechsel (DFG-Projekt)

Epidat – Datenbank zur jüdischen Grabsteinepigraphik

Europäische Religionsfrieden Digital (EuReD)

Gutenberg Biographics

Handschriftencensus (HSC). Kompetenzzentrum Deutschsprachige Handschriften des Mittelalters

Leichenpredigten der Frühen Neuzeit

Mittelhochdeutsches Wörterbuch

Regesta Imperii (Quellen zur Reichsgeschichte)

Die Schule von Salamanca

Kooperationspartner:

Bibliotheca Hertziana – Max-Planck-Institut für Kunstgeschichte
Deutsches Historisches Institut Rom
Deutsches Historisches Institut Paris
Goethe-Universität Frankfurt am Main
Johannes Gutenberg-Universität Mainz
Leibniz-Institut für Europäische Geschichte
Max-Planck-Institut für Rechtsgeschichte und Rechtstheorie
Mittelalterzentrum Albert-Ludwigs-Universität Freiburg
Trierer Kolleg für Mittelalter und Frühe Neuzeit (TriKo) an der Universität Trier
Trier Center for Digital Humanities
Würzburger Zentrum für Philologie und Digitalität (ZPD)

NATIONALE FORSCHUNGSDATENINFRASTRUKTUR
– NFDI4CULTURE –

Mit dem Auftrag zum Aufbau einer Forschungsdateninfrastruktur hat NFDI4Culture als Konsortium für Forschungsdaten materieller und immaterieller Kulturgüter innerhalb der Nationalen Forschungsdateninfrastruktur (NFDI) im Herbst 2020 seine Arbeit aufgenommen. Im Verbund der in drei Wellen bis 2023 bewilligten Konsortien zu allen Wissenschaftsbereichen ist es das einzige Konsortium innerhalb der NFDI, das mit der Akademie der Wissenschaften und der Literatur | Mainz federführend von einer Wissenschaftsakademie koordiniert wird.

Ziel von NFDI4Culture ist der Aufbau einer bedarfsorientierten Infrastruktur für Forschungsdaten der beteiligten Fachcommunities aus Musik-, Kunst-, Theater-, Tanz-, Film- und Medienwissenschaft sowie der Architekturforschung. Die zu diesem Zweck geschaffenen Arbeitsgruppen (Task Areas) sammeln und entwickeln Dienste und Infrastrukturen entlang des Forschungsdatenlebenszyklus (erzeugen, verarbeiten, erhalten, nachnutzen). Die hier adressierten Datenbestände umfassen digitale Repräsentationen von Kulturgütern, also beispielsweise von Gemälden, Skulpturen, Fotografien, Bewegtbildern, Musikstücken und -notationen, oder dokumentarische Materialien von Bühnenaufführungen. Hierzu gehören auch Datenbestände aus dem Akademienprogramm. Ebenso entwickelt, erweitert und kommentiert das Konsortium Strukturvorgaben oder -vorschläge für das Erheben, Pflegen und Nachnutzen von Forschungsdaten. Hinzu kommen die Entwicklung und Erweiterung von spezialisierter Forschungssoftware und von Schnittstellen für den interinstitutionellen Datentransfer sowie von Schulungen zur nachhaltigen Entwicklung und Nutzung von Forschungsdaten und -software.

Über das stetig ausgebaute Angebot des Konsortiums informiert das an der Akademie der Wissenschaften und der Literatur | Mainz entwickelte Forschungsinformationssystem https://nfdi4culture.de.

Ein zentraler Gewinn und wichtiges Anliegen für die angesprochene Forschungslandschaft ist zudem die Wirkung des Konsortiums als Kondensationspunkt für die Diskussion und Dissemination von Entwicklungen im Bereich des Forschunsgdatenmanagements nicht nur aus den hier geförderten Arbeitsgruppen, sondern aus allen aktiven Institutionen. Erstmalig ist die Vernetzung über die wissenschaftliche Breite und in der notwendig beständigen Tiefe möglich.

Vernetzung und Austausch über die eigenen Fächergrenzen hinaus gehört zu den wesentlichen Aufgaben in der Zusammenarbeit aller Konsortien innerhalb der NFDI. Die enge Abstimmung der vier geisteswissenschaftlichen Konsortien – NFDI4Culture mit NFDI4Objects (materielle Hinterlassenschaften der Menschheitsgeschichte), NFDI4Memory (historisch orientierte Forschung) und Text+ (Editionen und Wörterbuchressourcen) – begann schon mit der umsichtigen Gründung der Konsortialinitiativen 2019 im gegenseitigen Einbezug und komplementären Zuschnitt sowie der zeitlich gestaffelten Bewerbung um Förderung in der NFDI. Nach dem Förderbeginn der letzten Kohorte Konsortien im Jahr 2023 beginnt nun die lange vorbereitete Zusammenarbeit in die NFDI hinein zu wirken.

Mit Base4NFDI wurde 2023 ein Konsortiumsverbund für die Bereitstellung NFDI-weit gemeinsam genutzter technischer Dienste und Infrastruktur eingerichtet, dessen Entstehungsprozess NFDI4Culture begleitet hat. Für die breite Basis an Diensten für die gesamte Wissenschaftslandschaft hat NFDI4Culture 2023 zwei Beiträge eingebracht und sich für die frühzeitige Implementierung des über Base4NFDI angebotenen Identifikationsservice beworben. Dieser erlaubt es zukünftig allen registrierten wissenschaftlich tätigen Personen, sich gegenüber der NFDI (unabhängig von ihrer institutionellen Anbindung) digital auszuweisen und an den Diensten und Service-Angeboten zu partizipieren.

Die enge und vertrauensvolle Einbindung in den Prozess des Aufbaus der NFDI zeigte sich auch an der Bestätigung von Prof. Torsten Schrade als Mitglied des Senats der NFDI am 13.1.2023.

Die von NFDI4Culture in den Blick genommene Forschungslandschaft ist durch starke Diversität gekennzeichnet. Sie umfasst Universitätsinstitute, Kunst- und Musikhochschulen, Akademien, Galerien, Bibliotheken, Archive, Museen und einzelne Forscherinnen und Forscher. Ein wissenschaftsgeleitetes Forschungsdatenmanagement benötigt eine lebhafte Teilnahme aller Akteure. Das Konsortium sieht daher umfangreiche Beteiligungsmöglichkeiten für die Nutzenden aller involvierten Fachdisziplinen, aber auch für Kunst- und Kulturschaffende unterschiedlichster Tätigkeitsbereiche und Vertreterinnen und Vertreter der Zivilgesellschaft vor. Es zielt darauf ab, das breite Spektrum der verschiedenen Akteure im Bereich des Kulturerbes in idealer Weise zu repräsentieren.

Zur Jahresversammlung „Culture Plenary" vom 29.–31.3.2023 lud das Konsortium diese Gemeinschaft erstmals nicht nur digital, sondern in Präsenz zu einer zweitägigen Berichts- und Vernetzungsveranstaltung an die Akademie der Wissenschaften und der Literatur | Mainz ein. Rund 200 Teilnehmerinnen und Teilnehmer brachten sich in Workshops zu den NFDI4Culture-Diensten ein, hatten die Möglichkeit, die Berichte der Arbeitsgruppen zu hören und diese zu kommentieren (Abb. 1, S. 178) sowie eigene Impulse in partizipativen und kurzweiligen Vortragsformaten zu setzen.

Die abendliche Podiumsdiskussion zum Thema „Datenkultur(en), Digitalität und digitales Kulturerbe" wurde mit einem Grußwort des Ministers für Wissenschaft und Gesundheit Rheinland-Pfalz, Clemens Hoch, eingeleitet. York Sure-Vetter (Direktor der Nationalen Forschungsdateninfrastruktur), Dörte Schmidt (Vorsitzende des NFDI4-Culture Advisory Councils und Mitglied des Kuratoriums der Nationalen Forschungsdateninfrastrutkur), Frank Scholze (Generaldirektor der Deutschen Nationalbibliothek und Mitglied der Leitungsgruppe von Text+) und Christin Keller (Koordinatorin von NFDI4Objects) tauschten vor interessiertem Publikum ihre Positionen zwischen Open Culture und Schutz des geistigen Eigentums aus.

Auf dem „Markt der Möglichkeiten", der das reichhaltige Programm des Plenarys abschloss (Abb. 2, S. 178), präsentierten zahlreiche Projekte und Institutionen des NFDI4Culture-Netzwerkes ihre Angebote und Vernetzungspotentiale in der Forschungsgemeinschaft und machten die hohe Verbindlichkeit, die eine digitale Gemeinschaft zu gründen vermag, im Plenarsaal der Akademie spürbar.

Sprecher: Prof. Torsten Schrade (Akademie Mainz)

Co-Sprecher: Task Area 1: Data capture and enrichment

Prof. Dr. Ina Blümel (Architecture, Information Infrastructure), Technische Informationsbibliothek (TIB) Hannover

Reinhard Altenhöner (GLAM, Information Infrastructure), Stiftung Preußischer Kulturbesitz

Task Area 2: Standards, data quality and curation

Prof. Dr. Barbara Wiermann (Musicology, Information Infrastructure), Sächsische Landesbibliothek – Staats- und Universitätsbibliothek Dresden

Dr. Christian Bracht (Art History, Information Infrastructure), Philipps-Universität Marburg, Deutsches Dokumentationszentrum für Kunstgeschichte – Bildarchiv Foto Marburg

Task Area 3: Research tools and data service

Dr. Lisa Dieckmann (Art History, Computer Science), Universität zu Köln

Daniel Röwenstrunk (Business Informatics, Musicology), Universität Paderborn, Zentrum Musik – Edition

Task Area 4: Data publication and data availability

Dr. Maria Effinger (Art History, Open Access, Information Infrastructure), Universitätsbibliothek Heidelberg

Dr. Jens Bove (Art History, Information Infrastructure), Sächsische Landesbibliothek – Staats- und Universitätsbibliothek Dresden

Task Area 5: Overarching technical, ethical and legal activities

Prof. Dr. Harald Sack (Information Service Engineering), FIZ Karlsruhe

Prof. Dr. Franziska Boehm (Jurisprudence),
    FIZ Karlsruhe

<u>Task Area 6: Culture Research Data Academy</u>

Prof. Dr. Malte Hagener (Media Studies),
    Philipps-Universität Marburg

Prof. Dr. Andreas Münzmay (Musicology),
    Musikwissenschaftliches Seminar Detmold/Paderborn

<u>Boards</u>

Prof. Dr. Holger Simon (Coordination of Steering Board),
    Verband deutscher Kunsthistoriker e.V.

Prof. Dr. Dörte Schmidt (Coordination of Advisory Council),
    Mitglied des Kuratoriums des Vereins Nationale Forschungsdateninfrastruktur (NFDI) e.V.

Trägereinrichtungen von NFDI4Culture:

Akademie der Wissenschaften und der Literatur | Mainz
FIZ Karlsruhe – Leibniz-Institut für Informationsinfrastruktur
Philipps-Universität Marburg
Sächsische Landesbibliothek – Staats- und Universitätsbibliothek Dresden (SLUB Dresden)
Stiftung Preußischer Kulturbesitz
Technische Informationsbibliothek Hannover (TIB Hannover)
Universität Heidelberg
Universität zu Köln
Universität Paderborn

Kontakt: coordination-office@nfdi4culture.de

NFDI4Culture Community Plenary, Podium zur Offenen Fragerunde / Dialog mit Co-Spokespersons

NFDI4Culture Community Plenary, Impression vom „Markt der Möglichkeiten"

WISSKOMM ACADEMY
KOMPETENZZENTRUM FÜR WISSENSCHAFTSKOMMUNIKATION

Die WissKomm Academy ist ein Kompetenzzentrum für Wissenschaftskommunikation, das 2022 als Pilotprojekt der Akademie der Wissenschaften und der Literatur | Mainz gestartet ist und vom Ministerium für Wissenschaft und Gesundheit des Landes Rheinland-Pfalz gefördert wird.

Die WissKomm Academy widmet sich dem in der Gesellschaft immer wichtiger werdenden Thema der Wissenschaftskommunikation, reflektiert und beleuchtet es in unterschiedlichen Aspekten und Formaten. Dadurch sollen die Präsenz und Wahrnehmung von wissenschaftlichen Ergebnissen und Prozessen verbessert und der wissenschaftsgeleitete Austausch in der Gesellschaft gefördert werden.

Die WissKomm Academy nimmt die Wissenschaftskommunikation in Rheinland-Pfalz unter die Lupe und setzt dabei drei Schwerpunkte:

Veranstaltungen
Wie kommuniziert man heute Wissenschaft, sodass nicht nur die Ergebnisse mitgeteilt werden, sondern auch die Arbeit daran begreifbar gemacht wird? Vor welchen Herausforderungen in der Vermittlung stehen zum Beispiel die Biotechnologien? Welche Besonderheiten weist Kommunikation in Museen im Unterschied zu Universitäten auf?

Durch solche Kernfragen sollen in dialogorientierten Formaten Mechanismen, Chancen und Herausforderungen der Wissenschaftskommunikation besser verstanden und für alle greifbar gemacht werden sowie gesellschaftsrelevante Themen reflektiert und erörtert werden. Vorhandene Kompetenzen und Initiativen zur Wissenschaftskommunikation werden gebündelt und zentral präsentiert, neue Impulse und Veranstaltungsreihen ins Leben gerufen.

Im Laufe der ersten beiden Pilotjahre fanden zahlreichen Veranstaltungen zu verschiedenen Themen statt, beispielsweise die Auftaktdiskussion zur Frage „(Wie) muss man Wissenschaft kommunizieren?" am 21. Juni 2022 mit Antje Boetius, Alexandra Busch, Clemens Hoch, Lutz Raphael und Lydia Repke sowie die Podiumsdiskussion „Warum sollen wir der Biotechnologie und der Wissenschaft vertrauen?" am 17. März 2023 mit Maria Leptin, Martin Carrier, Christian Drosten und Clemens Hoch (siehe S. 181 f.).

Wissenschaftskommunikation-Training
Das Kompetenztraining im Bereich Wissenschaftskommunikation richtet sich an Forschende aller Karrierestufen und Fächer an wissenschaftlichen Institutionen in Rhein-

land-Pfalz. Unter der Leitung von einem erfahrenen Trainer:innen-Team werden in der praxisorientierten Seminarreihe kommunikative und mediale Kompetenzen ausgebaut bzw. gestärkt sowie Fähigkeiten gefördert, die für eine professionelle Wissenschaftskommunikation erforderlich sind. Dadurch sollen wissenschaftliche Erkenntnisse in der gesellschaftlichen Rezeption besser wahrgenommen und der wissenschaftsgeleitete Austausch angeregt werden.

Die aufeinander aufbauenden Module umfassen die Themen Rolle und Selbstverständnis als Kommunikator:innen, Vortragsrhetorik, Interview & Paneldiskussion und Kommunikation im digitalen Raum und werden geleitet von Gabriele Schweickhardt (Mediatorin, Coach und Moderatorin), Dennis Gastmann (Fernsehautor, Journalist und Dozent) und Marvin Neumann (Fernsehredakteur bei objective media GmbH und Youtube-Moderator).

Bei jeder Durchführung erhalten bis zu 50 Wissenschaftler:innen die Möglichkeit, das Kompetenztrainingsprogramm zu absolvieren. Die Ausschreibung geht an alle wissenschaftlichen Institutionen in Rheinland-Pfalz und in den ersten beiden Durchgängen nahmen 100 Wissenschaftler:innen aus mehr als 20 Institutionen im ganzen Land erfolgreich am Training teil.

Akademiepreis

Mit dem Akademiepreis für Wissenschaftsjournalismus werden herausragende Journalist:innen ausgezeichnet, die in vorbildlicher Weise ein wissenschaftliches Thema aufgegriffen, erläutert und transportiert haben.

Ansprechpartnerinnen in der Akademie:

Dr. Aglaia Schieke: aglaia.schieke@adwmainz.de

Tina Krings M.A. (Projektmitarbeiterin): tina.krings@adwmainz.de

Weitere Informationen: https://wisskomm.academy

Podiumsdiskussion über das Thema „Warum sollen wir der Biotechnologie und der Wissenschaft vertrauen?" am 17.3.2023, organisiert von der WissKomm Academy. V.l.n.r.: Dr. Jan-Martin Wiarda (Moderation), Prof. Dr. Maria Leptin (Entwicklungsbiologin und Präsidentin des Europäischen Forschungsrats), Clemens Hoch (Minister für Wissenschaft und Gesundheit des Landes Rheinland-Pfalz), Prof. Dr. Christian Drosten (Professor und Direktor des Instituts für Virologie an der Charité-Universität Berlin), Prof. Dr. Martin Carrier (Professor für Philosophie an der Universität Bielefeld und Akademiemitglied).

Prof. Dr. Christian Drosten eröffnet die Veranstaltung mit einen Impulsvortrag.

Trainerin Gabriele Schweickhardt beim Kompetenztraining der WissKomm Academy

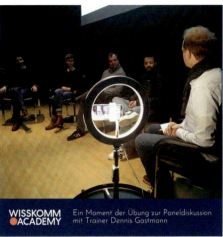

Ein Moment der Übung zur Paneldiskussion mit Trainer Dennis Gastmann

Podiumsdiskussion zu dem Thema „KI trifft Biotechnologie. Wo Wissenschaft und Unternehmen Zukunft gemeinsam gestalten" am 30.11.2023.
V.l.n.r.: Prof. Dr. Eckhard Thines (Landeskoordinator für Biotechnologie), Dr. Lars Greiffenberg (Leiter der digitalen Forschung bei AbbVie Deutschland), Prof. Dr. Norbert W. Paul (Direktor des Institutes für Geschichte, Theorie und Ethik der Medizin der JGU), Prof. Dr. Prof. h.c. Andreas Dengel (Botschafter des Landes für Künstliche Intelligenz), Clemens Hoch (Minister für Wissenschaft und Gesundheit des Landes Rheinland-Pfalz), Moderation: Linda Kierstan

Moderierter Austausch im Workshop-Format im Rahmen der Veranstaltung „KI trifft Biotechnologie".

ZEITTAFEL

EHRENMITGLIEDER

Datum der Wahl	
25.09.2023	Susanne und Andreas Barner

ORDENTLICHE MITGLIEDER

Datum der Wahl	Mathematisch-naturwissenschaftliche Klasse	Geistes- und sozialwissenschaftliche Klasse	Klasse der Literatur und der Musik
16.02.1979		Gerhard Müller	
07.11.1980		Bernard Andreae	
07.11.1980	Werner Nachtigall		
17.02.1984			Jürgen Becker
17.02.1984			Michael Krüger
17.02.1984	Ernst Mutschler		
26.10.1984		Hans-Henrik Krummacher	
08.11.1985			Norbert Miller
08.11.1985	Günter Hotz		
08.11.1985		Reinhold Zippelius	
20.06.1986			Uwe Pörksen
06.11.1987		Walter W. Müller	
09.11.1990	Wilhelm Barthlott		
15.02.1991	Franz Gustav Kollmann		
15.02.1991		Fred Otten	
19.04.1991		Otmar Issing	
21.06.1991			Eckart Kleßmann
08.11.1991	Elke Lütjen-Drecoll		
08.11.1991		Albrecht Riethmüller	
14.02.1992			Harald Hartung
06.11.1992	Thomas Weiland		
25.06.1993	Niels-Peter Birbaumer		
25.06.1993		Oskar von Hinüber	
05.11.1993			Hugo Dittberner
24.06.1994	Michael Grewing		
04.11.1994			Helga Schütz
17.02.1995	Matthias Winiger		
23.02.1996	Bernt Krebs		
08.11.1996	Gerhard Wegner		
18.04.1997		Wolfgang Haubrichs	

Datum der Wahl	Mathematisch-natur-wissenschaftliche Klasse	Geistes- und sozial-wissenschaftliche Klasse	Klasse der Literatur und der Musik
20.06.1997	Ekkehard Ramm		
08.11.1997		Johannes Fried	
27.02.1998	Jürgen Jost		
19.06.1998		Klaus-Michael Kodalle	
06.11.1998			Arnold Stadler
06.11.1998	Peter W. Vaupel		
18.02.2000	Ulf R. Rapp		
16.06.2000		Kurt Sier	
03.11.2000		Irene Dingel	
03.11.2000		Gernot Wilhelm	
16.02.2001			Albert v. Schirnding
20.04.2001		Heinz Duchhardt	
22.06.2001		Jan Schröder	
22.06.2001		J.-Matthias Graf von der Schulenburg	
09.11.2001			Manfred Osten
22.02.2002	Johannes Buchmann		
22.02.2002	Günter Gottstein		
22.02.2002	Wolfgang Wahlster		
22.02.2002			Hans Dieter Schäfer
19.04.2002		Helwig Schmidt-Glintzer	
21.06.2002	Horst Bleckmann		
21.06.2002	Bernhard Schink		
21.02.2003	Volker Mosbrugger		
25.04.2003		Frank Baasner	
25.04.2003		Ernst Osterkamp	
04.07.2003		Henner von Hesberg	
04.07.2003		Johannes Meier	
07.11.2003		Martin Carrier	
07.11.2003			Heinrich Detering
07.11.2003	Joachim Maier		
07.11.2003	Michael Röckner		
13.02.2004	Peter Wriggers		
16.04.2004			Sigrid Damm
16.04.2004		Wolfgang Schweickard	
18.06.2004			Daniel Kehlmann
05.11.2004			Dirk von Petersdorff
22.04.2005		Christa Jansohn	
22.04.2005		Renate Wittern-Sterzel	
21.04.2006		Günther Schulz	
23.06.2006	Reiner Anderl		
23.06.2006			Angela Krauß
23.06.2006			Karl-Heinz Ott
03.11.2006	Karsten Danzmann		
20.04.2007			Lutz Seiler

Datum der Wahl	Mathematisch-naturwissenschaftliche Klasse	Geistes- und sozialwissenschaftliche Klasse	Klasse der Literatur und der Musik
09.11.2007			Steffen Jacobs
22.02.2008			Klaus Böldl
07.11.2008		Anselm Doering-Manteuffel	
07.11.2008		Norbert Nebes	
26.06.2009	Florian Müller-Plathe		
26.06.2009	Herbert Waldmann		
06.11.2009			Julius Berger
06.11.2009			Claudia Eder
06.11.2009			Moritz Eggert
06.11.2009			Jens Malte Fischer
06.11.2009			Wolfgang Rihm
05.11.2010	Dorothea Bartels		
05.11.2010		Andreas Zimmermann	
05.11.2010			Jan Wagner
05.11.2010	Michael Veith		
05.11.2010		Walter Slaje	
05.11.2010			Hanns Zischler
05.11.2010	Burkard Hillebrands		
05.11.2010	Antje Boetius		
05.11.2010	Johannes Janicka		
18.02.2011		Winfried Schmitz	
15.04.2011	Jörg Bendix		
17.06.2011			Peter Gülke
17.06.2011		Stefan Hradil	
17.06.2011			Reinhard Jirgl
17.06.2011		Ursula Verhoeven-van Elsbergen	
04.11.2011	André Reis		
04.11.2011			Doris Runge
04.11.2011		Friedrich Steinle	
24.02.2012		Thomas Duve	
24.02.2012	Matthias Schwab		
15.06.2012	Angelika Brandt		
09.11.2012	Andreas Heinz		
09.11.2012		Daniel Schwemer	
09.11.2012	Gerhard Weikum		
15.02.2013	Horst Biermann		
15.02.2013		Jürgen W. Falter	
15.02.2013	Frank Jülicher		
19.04.2013	Susanne Albers		
19.04.2013		Klaus Herbers	
19.04.2013			Ursula Krechel
19.04.2013		Manfred Pinkal	

Datum der Wahl	Mathematisch-naturwissenschaftliche Klasse	Geistes- und sozialwissenschaftliche Klasse	Klasse der Literatur und der Musik
19.04.2013		Martin Werding	
28.06.2013	Katrin Wendland		
21.02.2014		Giuseppe Veltri	
11.04.2014			Ernst-W. Händler
11.04.2014			Christian Lehnert
11.04.2014		Lutz Raphael	
11.04.2014	Hermann Wagner		
27.06.2014		Thomas Bräuninger	
27.06.2014	Michael Fleischhauer		
27.06.2014	Matthias Neubert		
07.11.2014	Hermann Einsele		
07.11.2014		Matthias Jestaedt	
07.11.2014		Harriet Rudolph	
27.02.2015	Peter Fratzl		
27.02.2015	Karin Jacobs		
27.02.2015		Holger Kuße	
27.02.2015	Johann W. Wägele		
17.04.2015	Kai-Uwe Eckardt		
17.04.2015		Stefan Heidemann	
17.04.2015		Damaris Nübling	
26.06.2015		Walter Bisang	
26.06.2015		Michael Bollig	
26.06.2015		Christoph M. Schmidt	
06.11.2015	Katrin Böhning-Gaese		
06.11.2015			Daniela Danz
06.11.2015			Jenny Erpenbeck
06.11.2015			Yoko Tawada
26.02.2016	Stefanie Dehnen		
26.02.2016			Thomas Lehr
26.02.2016	Jörg Schröder		
22.04.2016			Marion Poschmann
22.04.2016			Andreas Scholl
22.04.2016			Jörg Widmann
17.06.2016			Isabel Mundry
17.06.2016		Stefan Vogenauer	
04.11.2016	Peter Scholze		
17.02.2017		Sabine Andresen	
17.02.2017		Vinzenz Hediger	
30.06.2017	Rolf Müller		
30.06.2017	Peter R. Schreiner		
23.02.2018	Jan Esper		

Datum der Wahl	Mathematisch-naturwissenschaftliche Klasse	Geistes- und sozialwissenschaftliche Klasse	Klasse der Literatur und der Musik
23.02.2018		Carola Metzner-Nebelsick	
13.04.2018	George Coupland		
13.04.2018	Gerald Haug		
08.06.2018	Jutta Hanson		
09.11.2018			Thomas von Steinaecker
22.02.2019		Andrea Rapp	
12.04.2019	Hans Hasse		
12.04.2019			Peter Kiefer
07.06.2019	Markus Diesmann		
07.06.2019		Elisabeth Rieken	
07.06.2019			Judith Schalansky
14.02.2020		Hans van Ess	
14.02.2020	Jürg Luterbacher		
14.02.2020		Stefan Gosepath	
01.10.2021			Katharina Hacker
01.10.2021			Olga Martynova
01.10.2021		Kiran K. Patel	
01.10.2021			Antje Rávik Strubel
05.11.2021		Maike Albath	
05.11.2021			Nora Bossong
05.11.2021	Ivan Đikić		
05.11.2021		Jürgen Hanneder	
05.11.2021	Michael Kramer		
05.11.2021			Hans-Gerd Koch
05.11.2021		Klaus Pietschmann	
05.11.2021	Uğur Şahin		
05.11.2021	Özlem Türeci		
05.11.2021	Klement Tockner		
05.11.2021	Michael Kramer		
05.11.2021			Antje Vowinckel
05.11.2021	Manfred Wilhelm		
01.07.2022	Andreas Dreizler		
01.07.2022		Sabine Föllinger	
01.07.2022	Benjamin List		
01.07.2022		Angelika Lohwasser	
01.07.2022		Ludwig Paul	
01.07.2022		Aimee van Wynsberghe	
11.11.2022		Claus Arnold	
11.11.2022	Claudia Felser		

Datum der Wahl	Mathematisch-natur-wissenschaftliche Klasse	Geistes- und sozial-wissenschaftliche Klasse	Klasse der Literatur und der Musik
11.11.2022		Stefan Liebig	
11.11.2022	Stefan Müller-Stach		
20.02.2023			Nora Gomringer
20.02.2023			Sasha M. Salzmann
28.04.2023			Albert Ostermaier
28.04.2023		Melanie Wald-Fuhrmann	
30.06.2023	Kristian Kersting		
10.11.2023	Jan C. Aurich		

KORRESPONDIERENDE MITGLIEDER

Datum der Wahl	Mathematisch-natur-wissenschaftliche Klasse	Geistes- und sozial-wissenschaftliche Klasse	Klasse der Literatur und der Musik
28.06.1974		Hermann Lübbe	
15.10.1976	Hansjörg Sinn		
11.02.1977	Rüdiger Wehner		
29.04.1977			Volker Braun
09.11.1979			Adolf Muschg
27.06.1980		Otto Zwierlein	
24.06.1983	Karl Georg Götz		
24.06.1983	Werner Loher		
26.10.1984	Dieter Oesterhelt		
22.04.1988		Marc Lienhard	
04.11.1988	Eric Richard Kandel		
23.06.1989			Klaus-D. Lehmann
03.11.1989	Jean-Marie Lehn		
16.02.1990	Christoph Fuchs		
16.02.1990	Wolfgang A. Herrmann		
27.04.1990	Dieter Seebach		
22.06.1990	Axel Michelsen		
22.06.1990		Kurt Gärtner	
19.04.1991	Jörg Michaelis		
02.04.1992		Rainer Kahsnitz	
05.11.1993	David Sandeman		
18.02.1994		Bernhard Diestelkamp	
18.02.1994	Christian Rittner		
22.04.1994			Paul Michael Lützeler
22.04.1994	Randolf Menzel		
22.04.1994	Arndt Simon		
24.06.1994		Heinrich Oberreuter	
19.04.1996	Dietrich H. Welte		
24.04.1998	Eckehart Jäger		
19.06.1998		Adolf Borbein	
19.06.1998		Brian Charles Gibbons	
06.11.1998		Otto Kresten	
05.11.1999		Hans-Markus von Kaenel	
18.02.2000		Florian Tennstedt	
18.02.2000		Thomas Würtenberger	
14.04.2000	Carlos Belmonte		
14.04.2000	Ruth Duncan		
14.04.2000			Anne Duden
09.11.2001	Franz Grehn		
22.02.2002		Renate Belentschikow	
22.02.2002		Márta Font	
19.04.2002		Gottfried Gabriel	

Datum der Wahl	Mathematisch-natur-wissenschaftliche Klasse	Geistes- und sozial-wissenschaftliche Klasse	Klasse der Literatur und der Musik
19.04.2002			Claudio Magris
25.04.2003	Michel Eichelbaum		
25.04.2003		Ludwig Maximilian Eichinger	
07.11.2003	Carsten Carstensen		
13.02.2004	Martin Claußen		
13.02.2004	Thomas Stocker		
18.02.2005		Wolfram Steinbeck	
04.11.2005	Hans-Jochen Heinze		
17.02.2006	Hans-Georg Rammensee		
20.04.2007			Barbara Honigmann
22.02.2008	Jürg M. Fröhlich		
22.02.2008	Hans Peter Linder		
20.06.2008		Harry Falk	
20.06.2008		Christof Rapp	
24.04.2009		Sybille Ebert-Schifferer	
26.06.2009	Reinhard Büttner		
06.11.2009			Heiner Goebbels
06.11.2009			Ulrich Konrad
06.11.2009		Norbert W. Paul	
06.11.2009		Dominic O'Meara	
05.11.2010		Jürgen Erich Schmidt	
05.11.2010	Stanislav Gorb		
05.11.2010	Werner Nahm		
05.11.2010	Hans Schöler		
05.11.2010	Jean Zinn-Justin		
15.04.2011			Ton Koopman
04.11.2011		Claus von Carnap-Bornheim	
24.02.2012		Sible Lambertus de Blaauw	
24.02.2012	Michael P. Manns		
24.02.2012		Christoph Markschies	
24.02.2012	Christof Niehrs		
24.02.2012		Uta Störmer-Caysa	
09.11.2012		Georges-Jean Pinault	
11.04.2014			Jochen Jung
27.06.2014		Anne Bohnenkamp-Renken	
07.11.2014		Elsbeth Stern	
17.04.2015		Jean-Marie Moeglin	
26.06.2015		Melanie Wald-Fuhrmann	
06.11.2015		Thomas Betzwieser	
06.11.2015		Tatjana Hörnle	
26.02.2016	Luisa De Cola		
26.02.2016		Daniel Göske	
09.11.2018			Doron Rabinovici

Datum der Wahl	Mathematisch-natur-wissenschaftliche Klasse	Geistes- und sozial-wissenschaftliche Klasse	Klasse der Literatur und der Musik
12.04.2019			Arno Geiger
07.06.2019	Lutz Gade		
07.06.2019	Wulfram Gerstner		
07.06.2019			Aleš Šteger
08.11.2019	Martin Hairer		
01.10.2021	Laura Baudis		
01.10.2021	Manfred Fiebig		
05.11.2021		Matthieu Arnold	
10.02.2023		Michael Grünbart	
10.02.2023	Dirk Uwe Sauer		
28.04.2023			Salomé Voegelin

PRÄSIDENTEN

der Akademie der Wissenschaften und der Literatur, Mainz

1949	Professor Dr.-Ing. Dr. e.h. Karl Willy Wagner
31.10.1953	Professor Dr. Eduard Justi
28.02.1958	Professor Dr. Dr. h.c. Peter Rassow
29.07.1961	Professor Dr. Joseph Vogt
01.03.1963	Professor Dr. Pascual Jordan
01.05.1967	Professor Dr. Hellmut Georg Isele
12.02.1971	Professor Dr. Heinrich Bredt
16.02.1979	Professor Dr. Heinrich Otten
26.04.1985	Professor Dr. Dr. Gerhard Thews
01.07.1993	Professor Dr. Clemens Zintzen
01.07.2005	Professorin Dr. Elke Lütjen-Drecoll
01.07.2013	Professor Dr. Dr. h.c. Gernot Wilhelm
30.06.2017	Professor Dr.-Ing. Reiner Anderl

VIZEPRÄSIDENTEN

Mathematisch-naturwissenschaftliche Klasse

1949	Professor Dr. Pascual Jordan
01.03.1963	Professor Dr. Dr.-Ing. E.h. Richard Vieweg
29.04.1966	Professor Dr.-Ing. E.h. Dr.-Ing. E.h. Karl Küpfmüller
11.04.1969	Professor Dr. Heinrich Bredt
23.04.1971	Professor Dr. Johannes W. Rohen
29.04.1977	Professor Dr. Dr. Gerhard Thews
28.06.1985	Professor Dr. Wilhelm Lauer
01.02.1998	Professorin Dr. Elke Lütjen-Drecoll
04.11.2005	Professor Dr. Gerhard Wegner
04.11.2011	Professor Dr.-Ing. Reiner Anderl
30.06.2017	Professor Dr. Burkard Hillebrands

VIZEPRÄSIDENTEN

Geistes- und sozialwissenschaftliche Klasse

1949	Professor Dr. Dr. h.c. Christian Eckert
24.04.1953	Professor Dr. Dr. Dr. h.c. Dr. E.h. Paul Diepgen
02.03.1956	Professor Dr. Hellmut Georg Isele
02.03.1962	Professor Dr. Heinrich Otten
11.02.1977	Professor Dr. Wolfgang P. Schmid
14.02.1986	Professor Dr. Clemens Zintzen
01.07.1993	Professor Dr. Wolfgang P. Schmid
01.03.2000	Professor Dr. Dr. h.c. Helmut Hesse
01.03.2006	Professor Dr. Dr. h.c. Gernot Wilhelm
01.07.2013	Professor Dr. Dr. h.c. Stefan Hradil
08.11.2019	Professor Dr. Thomas Bräuninger
10.02.2023	Professorin Dr. Andrea Rapp

VIZEPRÄSIDENTEN

Klasse der Literatur

1949	Dr. Alfred Döblin
31.07.1953	Walter von Molo
29.04.1955	Dr. Frank Thiess
01.08.1964	Hans Erich Nossack
12.07.1968	Hans Bender
11.10.1974	Dieter Hoffmann
07.11.1980	Barbara König
04.11.1983	Professor Dr. Dr. h.c. Bernhard Zeller
01.02.1990	Walter Helmut Fritz
01.05.2006	Albert von Schirnding
01.05.2009	Professor Dr. Norbert Miller
17.04.2015	Dr. Ursula Krechel
01.10.2021	Dr. Daniela Danz

GENERALSEKRETÄRE

1949	Professor Dr. Dr. h.c. Helmuth Scheel
16.02.1968	Dr. Günter Brenner
01.12.1993	Dr. Wulf Thommel
01.10.2005	Professor Dr. Claudius Geisler

PREISE UND PREISTRÄGER

LEIBNIZ-MEDAILLE

Im Oktober 1960 hat die Akademie als höchste Auszeichnung, die sie zu vergeben hat, die Leibniz-Medaille gestiftet. Sie wird bestimmungsgemäß an Persönlichkeiten verliehen, die sich um die Akademie besonders verdient gemacht haben.

Die Medaille zeigt auf der Vorderseite das gleiche Bild von Leibniz wie auf dem Medaillon an der Kette des Präsidenten. Die Umschrift lautet: „Academia scientiarum et literarum Moguntina". Auf der Rückseite wird der Name des Ausgezeichneten eingraviert. Er ist mit der Umschrift umgeben: „Fautori gratias agit plurimas". Nach der Verleihung einer Leibniz-Medaille bleiben die Geehrten der Akademie verbunden. Sie können an den wissenschaftlichen Sitzungen teilnehmen.

1961	Adolf Kern († 15.5.1963), Mainz	
	Direktor a. D. der Kreissparkasse Mainz	
1961	Dr. Mathilde Gantenberg († 29.10.1975), Mainz	
	Staatssekretärin im Kultusministerium des Landes Rheinland-Pfalz	
1961	Heinrich Delp († 2.1.1973), Mainz	
	ehem. Leiter der Staatlichen Hochbauverwaltung	
1961	Irène Giron († 29.4.1988), Paris	
	ehem. Directeur Général Adjoint der franz. Kulturabt. Baden-Baden	
1961	Professor Dr. Adolf Süsterhenn († 24.11.1974), Koblenz	
	ehem. Präsident des Verfassungsgerichtshofes RLP	
1964	Dr. Walter Kalkhof-Rose († 6.7.1988), Mainz	
	ehem. Präsident der IHK für Rheinhessen	
1964	Klaus-Berto von Doemming († 28.1.1993), Mainz	
	Staatssekretär a.D.	
1965	Dr. h.c. Ernst Nord († 7.9.1981), Essen	
	ehem. Ehrenkurator des Stifterverbandes für die Deutsche Wissenschaft	
1965	Professor Dr. Otto Wegner († 12.3.1984), Mainz	
	Ministerialdirigent a. D.	
1965	Professor Dr. Siegfried Balke († 11.6.1984), München	
	Bundesminister a. D.	
1966	Otto van Volxem († 16.2.1994), Mainz	
	Landtagspräsident a. D. RLP	

1966	Richard Voigt († 10.3.1970), Hannover ehem. Staatsminister und Präsident des Kuratoriums der Stiftung Volkswagenwerk
1967	Dr. Eduard Orth († 31.3.1968), Mainz Minister a. D. für Unterricht und Kultus RLP
1967	Dr. Werner T. Schaurte († 25.7.1978), Neuss Unternehmer
1969	Dr. Peter Altmeier († 28.8.1977), Mainz Ministerpräsident a.D. des Landes Rheinland-Pfalz
1971	Dr. Gotthardt Gambke († 1.7.1988), Hannover ehem. Generalsekretär der Stiftung Volkswagenwerk
1971	Horst Backsmann († 9.7.1984), Hannover ehem. Vorstandsmitglied der Volkswagenwerk AG
1973	Professor Dr. Adolf Steinhofer († 20.8.1990), Ludwigshafen Leiter der Forschung der BASF
1973	Dr. Karl August Forster († 11.9.1984), Ulm ehem. Ehrensenator der Universität Ulm
1974	Dr. Johann Baptist Rösler († 1.4.2009), Bingen ehem. Bürgerbeauftragter des Landes Rheinland-Pfalz, Mainz
1974	Ernst Schäck († 14.2.1998), Mainz Ministerialdirigent
1974	Jockel Fuchs († 6.3.2002), Mainz Oberbürgermeister a. D.
1979	Professor Dr. Herbert Grünewald († 14.7.2002), Leverkusen ehem. Vorsitzender des Aufsichtsrates der Bayer AG
1979	Professor Dr. Werner Krämer († 08.3.2007), Berlin ehem. Präsident des Deutschen Archäologischen Instituts
1981	Dr. Hanna-Renate Laurien († 12.3.2010), Berlin Kultusministerin RLP
1981	Dr. Wolfgang Treue († 10.9.1989), Bonn ehem. Referent der DFG
1982	Dr. Konrad Petersen († 21.6.1990), Bonn Ministerialrat a. D.

1982	Kuno Huhn, Mainz Notar a. D.
1983	Dr. Hermann Eicher († 30.7.1984), Mainz Finanzminister a. D. des Landes RLP
1983	Professor Dr. Hans Rüdiger Vogel, Frankfurt a. M. Gründer und Vorsitzender des Instituts für Gesundheitsökonomie
1984	Professor Dr. Otto Bardong († 10.12.2003), Worms Mitglied des Landtags RLP
1985	Albrecht Martin († 15.7.2014), Bad Kreuznach Staatsminister a. D.
1987	Hans Helzer († 12.3.2020), Altenkirchen Rektor a. D.
1987	Hugo Brandt († 12.9.1989), Grolsheim Bundestagsabgeordneter a. D.
1987	Professor Dr. Klaus Töpfer, Bonn Bundesminister a. D.
1988	Professor Dr. Dr. Herbert Franke († 10.6.2011), Gauting ehem. Vizepräsident der DFG
1989	Dr. Bernhard Vogel, Speyer Ministerpräsident a. D. des Landes Thüringen
1989	Professor Dr. Rita Süssmuth, Bonn Präsidentin des Deutschen Bundestages
1990	Dr. Marie-Luise Zarnitz († 1.7.2020), Tübingen Leitende Mitarbeiterin der Volkswagen-Stiftung
1991	Dr. Heinz Peter Volkert († 23.4.2013), Koblenz Landtagspräsident a. D.
1991	Professor Dr. Fritz Preuss, Bad Dürkheim Vizepräsident a. D. des Landtags RLP
1992	Sibylle Kalkhof-Rose († 18.9.2022), Mainz Förderin und Ehrenmitglied der Akademie
1993	Walter P. Becker, Mainz Direktor a. D. des Landtages Rheinland-Pfalz
1994	Dr. Wolfgang Paulig, Bonn Ministerialrat a. D.

1995	Rolf Möller, Bonn Staatssekretär a. D., Generalsekretär der Volkswagen-Stiftung a. D.
1996	August Frölich, Mainz Ministerialdirigent a. D.
1997	Dr. h.c. Sylvester Rostosky († 29.10.2005), Bonn Referatsleiter Geisteswissenschaften der DFG
1998	Dr. jur. habil. Hans Franzen († 26.6.2007), Wiesbaden Stifter des Hans-Franzen-Akademiepreises
1999	Professor Dr. Rudolf Meimberg († 4.11.2011), Neu-Isenburg Stifter des Meimberg-Preises der Akademie
1999	Professor Dr. Siegfried Grosse († 17.1.2016), Bochum Präsident a. D. des Instituts für Deutsche Sprache
2000	Professor Dr. Josef Reiter, Mainz Präsident a. D. der Johannes Gutenberg-Universität
2001	Dr. Wilhelm Krull, Hannover Generalsekretär der Volkswagenstiftung
2002	Dr. h.c. Klaus G. Adam, Mainz ehem. Vorsitzender der Landesbank Rheinland-Pfalz
2003	Jens Beutel († 8.5.2019), Mainz Oberbürgermeister der Stadt Mainz
2004	Christoph Grimm, Mainz Präsident a. D. des Landtags Rheinland-Pfalz
2005	Professor Dr. Peter Schwenkmezger († 12.7.2018), Trier Präsident der Universität Trier
2006	Professor Dr. Jürgen Zöllner, Mainz Minister für Wissenschaft, Weiterbildung, Forschung und Kultur des Landes Rheinland-Pfalz
2007	Professor Dr. Jörg Michaelis, Mainz ehemaliger Präsident der Johannes Gutenberg-Universität
2008	Helmut Rittgen, Frankfurt a. M. Bundesbankdirektor, Deutsche Bundesbank Frankfurt
2009	Dr. Eckhart Koch, Zürich Bankdirektor a. D.

2010	Gerd Mangel, Wiesbaden Ministerialrat a. D.
2011	Jürgen Schlegel, Köln Generalsekretär a. D., Gemeinsame Wissenschaftskonferenz GWK
2012	Dr. Peter Hanser-Strecker, Mainz Leiter des Schott Verlages
2013	Dr. h.c. Kurt Beck, Mainz Ministerpräsident a. D. des Landes Rheinland-Pfalz
2014	Professor Dr. Georg Krausch, Mainz Präsident der Johannes Gutenberg-Universität, Mainz
2015	Burger Wittke, Mönchengladbach Richter und Direktor des Amtsgerichts Mönchengladbach a. D
2016	Professor Dr. Gerhard Muth, Mainz Präsident der Hochschule Mainz
2017	Dr. Frank Suder, Köln Geschäftsführender Vorstand bei der Fritz Thyssen Stiftung
2018	Dr. Stephan Kern, Mainz Rechtsanwalt
2019	Dr. iur. Joachim Erler († 15.5.2020), Mainz Rechtsanwalt a. D.
2020	Stefan Schmitz, Mainz Gründer der „Kulturstiftung Stefan Schmitz"
2021	Prof. Dr. Andreas Barner und Dr. Susanne Barner Stifter des Hans Gàl-Preises
2022	Uwe Abel Vorstandsmitglied der Mainzer Volksbank
2023	Hans Seus Leitender Ministerialrat a.D.

AKADEMIEPREIS DES LANDES RHEINLAND-PFALZ

Das Land Rheinland-Pfalz hat im Zusammenwirken mit der Akademie der Wissenschaften und der Literatur | Mainz einen Preis gestiftet, der im Bereich der Hochschulen des Landes Rheinland-Pfalz herausragende und vorbildhafte Leistungen in Lehre und Forschung auszeichnen soll. Zugleich soll durch diese Ehrung eine Persönlichkeit hervorgehoben werden, die durch ihr engagiertes Wirken maßgebend den wissenschaftlichen Nachwuchs gefördert hat. Der Preis ist mit 25.000 Euro dotiert und kann nach freier Entscheidung der Preisträgerin oder des Preisträgers für Forschung und Lehre verwendet werden.

2001	Professor Dr. Helmut Neunzert, Kaiserslautern
2002	Professor Dr. Alfred Haverkamp († 16.5.2021), Trier
2003	Professor Dr. Gregor Hoogers, Trier
2004	Professor Dr. Stephan Borrmann, Mainz
2005	Professor Dr. Eckhard Friauf, Kaiserslautern
2006	Professor Claudia Eder, Mainz
2007	Professor Dr. Ursula Verhoeven-van Elsbergen, Mainz
2008	Professor Dr. Dietmar Eifler, Kaiserslautern
2009	Professor Dr. Thomas Wilhein, Koblenz
2010	Professor Dr. Claudine Moulin, Trier
2011	Professor Dr. Manfred Lehn, Mainz
2012	Professor Dr. Frank Boochs, Mainz
2013	Professor Dr. Damaris Nübling, Mainz
2014	Professor Dr. Daniela Braun, Koblenz
2015	Professorin Dr. Gabriele E. Schaumann, Koblenz-Landau Professor Dr.-Ing. Hans Hasse, Kaiserslautern
2016	Professorin Anna Bulanda-Pantalacci, Trier
2017	Professor Dr. Kai-Christian Bruhn, Mainz
2018	Professor Dr. Steffen Staab, Koblenz-Landau
2019	Professor Dr. Georg Dusel, Bingen
2020	Professor Dr. Volker Schulz, Trier
2021	Professor Dr. Birger Petersen, Mainz

2022   Professorin Dr. Antje Liersch, Koblenz
2023   Prof. Dr. Concettina Sfienti, Mainz

ALFRED DÖBLIN-MEDAILLE

Mit der Alfred Döblin-Medaille, die mit ihrem Namen an den Gründungsvater der Akademie der Wissenschaften und der Literatur erinnert, würdigt die Akademie Autorinnen und Autoren für deren erste vielversprechende Veröffentlichungen und deren bisheriges gesamtes literarisches Wirken. Der Preis ist mit 3.000 Euro dotiert. Außerdem hat die Preisträgerin bzw. der Preisträger das Vorschlagsrecht für die kommende Preisträgerin bzw. den kommenden Preisträger in der Form, dass die Akademie drei Vorschläge erwartet, unter denen sie anschließend eine Preisträger bzw. einen Preisträger auswählt. Der Preis wurde ermöglicht durch eine testamentarische Stiftung des Ehepaares Prof. Dipl.-Ing. Georg und Dr. Margarete Martz.

2015   Martin Kordić
2016   Matthias Nawrat
2017   Roman Ehrlich
2018   Julia Weber
2019   Theresia Enzensberger
2020   Cemile Sahin
2021   Karosh Taha
        außerordentliche Medaille für Semra Ertan†
2022   Fabian Saul
2023   Ralph Tharayil

FÖRDERPREIS BIODIVERSITÄT

Der auf eine Stiftung zurückgehende Förderpreis wird an Nachwuchswissenschaftlerinnen und -wissenschaftler verliehen, die eine herausragende Arbeit auf dem Gebiet der Biodiversitätsforschung vorgelegt haben. Der Preis versteht sich als Beitrag zur Förderung des akademischen Nachwuchses und als Motivation, eine wissenschaftliche Laufbahn entschlossen zu verfolgen.

1996   Dr. Pierre Leonhard Ibisch, Bonn

1999	Dipl.-Biol. Sonja Migge, Calgary
2000	Dipl.-Biol. Gerold Kier, Bonn
2001	Dipl.-Biol. Alexandra Klein, Göttingen
2002	Dr. Jens Mutke, Bonn
2003	Dr. Herbert Nickel, Göttingen
2004	Dipl.-Biol. Kai Müller, Bonn
2005	Dr. Judith Rothenbücher, Göttingen
2006	Dipl.-Biol. Claudia Koch, Bonn
2007	Dr. Lennart Wolfgang Pyritz, Göttingen
2008	Dr. Jan Henning Sommer, Bonn
2009	Dipl.-Biol. Verena Eißfeller, Göttingen
2010	Dr. Sylvestre Da, Bonn
2011	Dipl.-Biol. Franca Marian, Göttingen
2012	Dipl.-Biol. Lina Samira Meiling, Hennef
2013	Sarah Maria Schnurr M.Sc., Hamburg
2014	Dr. Jonas O. Wolff, Kiel
2016	Dr. Tim Böhnert, Hamburg
2018	Nele Johannsen, Frankfurt am Main
2021	Dr. Marie Elisette Rahelivololona, Mahajanga (Madagaskar)
2022	Dr. Thies Henning Büscher, Kiel

JOSEPH-BREITBACH-PREIS

Nach dem Willen des am 9. Mai 1980 in München verstorbenen Literaten Joseph Breitbach, der in Koblenz geboren wurde, verleiht die Akademie im Zusammenwirken mit der Stiftung Joseph Breitbach alljährlich einen Literaturpreis. Er trägt den Namen Joseph-Breitbach-Preis der Akademie der Wissenschaften und der Literatur, Mainz. Mit dem Preis, der mit 50.000 Euro dotiert ist, sollen deutschsprachige Werke aller Literaturgattungen ausgezeichnet werden.

1998	Hans Boesch († 21.6.2003), Friedhelm Kemp († 3.3.2011), Brigitte Kronauer († 22.7.2019)

1999	Reinhard Jirgl, Wolf Lepenies, Rainer Malkowski († 1.9.2003)
2000	Ilse Aichinger († 11.11.2016), W. G. Sebald († 14.12.2001), Markus Werner († 3.7.2016)
2001	Thomas Hürlimann, Ingo Schulze, Dieter Wellershoff († 15.6.2018)
2002	Elazar Benyoëtz, Erika Burkart († 14.4.2010), Robert Menasse
2003	Christoph Meckel († 29.1.2020), Herta Müller, Harald Weinrich († 26.2.2022)
2004	Raoul Schrott
2005	Georges-Arthur Goldschmidt
2006	Wulf Kirsten († 14.12.2022)
2007	Friedrich Christian Delius († 30.5.2022)
2008	Marcel Beyer
2009	Ursula Krechel
2010	Michael Krüger
2011	Hans Joachim Schädlich
2012	Kurt Flasch
2013	Jenny Erpenbeck
2014	Navid Kermani
2015	Thomas Lehr
2016	Reiner Stach
2017	Dea Loher
2018	Arno Geiger
2019	Thomas Hettche
2020	Nora Bossong
2021	Karl-Heinz Ott
2022	Natascha Wodin
2023	Marion Poschmann

HANS GÁL-PREIS

Mit dem Namen des Preises möchten Akademie und Villa Musica an den Komponisten, Musikwissenschaftler und -pädagogen Hans Gál (1890–1987) erinnern. Er war von 1929 bis 1933 Direktor des Konservatoriums Mainz, aus dem später die Hochschule für Musik und das Peter Cornelius-Konservatorium hervorgingen. Nach der Machtergreifung durch die Nationalsozialisten wurde Hans Gál, der jüdischer Abstammung war, sofort beurlaubt und verließ Deutschland im selben Jahr. Bis zum „Anschluss" Österreichs lebte die Familie unter schwierigen Umständen in Wien und emigrierte 1938 nach Großbritannien. 1945 wurde Hans Gál britischer Staatsbürger und unterrichtete bis 1955 an der Universität Edinburgh. Als Komponist hinterlässt er ein umfangreiches Oeuvre, das in der Tradition von Johannes Brahms, Franz Schubert und Johann Sebastian Bach steht.

Der Preis, der der Förderung eines internationalen Nachwuchsensembles dient, wurde 2020 zu Ehren des jüdischen Komponisten Hans Gál durch eine Stiftung von Susanne und Andreas Barner für zunächst fünf Jahre ermöglicht. Er wird gemeinsam von der Akademie der Wissenschaften und der Literatur | Mainz und der Villa Musica Rheinland-Pfalz verliehen und ist mit 10.000,- € dotiert.

Der Jury gehören die Akademiemitglieder Professorin Claudia Eder und Professor Dr. Peter Gülke sowie der Künstlerische Direktor der Villa Musica, Professor Alexander Hülshoff, an.

2020 Esmé-Quartett (Wonhee Bae, Yuna Ha, Jiwon Kim, Yeeun Heo)

2021 Trio Sōra (Amanda Favier, Angèle Legasa, Pauline Chenais)

2022 Javus Quartett (Marie-Therese Schwöllinger, Anuschka Cidlinsky, Alexandra Moser, Oscar Hagen)

2023 Trio Incendio (Karolína Františová, Filip Zaykov, Vilém Petras)

SIBYLLE KALKHOF-ROSE AKADEMIE-PREIS FÜR GEISTESWISSENSCHAFTEN

Der mit 5.000 Euro dotierte „Sibylle Kalkhof-Rose Akademie-Preis für Geisteswissenschaften" wird alle zwei Jahre an herausragende Wissenschaftlerinnen oder Wissenschaftler aus dem gesamten Spektrum der Geisteswissenschaften vergeben. Es handelt sich seit 2015 um einen Preis zur Förderung des wissenschaftlichen Nachwuchses; das Lebensalter des Preisträgers oder der Preisträgerin sollte 40 Jahre nicht überschreiten. Stifter des Preises ist die „Walter und Sibylle Kalkhof-Rose-Stiftung", die an der Akademie der Wissenschaften und der Literatur angesiedelt ist.

2013	Professor Hermann Parzinger, Berlin
2015	Dr. Daniel Damler, Frankfurt a. M.
2017	Dr. Lena Foljanty, Frankfurt a. M.
2019	Dr. Julia Borst, Bremen
2021	Jun.-Prof. Dr. Christina Brauner, Tübingen
2023	Dr. Laura Klein, Mainz

WALTER KALKHOF-ROSE-GEDÄCHTNISPREIS

Der von Sibylle Kalkhof-Rose gestiftete Preis erinnert an das 1988 verstorbene Ehrenmitglied und den Inhaber der Leibniz-Medaille Walter Kalkhof-Rose und hat zum Ziel, den wissenschaftlichen Nachwuchs in den Naturwissenschaften zu fördern.

1995	Dr. Ernst Tamm, National Institute of Health, Bethesda/USA
1996	Dr. Laurenz Lütteken, Münster
1997	Dr. Jörg Bendix, Bonn
1998	Dr. Stefan Trappen, Mainz
1999	Dr. Stefanie Reese, Hannover
2000	Dr. Johann Graf Lambsdorff, Göttingen
2001	Dr. Hubertus Fischer, Bremen

2002	Dr. Christian Baldus, Köln
2003	Dr. Jochen Kaiser, Tübingen
2005	Dr. Ralf Weberskirch, München
2006	Dr. Miloš Vec, Frankfurt am Main
2007	Dr. Peter Virnau, Mainz
2008	Dr. Stefan Pfeiffer, Gusterath
2010	Dr. Frédéric Laquai, Mainz
2012	Dr. Fabian Kolb, Mainz
2014	Dr. Ander Ramos-Murguialday, Tübingen
2016	Dr. Valentino Giarola, Bonn
2018	Prof. Dr. Yana Vaynzof, Heidelberg
2020	Dr. Jack D. Evans, Dresden
2022	Dr. Karin Bartel, München

PREIS DER PEREGRINUS-STIFTUNG

Der Preis der Peregrinus-Stiftung wird verliehen für herausragende in- oder ausländische Publikationen, in denen der Verantwortung des Menschen für sich und die Allgemeinheit in besonderer Weise Rechnung getragen wird, oder für Forschungen im Bereich der griechisch-orientalischen Altertumskunde in Verbindung zur Kultur der Gegenwart sowie der Tradition des Humanismus und der Humanität.

1996	Dr. Stephanie-Gerrit Bruer, Stendal
1998	Professor Dr. Kurt Sier, Leipzig
1999	Professorin Dr. Weyma Lübbe, Leipzig
2001	Professor Dr. Dr. h.c. mult. Claudio Leonardi, Florenz († 21.5.2010)
2003	Professor Dr. Jens Halfwassen († 14.2.2020), Heidelberg
2005	Professor Dr. Dr. h.c. Kurt Flasch, Bochum
2007	Professor Dr. Stefan Maul, Heidelberg
2009	Professor Dr. Michele Feo, Pisa
2011	Professor Dr. Günter Vittmann, Würzburg

2014	Professorin Dr. Barbara Kuhn, Eichstätt
2015	Professor Dr. Michael Jursa, Wien
2017	Professorin Dr. Teresa Jiménez Calvente, Alcalá
2019	Professor Patrick Finglass DPhil, Bristol
2022	PD Dr. Susanna Fischer, Kassel
2023	Prof. Dr. Annette Zgoll und Prof. Dr. Christian Zgoll, Göttingen

KURT-RINGGER-PREIS

Der Stifter Kurt Ringger war Professor für Romanische Philologie an der Universität Mainz. Er verstarb 1988 viel zu früh im Alter von 54 Jahren. Auf der Grundlage seines Vermächtnisses konnte bei der Akademie eine Stiftung zur Förderung der Romanistik errichtet werden, die alljährlich u. a. den Kurt-Ringger-Preis für eine exzellente Dissertation oder Habilitationsschrift aus dem Bereich der romanistischen Sprach-, Literatur- oder Kulturwissenschaft auslobt.

2008	Jun.-Prof. Dr. Ursula Hennigfeld, Freiburg
2009	Dr. Annette Gerstenberg, Bochum
2010	Dr. Claudia Nickel, Berlin
2011	PD Dr. Anja Overbeck, Göttingen
2012	Prof. Dr. Stephanie Bung, Berlin
2013	Prof. Dr. Elton Prifti, Mannheim
2014	Dr. Viktoria Adam, Heidelberg
2015	Dr. Felix Tacke, Bonn
2016	Prof. Dr. Marina Ortrud M. Hertrampf, Regensburg
2017	Dr. Julia Zwink, Göttingen
2018	Dr. Élodie Ripoll, Stuttgart
2019	Dr. Giuseppe Zarra, Florenz
2020	Dr. Benjamin Loy, Wien
2021	Dr. Manuela Mohr, Stuttgart
2022	Dr. Thea Göhring, Bonn
2023	Prof. Dr. Claudia Jacobi, Bonn

ROBERT SCHUMANN-PREIS FÜR DICHTUNG UND MUSIK

Mit dem Robert Schumann-Preis für Dichtung und Musik zeichnet die Akademie der Wissenschaften und der Literatur in Mainz Persönlichkeiten für ein herausragendes Lebenswerk auf dem Gebiet der Dichtung und der Musik aus. Stifter des mit 25.000 Euro dotierten Preises, der alle zwei Jahre verliehen werden soll, ist die Mainzer Strecker Stiftung.

2012	Pierre Boulez († 5.1.2016)
2014	Wolfgang Rihm
2016	Aribert Reimann († 13.3.2024)
2018	Jörg Widmann
2020	Olga Neuwirth
2022	Heinz Holliger

JOACHIM VOGEL-GEDÄCHTNISPREIS

Im Gedenken an Joachim Vogel lobt die Akademie die Joachim Vogel-Gedächtnismedaille aus. Die Medaille, die mit einem von der Familie des Verstorbenen gestifteten Preisgeld in Höhe von 3.000 € dotiert ist, wird alle zwei Jahre im Rahmen der Jahresfeier der Akademie der Wissenschaften und der Literatur feierlich vergeben. Sie soll an eine Nachwuchswissenschaftlerin oder an einen Nachwuchswissenschaftler (Höchstalter 40 Jahre) verliehen werden, die/der auf dem Gebiet des Strafrechts und Strafprozessrechts bereits ein herausragendes Profil entwickelt hat und mit einer exzellenten Qualifikationsarbeit (Promotion oder Habilitation) hervorgetreten ist. Die Gedächtnismedaille wird erstmals am 8. November 2019 in der Akademie der Wissenschaften und der Literatur im Rahmen der Jahresfeier verliehen.

Die Jury besteht aus folgenden Mitgliedern: Prof. Dr. Tatjana Hörnle (Vorsitz), Prof. Dr. Matthias Jahn (Hochschullehrer, Frankfurt/Main), Prof. Dr. Henning Radtke (Richter am Bundesverfassungsgericht), Prof. Dr. Hartmut Schneider (Bundesanwalt).

2019	Dr. Thomas Grosse-Wilde
2021	Dr. Mustafa Oğlakcıoğlu
2023	Dr. Sören Lichtenthäler

STIFTUNGEN

DIE AKADEMIESTIFTUNG MAINZ

Die Akademiestiftung | Mainz ist eine öffentliche Stiftung bürgerlichen Rechts. Ihr Zweck ist die Förderung und Pflege von Wissenschaft, Literatur und Kultur. Sie unterstützt damit ideell und finanziell die Akademie in ihren Aufgaben, etwa durch die Vergabe von Stipendien und Preisen oder die Förderung von Projekten und Veranstaltungen.

KULTURSTIFTUNG | STEFAN SCHMITZ

Die „Kulturstiftung | Stefan Schmitz" ist eine nichtrechtsfähige öffentliche Stiftung des Bürgerlichen Rechts mit Sitz in Mainz und wird als unselbstständige Stiftung durch die „Akademiestiftung | Mainz" (Dachstiftung) verwaltet.

Stiftungsziel ist die unbürokratische Förderung kultureller Aktivitäten sowie die Bewahrung des kulturellen Erbes im Rahmen des satzungsgemäßen Auftrags der Akademie der Wissenschaften und der Literatur. Die Verwendung des Vermögens sowie die Förderung bestimmter Projekte erfolgt nach den Vorgaben des Stifters.

KURT-RINGGER-STIFTUNG

Der 1988 verstorbene Mainzer Romanist hatte die Akademie als Alleinerbin eingesetzt. Nach Verwertung des Vermögens ist eine Stiftung zur Förderung der romanistischen Forschung errichtet worden. Die Stiftung verwirklicht ihre Ziele insbesondere durch Vergabe von Stipendien, Sachmitteln und Druckkostenzuschüssen.

WALTER UND SIBYLLE KALKHOF-ROSE-STIFTUNG

Frau Sibylle Kalkhof-Rose hat eine öffentliche Stiftung des Bürgerlichen Rechts errichtet. Zweck der Stiftung ist die Förderung und Weiterbildung des besonders qualifizierten wissenschaftlichen Nachwuchses sowie die ideelle und finanzielle Unterstützung der Akademie der Wissenschaften und der Literatur | Mainz. Die Förderungsmaßnahmen werden über die Akademie der Wissenschaften und der Literatur | Mainz abgewickelt, deren Präsident Mitglied der Stiftung ist.

WILHELM-LAUER-STIFTUNG

Die von dem Geographen Wilhelm Lauer († 24. Juli 2007), Mitglied der Mathematisch-naturwissenschaftlichen Klasse der Akademie, ins Leben gerufene Stiftung dient der Förderung der Erdwissenschaftlichen Forschung. Zu diesem Zweck werden Stipendien und Zuschüsse an Personen vergeben, die im Sinne des Stiftungszwecks handeln, ferner Publikationen bezuschusst, die aus solchen Arbeiten entstanden sind.

POETIKDOZENTUR DER AKADEMIE DER WISSENSCHAFTEN UND DER LITERATUR AN DER UNIVERSITÄT MAINZ

Die Poetikdozentur wurde 1980 begründet. Im Rahmen von Seminaren bietet sie Studierenden der Literaturwissenschaft die Möglichkeit, im Gespräch mit Schriftstellerinnen und Schriftstellern poetologische Fragen zu diskutieren. Mit einem öffentlichen Vortrag in der Universität stellen sich die Autoren abschließend einem größeren Publikum vor.

WS 1980/81:	Jürgen Becker		SS 1992:	Herbert Heckmann
WS 1981/82:	Helmut Heißenbüttel			Harald Hartung
SS 1982:	Hans Jürgen Fröhlich		WS 1992/93:	Elisabeth Borchers
WS 1982/83:	Hans Bender		SS 1993:	Ulrich Woelk
SS 1983:	Walter Helmut Fritz		WS 1993/94:	Michael Zeller
WS 1983/84:	Paul Wühr		SS 1994:	Dagmar Leupold
SS 1984:	Herbert Heckmann		WS 1994/95:	Harald Hartung
WS 1984/85:	Klaus Hoffer		SS 1995:	Arnold Stadler
SS 1985:	Ludwig Harig		WS 1995/96:	Durs Grünbein
WS 1985/86:	Ralph Thenior		SS 1996:	Hugo Dittberner
SS 1986:	Guntram Vesper		WS 1996/97:	Thomas Kling
WS 1986/87:	Christoph Meckel		SS 1997:	Herbert Rosendorfer
SS 1987:	Eva Zeller		WS 1997/98:	Robert Schindel
WS 1987/88:	Franz Mon		SS 1998:	Brigitte Oleschinski
SS 1988:	Gabriele Wohmann		WS 1998/99:	Matthias Politycki
WS 1988/89:	Hans Jürgen Heise		SS 1999:	Zoë Jenny
SS 1989:	Paul Wühr		SS 2000:	Marlene Streeruwitz
WS 1989/90:	Hilde Domin		WS 2000/01:	Daniel Kehlmann
SS 1990:	Dieter Hoffmann		SS 2001:	Rüdiger Safranski
WS 1990/91:	Heinz Czechowski		WS 2001/02:	Albert v. Schirnding
SS 1991:	Zsuzsanna Gahse		SS 2002:	Thomas Hettche
WS 1991/92:	Franz Mon			Malin Schwerdtfeger
	Walter Helmut Fritz		WS 2002/03:	Andreas Maier
	Guntram Vesper		SS 2003:	Anne Weber
	Rainer Malkowski		WS 2003/04:	Michael Lentz
	Wulf Kirsten		SS 2004:	Christoph Peters
	Uwe Wittstock		WS 2004/05:	Heinrich Detering

SS	2005:	Ulrike Draesner	WS	2013/14:	Navid Kermani
WS	2005/06:	Karl-Heinz Ott	SS	2014:	Lutz Seiler
SS	2006:	Hans-Ulrich Treichel	WS	2014/15:	Ursula Krechel
SS	2007:	Felicitas Hoppe	WS	2015/16:	Hanns-Josef Ortheil
		Silke Scheuermann	SS	2016:	Yoko Tawada
WS	2007/08:	Antje Rávik Strubel	WS	2016/17:	Ulrike Almut Sandig
SS	2008:	Anja Utler	SS	2017:	Teresa Präauer
WS	2008/09:	Dirk von Petersdorff	WS	2017/18:	Marion Poschmann
SS	2009:	Franz Josef Czernin	SS	2018:	Philipp Schönthaler
WS	2009/10:	Terézia Mora	WS	2018/19:	Thomas Meinecke
SS	2010:	Angela Krauß	SS	2019:	Sasha Marianna Salzmann
WS	2010/11:	Steffen Jacobs			
SS	2011:	Marcel Beyer	WS	2019/20:	Ernst-Wilhelm Händler
WS	2011/12:	Ulrich Peltzer	SS	2021:	Deniz Utlu
SS	2012:	Lars Gustafsson	WS	2021/22:	Daniela Danz
WS	2012/13:	Hans Thill	SS	2022	Katharina Hacker
SS	2013:	Jan Wagner	WS	2022/23	Uljana Wolf

MUSIKDOZENTUR DER AKADEMIE DER WISSENSCHAFTEN UND DER LITERATUR AN DER UNIVERSITÄT MAINZ

Die Musikdozentur wurde 2011 von der Akademie der Wissenschaften und der Literatur und die Exzellenzeinrichtung „Barock vokal" an der Hochschule für Musik Mainz als neue Veranstaltungsreihe begründet.

Renommierte Künstlerinnen und Künstler sprechen jenseits der akademischen Perspektive im engeren Sinn über Musik und ihr eigenes kreatives Tun.

2011	Ton Koopman	2018	Eleonore Büning
2012	Peter Gülke	2019	Bernd Goetzke
2013	Anja Silja	2021	Sebastian Sternal
2014	Moritz Eggert	2022	Frieder Bernius
2015	Reinhard Goebel		(ist 2020 pandemiebedingt ausgefallen)
2016	Heinrich Detering	2022	Rainer Schmidt
2017	Silke Leopold	2023	Thomas von Steinaecker

VERSTORBENE EHRENMITGLIEDER

(Todesdaten in Klammern)

Emil Abderhalden (5.8.1950)
Wolfgang Freihr. von Buddenbrock-Hettersdorf (11.4.1964)
Alfred Döblin (28.6.1957)
Otto Hahn (28.7.1968)
Willy Hellpach (6.7.1952)
Roman Herzog (10.1.2017)
Theodor Heuss (12.12.1963)

Sibylle Kalkhof-Rose (18.9.2022)
Walter Kalkhof-Rose (6.7.1988)
Luigi Lombardi (7.2.1958)
Albrecht Martin (15.7.2014)
Walter von Molo (27.10.1958)
Gaetano de Sanctis (9.4.1957)
Arnold Sommerfeld (26.4.1951)

VERSTORBENE MITGLIEDER

(Todesdaten in Klammern)

Hans W. Ahlmann (10.3.1974)
Andreas Alföldi (12.2.1981)
Ernst Alker (5.8.1972)
Martin Almagro-Basch (28.8.1984)
Sedat Alp (9.10.2006)
Ludwig Alsdorf (25.3.1978)
Clemens-August Andreae (26.5.1991)
Sir Edward Victor Appleton (22.4.1965)
Cahit Arf (26.12.1997)
Paolo Enrico Arias (3.12.1998)
Walter Artelt (26.1.1976)
Peter Ax (2.5.2013)

Walter Baade (25.6.1960)
Günter Bandmann (24.2.1975)
Ernst H. Bárány (16.6.1991)
Wolfgang Bargmann (20.6.1978)
Felice Battaglia (28.3.1977)
Roger Bauer (18.6.2005)
Franz Baumgärtner (3.9.2020)
Günter Baumgartner (11.8.1991)

Otto Bayer (1.8.1982)
Louis Bazin (2.3.2011)
Friedrich Becker (25.12.1985)
Wilhelm Becker-Obolenskaja (20.11.1996)
Henri Graf Bégouën (4.11.1956)
Georg von Békésy (13.6.1972)
Heinz Bellen (27.7.2002)
Saul Bellow (5.4.2005)
Emil Belzner (8.8.1979)
Hans Bender (28.5.2015)
Jost Benedum (23.12.2003)
Alfred Benninghoff (18.2.1953)
Ernst Benz (29.12.1978)
Johannes Benzing (16.3.2001)
Werner Bergengruen (4.9.1964)
Helmut Berve (6.4.1979)
Helmut Beumann (14.8.1995)
Jan Białostocki (25.12.1988)
Kurt Binder (27.9.2022)
Friedrich Bischoff (21.5.1976)
Karl Bischoff (25.11.1983)

Kurt Bittel (30.1.1991)
Wilhelm Blaschke (17.3.1962)
Hans Blumenberg (28.3.1996)
Hans Bock (21.1.2008)
Kurt Böhner (31.5.2007)
Niels Bohr (18.11.1962)
Heinrich Böll (16.7.1985)
Elisabeth Borchers (25.9.2013)
Viktor Ivanovič Borkovskij (26.12.1982)
Karl Erich Born (23.3.2000)
Nicolas Born (7.12.1979)
Charles van den Borren (14.1.1966)
Peter Brang (14.4.2019)
Herbert Bräuer (20.12.1989)
Heinrich Bredt (1.11.1989)
Bernard von Brentano (29.12.1964)
Henri Breuil (14.8.1961)
Louis-César Duc de Broglie (1987)
Hermann Alexander Brück (4.3.2000)
Otto Brunner (12.6.1982)
Karl Heinz Büchel (11.1.2020)
Julius Büdel (28.8.1983)
Dino Buzzati (28.1.1972)

Walter Cady (1974)
Maurice Caullery (13.7.1958)
Heinrich Chantraine (9.12.2002)
Hans Helmut Christmann (26.7.1995)
Jean Cocteau (11.10.1963)
Fabio Conforto (24.2.1954)
Antonio Augusto Esteves Mendes Corrêa (7.1.1960)
Elena Croce (20.11.1994)
Oscar Cullmann (16.1.1999)

Adolf Dabelow (27.7.1984)
Hellfried Dahlmann (7.7.1988)
Friedhelm Debus (3.5.2023)
Albert Defant (24.12.1974)

Ludwig Dehio (24.11.1963)
Karl Deichgräber (16.12.1984)
Honorio Delgado (27.11.1969)
Pierre Demargne (13.12.2000)
Otto Demus (17.11.1990)
Tibor Déry (18.9.1977)
Max Deuring (20.12.1984)
Georg Dhom (7.11.2014)
Paul Diepgen (2.1.1966)
Hans Diller (15.12.1977)
Gerhard Domagk (24.4.1964)
Tankred Dorst (1.6.2017)
Georges Duhamel (13.4.1966)
Ejnar Dyggve (6.8.1961)

Wolfram Eberhard (15.8.1989)
Christian Eckert (27.6.1952)
Johannes Edfelt (27.8.1997)
Tilly Edinger (27.5.1967)
Kasimir Edschmid (31.8.1966)
Hans Heinrich Eggebrecht (30.8.1999)
Karl Egle (26.10.1975)
Jürgen Ehlers (20.5.2008)
Hans Ehrenberg (19.11.2004)
Helmut Ehrhardt (5.5.2011)
Günter Eich (21.12.1972)
Herbert von Einem (5.8.1983)
Otto Eißfeldt (23.4.1973)
Carl August Emge (20.1.1970)
Wilhelm Emrich (7.8.1998)
Heinrich Karl Erben (15.7.1997)
Wolja Erichsen (25.4.1966)
Efim Etkind (22.11.1999)

Karl-Georg Faber (15.9.1982)
Zhi Feng (22.2.1993)
Heinrich von Ficker (29.4.1957)
Ludwig Finscher (30.6.2020)
Alfred G. Fischer (2.7.2017)
Kurt von Fischer (27.11.2003)

Bernhard Fleckenstein (4.5.2021)
Robert Folz (5.3.1996)
Hubert Forestier (1975)
Burkhard Frenzel (6.2.2010)
Dagobert Frey (13.5.1962)
Hans-Albrecht Freye (24.5.1994)
Hans Freyer (18.1.1969)
Albert Frey-Wyssling (30.8.1988)
Karl von Frisch (12.6.1982)
Walter Helmut Fritz (20.11.2010)
Hans Jürgen Fröhlich (22.11.1986)
Gerhard Funke (22.1.2006)
Gerhard Furrer (10.9.2013)

Jean Gaston Gagé (4.5.1986)
Eric Mikhailovich Galimov (23.11.2020)
Dorothee Gall (31.08.2023)
Ernst Gamillscheg (18.3.1971)
Joseph Gantner (7.4.1988)
Klaus Ganzer (14.10.2021)
Lothar Geitler (1.5.1990)
Friedrich Gerke (24.8.1966)
Wolfgang Gerok (16.1.2021)
Willy Giese (4.4.1973)
Natalia Ginzburg (8.10.1991)
Helmuth von Glasenapp (25.6.1963)
Kurt Goldammer (7.2.1997)
Gernot Gräff (6.11.1982)
Richard Grammel (26.6.1964)
Johann Hjalmar Granholm (4.2.1972)
Hans Grauert (4.9.2011)
Julien Green (13.8.1998)
Charles Grégoire (8.1.2002)
Henri Grégoire (28.9.1964)
Ludwig Greve (12.7.1991)
Kaare Grønbech (21.1.1957)
Karlfried Gründer (12.3.2011)
Margherita Guarducci (2.9.1999)

Wilibald Gurlitt (15.12.1963)
Lars Gustafsson (3.4.2016)

Gert L. Haberland (29.9.2014)
Werner Habicht (5.11.2022)
Otto Hachenberg (23.3.2001)
Pierre Hadot (25.4.2010)
Georg Hamel (4.10.1954)
George Hanfmann (13.3.1986)
Ernst Hanhart (5.9.1973)
Björn Helland Hansen (7.9.1957)
Kurt Hansen (26.1.2002)
Robert Comte d'Harcourt (18.6.1965)
Ludwig Harig (5.5.2018)
Heinz Harnisch (26.2.2013)
Peter Härtling (10.7.2017)
Hermann Hartmann (22.10.1984)
Nicolai Hartmann (9.10.1950)
Helmut Hasse (26.12.1979)
Otto Haupt (10.11.1988)
Wilhelm Hausenstein (3.6.1957)
Manfred Hausmann (6.8.1986)
Reiner Haussherr (6.10.2018)
Herbert Heckmann (18.10.1999)
Johan Arvid Hedvall (24.12.1974)
Hermann Heimpel (23.12.1988)
Heinz Heimsoeth (10.9.1975)
Heinz Heinen (21.6.2013)
Helmut Heißenbüttel (19.9.1996)
Walter Heinrich Heitler (15.11.1981)
Ernst Heitsch (18.9.2019)
Werner Helwig (4.2.1985)
Wido Hempel (7.11.2006)
Walter Henn (13.8.2006)
Hansjoachim Henning (9.7.2021)
Günter Herrmann (20.9.2017)
Helmut Hesse (16.4.2016)
Heinrich Hettrich (9.6.2020)
Corneille Heymans (18.7.1968)

Bruno Hillebrand (31.3.2016)
Nikolaus Himmelmann-Wildschütz (19.12.2013)
Rudolf Hirsch (19.6.1996)
Friedrich Hirzebruch (27.5.2012)
Dieter Hoffmann (3.1.2024)
Helmut Hoffmann (8.10.1992)
Herfried Hoinkes (4.4.1975)
Karl August Horst (30.12.1973)
Edouard Houdremont (10.6.1958)
Franz Huber (27.4.2017)
Herbert Hunger (9.7.2000)
Taha Husein (28.10.1973)
Aldous Huxley (22.11.1963)

Hans Herloff Inhoffen (31.12.1992)
Hans Ulrich Instinsky (30.6.1973)
Hellmut Georg Isele (7.3.1987)
Erwin Iserloh (14.4.1996)

Werner Jaeger (19.10.1961)
Hans Henny Jahnn (29.11.1959)
Hubert Jedin (16.7.1980)
Willibald Jentschke (11.3.2002)
Pascual Jordan (31.7.1980)
Richard Jung (25.7.1986)
Christian Junge (18.6.1996)
Eduard Justi (16.12.1986)

Tor G. Karling (23.9.1998)
Hermann Kasack (10.1.1966)
Marie Luise von Kaschnitz-Weinberg (10.10.1974)
Erich Kästner (29.7.1974)
Valentin Katajew (12.4.1986)
Bernhard Kellermann (17.10.1951)
Martin Kessel (14.4.1990)
Hermann Kesten (3.5.1996)
Valentin Kiparsky (18.5.1983)
Klaus Kirchgässner (9.7.2011)

Wulf Kirsten (14.12.2022)
Wilhelm Kisch (9.3.1952)
Ernst Kitzinger (22.1.2003)
Wolfgang Kleiber (4.6.2020)
Wilhelm Klingenberg (14.10.2010)
Kurt Klöppel (13.8.1985)
Ulrich Klug (7.5.1993)
Werner Koch (30.3.1992)
Max Kohler (31.3.1982)
Annette Kolb (3.12.1967)
Heinrich Koller (21.12.2013)
Barbara König (22.10.2011)
György Konrád (13.9.2019)
August Kopff (24.4.1960)
Paul Koschaker (1.6.1951)
Curt Kosswig (29.3.1982)
Ernest A. Kraft (19.6.1962)
Hans Krahe (25.6.1965)
Ernst Kreuder (24.12.1972)
Paul Oskar Kristeller (7.6.1999)
Karl Krolow (21.6.1999)
Wolfgang Krull (12.4.1971)
Hans Kuhn (25.11.2012)
Dieter Kühn (25.7.2015)
Herbert Kühn (25.6.1980)
Ernst Kühnel (5.8.1964)
Karl Küpfmüller (26.12.1977)
Branko Kurelec (27.9.1999)
Hermann Kurzke (17.2.2024)

Hermann Lange (28.7.2018)
Horst Lange (6.7.1971)
Elisabeth Langgässer (25.7.1950)
Raymond Lantier (14.4.1980)
Wilhelm Lauer (24.7.2007)
Torbern Laurent (22.9.1981)
Günter Lautz (3.5.2013)
Christine Lavant (7.6.1973)
Fritz Laves (12.8.1978)
Halldór Laxness (9.2.1998)

Karl Kardinal Lehmann (11.3.2018)
Wilhelm Lehmann (17.11.1968)
Horst Leithoff (25.12.1998)
Widukind Lenz (25.2.1995)
Kurt Leonhard (10.10.2005)
Hans Lewald (10.11.1963)
Mechtilde Lichnowsky (4.6.1958)
Ragnar Liljeblad (13.10.1967)
Martin Lindauer (13.11.2008)
Bertil Lindblad (25.6.1965)
Zofia Lissa (26.3.1980)
Enno Littmann (4.5.1958)
Fritz Loewe (27.3.1974)
Erhard Lommatzsch (20.1.1975)
Erich Loos (2.7.2006)
Konrad Lorenz (27.2.1989)
Franz Lotze (13.2.1971)
Dietrich W. Lübbers (15.11.2005)
Erich Lüddeckens (1.7.2004)
Günther Ludwig (8.6.2007)
Alexander Luther (9.8.1970)

Anneliese Maier (2.12.1971)
Rainer Malkowski (1.9.2003)
André Malraux (23.11.1976)
Gunter Mann (16.1.1992)
Ernst Marcus (30.6.1968)
Alfred von Martin (11.6.1979)
Louis Massignon (31.10.1962)
Ernest Matthes (10.9.1958)
Friedrich Matz (3.8.1974)
Vytautas Mažiulis (11.4.2009)
Dieter Mehl (3.9.2018)
Klaus Mehnert (2.1.1984)
Max Mell (12.12.1971)
Clemente Merlo (13.1.1960)
Bruno Messerli (4.2.2019)
Karl-Hermann Meyer zum Büschenfelde (1.9.2019)
Werner Milch (20.4.1950)

Herbert Miltenburger (20.2.2021)
Robert Minder (10.9.1980)
Guiseppe Moruzzi (11.3.1986)
Jürgen Moser (16.12.1999)
Kurt Mothes (12.2.1983)
Carl Werner Müller (10.8.2018)
Heiner Müller (30.12.1995)
Hermann Joseph Müller (5.4.1967)
Michael Müller-Wille (12.11.2019)

Dimitrij Nikolaevič Nasledov (9.1.1975)
Erich Neu (31.12.1999)
Ernst Harald Norinder (6.7.1969)
Hans Erich Nossack (2.11.1977)

Herbert Oelschläger (2.6.2006)
Aziz Ogan (5.10.1956)
Horst Oppel (17.7.1982)
Günther Osche (2.2.2009)
Ernst-Wilhelm Otten (8.7.2019)
Heinrich Otten (8.4.2012)
Karl Otten (20.3.1963)

Max Pagenstecher (12.7.1957)
Jean Comte de Pange (20.7.1957)
Leo Pardi (27.12.1991)
Michel Parisse (5.4.2020)
Franz Patat (11.12.1982)
Christian Yvon Pauc (8.1.1981)
Konstantin Paustovskij (14.7.1968)
Johannes Pedersen (22.12.1977)
Ernst Penzoldt (27.1.1955)
Wilhelm Peters (29.3.1963)
Max Pfannenstiel (1.1.1976)
Max Pfister (21.10.2017)
André Piganiol (24.5.1968)
Manfred Pilkuhn (2.10.2015)
Robert Pinget (25.8.1997)
Rudolf Plank (16.6.1973)

Helmuth Plessner (12.6.1985)
Nikolaus Poppe (8.6.1991)
Walter Porzig (14.10.1961)

Gustav Radbruch (23.11.1949)
Maria Radnoti-Alföldi (7.5.2022)
Peter Rassow (19.5.1961)
Wilhelm Rau (29.12.1999)
Werner Rauh (7.4.2000)
Kurt von Raumer (22.11.1982)
Horst Claus Recktenwald (28.4.1990)
Werner Reichardt (18.9.1992)
Fritz Reichert-Facilides (23.10.2003)
Adolf Remane (22.12.1976)
Herbert Riehl (1.6.1997)
Erwin Riezler (14.1.1953)
Helmut Ringsdorf (20.03.2023)
Yannis Ritsos (11.11.1990)
Joachim Ritter (3.8.1974)
Johannes W. Rohen (26.5.2022)
Herbert Rosendorfer (20.9.2012)
Erich Rothacker (10.8.1965)
Tuvia Rübner (29.7.2019)
Bernhard de Rudder (27.3.1962)
Hans-Albert Rupprecht (13.2.2024)
Max Rychner (10.4.1965)
Olof Erik Hans Rydbeck (27.3.1999)

Rolf Sammet (19.1.1997)
Paul A. Samuelson (13.12.2009)
Mariano San Nicoló (15.5.1955)
Matthias Schaefer (28.9.2021)
Albrecht Schaeffer (4.12.1950)
Fritz Peter Schäfer (25.4.2011)
Fritz Schalk (20.9.1980)
Joachim-Hermann Scharf (22.6.2014)
Walter Schätzel (9.4.1961)
Helmuth Scheel (6.6.1967)
Erhard Scheibe (7.1.2010)
Richard Scherhag (31.8.1970)

Theodor Schieder (8.10.1984)
Hans Friedrich Wilhelm Erich Schimank (25.8.1979)
Otto H. Schindewolf (10.6.1971)
Heinrich Schirmbeck (4.7.2005)
Reinhard W. Schlögl (21.9.2007)
Wolfgang P. Schmid (22.10.2010)
Robert F. Schmidt (13.9.2017)
Wilhelm Schmidtbonn (3.7.1952)
Arnold Schmitz (1.11.1980)
Günter Schmölders (7.11.1991)
Franz Schnabel (25.2.1966)
Friedrich Schnack (6.3.1977)
Hermann Schneider (9.4.1961)
Reinhold Schneider (6.4.1958)
Paul Schölmerich (14.8.2015)
Gerhard Schramm (3.2.1969)
Rudolf Alexander Schröder (22.8.1962)
Werner Schröder (11.7.2010)
Hans-Peter Schwarz (14.6.2017)
Karl Schwedhelm (9.3.1988)
Ilse Schwidetzky-Roesing (18.3.1997)
Leonardo Sciascia (20.11.1989)
Matthias Seefelder (30.10.2001)
Friedrich Seewald (4.2.1974)
Eugen Seibold (23.10.2013)
Didrik Arup Seip (3.5.1963)
August Seybold (11.12.1965)
Karl Manne Georg Siegbahn (24.9.1978)
Adolf Smekal (7.3.1959)
Wolfram Freiherr von Soden (6.10.1996)
Alfred Söllner (9.11.2005)
Hugo Spatz (27.1.1969)
Franz Specht (13.11.1949)
Wilhelm Speyer (1.12.1952)
Heinrich Ritter von Srbik (16.2.1951)
Günter S. Stent (12.6.2008)
Helmut Stimm (30.3.1987)

Michael Stolleis (18.3.2021)
Friedrich Strauch (16.11.2020)
Bernhard Louis Strehler (13.5.2001)
Manfred E. Streit (18.2.2017)
Jules Supervielle (17.5.1960)
Tomoji Suzuki (1997)
János Szentágothai (8.9.1994)

Franz Tank (22.4.1981)
Gerhard Thews (16.2.2003)
Jörn Thiede (15.7.2021)
Frank Thiess (22.12.1977)
Heinz Josef Thissen (25.7.2014)
Wolfgang Thoenes (3.3.1992)
Werner Thomas (1.1.2008)
Carl Troll (21.7.1975)
Wilhelm Troll (28.12.1978)
Poul Tuxen (29.5.1955)

Boris Ottokar Unbegaun (4.3.1973)
Fritz Usinger (9.12.1982)

Giancarlo Vallauri (7.5.1957)
Henri Vallois (26.8.1981)
Max Vasmer (30.11.1962)
Giorgio del Vecchio (28.11.1970)
Otmar Frhr. von Verschuer (8.8.1969)
Guntram Vesper (22.10.2020)
Richard Vieweg (20.10.1972)
Joachim Vogel (17.8.2013)
Paul Stefan Vogel (5.11.2015)
Joseph Vogt (14.7.1986)
Heinrich Vormweg (9.7.2004)

Stephan Waetzoldt (25.5.2008)
Karl Willy Wagner (4.9.1953)

Kurt Wagner (17.9.1973)
Richard Walzer (16.4.1975)
Adolf Weber (5.1.1963)
Werner Weber (1.12.2005)
Focko Weberling (24.2.2009)
Karl Hans Wedepohl (19.5.2016)
Ludwig Weickmann (29.11.1961)
Dieter Wellershoff (15.6.2018)
Werner Welzig (26.2.2018)
Elias Wessén (30.1.1981)
Otto Westphal (14.9.2004)
Karl Wezler (17.7.1987)
Ernest Wickersheimer (6.8.1965)
Erwin Wickert (26.3.2008)
Theodor Wieland (24.11.1995)
Leopold von Wiese und
Kaiserswaldau (11.1.1969)
Thornton Wilder (7.12.1975)
Julius Wilhelm (5.5.1983)
A. Leslie Willson (28.12.2007)
Karl Winnacker (5.6.1989)
Hermann von Wissmann (5.9.1979)
Emil Woermann (15.9.1980)
Carl Wurster (14.12.1974)

Adam Zagajewski (21.3.2021)
Rudolf K. Zahn (26.9.2016)
Bernhard Zeller (7.9.2008)
Eva Zeller (5.9.2022)
Gerda Zeltner-Neukomm (20.7.2012)
Friedrich E. Zeuner (6.11.1963)
Leopold Ziegler (25.11.1958)
Clemens Zintzen (22.4.2023)
Karl Günter Zimmer (29.2.1988)
Harald Zimmermann (19.3.2020)
Carl Zuckmayer (18.1.1977)

AUSGESCHIEDENE MITGLIEDER

Thomas Aigner (19.12.2020)   Stephan Luckhaus (1.10.2021)
Werner Jacobsen (30.6.2023)

VERSTORBENE GENERALSEKRETÄRE
(Todesdaten in Klammern)

Günter Brenner (31.10.2007)   Wulf Thommel (19.5.2013)
Helmuth Scheel (6.6.1967)

KOMMISSIONEN

I. MATHEMATISCH-NATURWISSENSCHAFTLICHE KLASSE

Kommission für Bio- und Geowissenschaften

Vorsitzende:	Bartels
stellv. Vorsitz:	Bendix
Mitglieder:	Barthlott, Bleckmann, Boetius, Böhning-Gaese, Brandt, Claußen, Coupland, Esper, Gorb, Haug, Jäger, Linder, Luterbacher, Mosbrugger, Nachtigall, Schink, Stocker, Tockner, Wägele, H. Wagner, Welte, Winiger
externe Mitglieder:	Prof. Dr. Dr. h.c. mult. Peter Frankenberg, Univ.-Prof. Dr. Friedrich-Karl Holtmeier, Dr. Hanspeter Holzhauser

Kommission für Mathematik, Physik, Chemie und Ingenieurwissenschaften

Vorsitzender:	Müller-Plathe
Mitglieder:	Albers, Anderl, Baudis, Biermann, Boetius, Buchmann, Carstensen, Danzmann, De Cola, Dehnen, Fiebig, Fleischhauer, Fratzl, Fröhlich, Gade, Gottstein, Götz, Grewing, Hanson, Hasse, Herrmann, Hillebrands, Hotz, K. Jacobs, Janicka, Jost, Jülicher, Kollmann, Krebs, Lehn, Maier, Nahm, Neubert, Ramm, Röckner, Sauer, Scholze, Jörg Schröder, Seebach, Simon, Sinn, Stocker, Veith, Wahlster, Waldmann, Wegner, Weikum, Weiland, Welte, Wendland, Wriggers, Zinn-Justin

Kommission für medizinische Forschung

Vorsitzender:	Schwab
Mitglieder:	Belmonte, Birbaumer, Büttner, Diesmann, Eckardt, Eichelbaum, Einsele, Fuchs, Grehn, Heinz, Heinze, Lütjen-Drecoll, Manns, Michaelis, R. Müller, Mutschler, Niehrs, Rammensee, U. R. Rapp, Reis, Rittner, Şahin, Türeci, Vaupel, Wittern-Sterzel

II. GEISTES- UND SOZIALWISSENSCHAFTLICHE KLASSE

FACH- UND FÄCHERGRUPPENKOMMISSIONEN

Fächergruppenkommission „Archäologien – Kunstgeschichte – Altertumswissenschaften"

Vorsitzender:	Schmitz
stellv. Vorsitz:	Metzner-Nebelsick
Mitglieder:	Andreae, de Blaauw, Borbein, von Carnap-Bornheim, Ebert-Schifferer, Esper, Föllinger, Fried, Grünbart, Herbers, von Hesberg, von Kaenel, Kahsnitz, Lipps, Lohwasser, Osterkamp, Otten, Pausch, C. Rapp, Schwemer, Sier, Verhoeven-van Elsbergen, G. Wilhelm, Wittern-Sterzel, Zimmermann

Fächergruppenkommission „Außereuropäische Sprachen und Kulturen"

Vorsitzender:	Schwemer
Mitglieder:	Bisang, van Ess, Falk, Hanneder, Heidemann, von Hinüber, Lohwasser, W. W. Müller, Nebes, L. Paul, Pinault, Rieken, Rupprecht, Schmidt-Glintzer, Schmitz, Slaje, Veltri, Verhoeven-van Elsbergen, G. Wilhelm
externe Mitglieder:	Prof. i.R. Dr. Dr. h.c. Harald Hundius

Fächergruppenkommission „Geschichtswissenschaften und Philosophie"

Vorsitzender:	Schulz
stellv. Vorsitz:	Gosepath
Mitglieder:	M. Arnold, Carrier, Dingel, Doering-Manteuffel, Duchhardt, Font, Fried, Gabriel, Herbers, Jost, Kodalle, Lienhard, Markschies, Meier, Moeglin, O'Meara, Patel, N. Paul, Raphael, C. Rapp, Riethmüller, Rudolph, Jan Schröder, Sier, Steinle, Wittern-Sterzel

Fächergruppenkommission „Literatur- und Kulturwissenschaften"

Vorsitzender: Jansohn
Mitglieder: Baasner, Belentschikow, Bohnenkamp-Renken, Eichinger, Föllinger, Font, Gärtner, Gibbons, Göske, Haubrichs, Krummacher, Koch, Kuße, Miller, Nübling, Osterkamp, Otten, Rieken, J. E. Schmidt, Schmidt-Glintzer, Schweickard, Störmer-Caysa, Zwierlein

Fächergruppenkommission „Rechts-, Sozial- und Wirtschaftswissenschaften"

Vorsitzender: Hradil
Mitglieder: Andresen, Bräuninger, Diestelkamp, Duve, Falter, Hediger, Hörnle, Issing, Jestaedt, Liebig, Oberreuter, Chr. Schmidt, Jan Schröder, von der Schulenburg, Schulz, Vogenauer, Werding, Zippelius

Fächergruppenkommission „Sprachwissenschaften"

Vorsitzender: Bisang
Mitglieder: Belentschikow, Eichinger, Gärtner, Haubrichs, von Hinüber, Kuße, Otten, Pinault, Pinkal, A. Rapp, J. E. Schmidt, Schweickard, G. Wilhelm

Kommission für Musikwissenschaft

Vorsitzender: Pietschmann
Mitglieder: Betzwieser, Fischer, Gabriel, Jansohn, Konrad, Miller, Riethmüller, Steinbeck, Wald-Fuhrmann
Sachverständige: Dr. Tanja Gölz, Prof. Dr. Andreas Haug, Prof. Dr. Giselher Schubert, Prof. Dr. Joachim Veit

PROJEKTKOMMISSIONEN

Altägyptische Kursivschriften (AKU)

Vorsitz:	Prof. Dr. Hans-Werner Fischer-Elfert
Mitglieder:	Lohwasser, Nebes, Schwemer
externe Mitglieder:	Prof. Dr. Mark Depauw, Prof. Dr. Jochem Kahl

Buber-Korrespondenzen Digital.
Das dialogische Prinzip in Martin Bubers Gelehrten- und Intellektuellennetzwerken im 20. Jahrhundert

Vorsitz:	Jestaedt
Mitglieder:	A. Rapp
externe Mitglieder:	Dr. Lutz Fiedler, Prof. Dr. Sonia Goldblum-Krause, Prof. Dr. Andreas Kilcher, Prof. Dr. Thomas Stäcker

Burchards Dekret Digital.
Arbeitsplattform zu Texterschließung und Wirkungsgeschichte früh- und hochmittelalterlicher Rechtskulturen

Vorsitz:	Prof. Dr. Stephan Dusil
Mitglieder:	Duve, A. Rapp
externe Mitglieder:	Prof. Dr. Orazio Condorelli, Prof. Dr. Martina Giese

Controversia et Confessio

Vorsitz:	Rudolph
stellv. Vorsitz:	Prof. Dr. Volker Leppin
Mitglieder:	Gärtner, Markschies, G. Müller, Wittern-Sterzel
externes Mitglied:	Prof. Dr. Klaus Unterburger

Corpus der Hethitischen Festrituale (HFR)

Vorsitz:	Nebes
Mitglieder:	Verhoeven-van Elsbergen, G. Wilhelm
externe Mitglieder:	Prof. Dr. Jörg W. Klinger, Prof. Dr. Norbert Oettinger

Die Deutschen Inschriften

Vorsitz:	Prof. Dr. Petra Schulte
Mitglieder:	de Blaauw, Pinkal
externe Mitglieder:	Prof. Dr. Karl-Heinz Spieß, Prof. Dr. Karl Ubl

Digitales Familiennamenwörterbuch Deutschlands (DFD)

Vorsitz:	Schweickard
Mitglieder:	Haubrichs, Pinkal
externe Mitglieder:	Prof. Dr. Peter Gilles, Prof. Dr. Elvira Glaser, Prof. Dr. Ann Marynissen

Europäische Religionsfrieden Digital (EuReD)

Vorsitz:	Prof. Dr. Armin Kohnle
Mitglieder:	M. Arnold, A. Rapp, Rudolph
externe Mitglieder:	Prof. Dr. Aline Deicke, Prof. Dr. Andreas Thier, Prof. Dr. Siegrid Westphal

Forschungskontinuität – Kontinuitätsforschung

Vorsitz:	Metzner-Nebelsick
Mitglieder:	von Kaenel, Zimmermann
externe Mitglieder:	Dr. Ute Luise Dietz

Handschriftencensus

Vorsitz:	Haubrichs
Mitglieder:	Gärtner, Nübling, A. Rapp, Störmer-Caysa
externes Mitglied:	Prof. Dr. Peter Schmidt

Hans Kelsen-Werke

Vorsitz:	Duve
Mitglieder:	Doering-Manteuffel, A. Rapp, Jan Schröder, Vogenauer
externe Mitglieder:	Prof. Dr. Anna-Bettina Kaiser, Prof. em. Dr. Dr. h.c. mult. Ulfrid Neumann

Lessico Etimologico Italiano (LEI)

Vorsitz:	Haubrichs
Mitglieder:	Eichinger, Gärtner
externe Mitglieder:	Prof. Dr. Günter Holtus, Univ.-Prof. Dr. Johannes Kramer

Mittelhochdeutsches Wörterbuch (MWB)

Vorsitz:	A. Rapp
Mitglieder:	Gärtner, Haubrichs, Schweickard, Störmer-Caysa
externes Mitglied:	Prof. Dr. Jens Haustein

Propyläen. Forschungsplattform zu Goethes Biographica
(Interakademische Kommission)

Mitglieder:	Prof. Dr. Klaus Bochmann (SAW)
	Prof. Dr. Holger Diessel (SAW)
	Prof. Dr. Jens Haustein (SAW)
	Prof. Dr. Andrea Rapp (AdW Mainz)
	Prof. Dr. Joachim Veit (AdW Mainz)

Regesta Imperii (Interakademische Kommission)

Vorsitz:	Prof. Dr. Petra Schulte
Mitglieder:	Prof. Dr. Michael Borgolte (BBAW)
	Prof. Dr. Johannes Helmrath (BBAW)
	Prof. Dr. Manfred Pinkal (AdW Mainz)
	Prof. Dr. Karl-Heinz Spieß (AdW Mainz)
	Prof. Dr. Karl Ubl (AdW Mainz)

Wissenschaftlicher Beirat: Deutsche Kommission für die Bearbeitung der Regesta Imperii e.V.

Vorsitz: Prof. Dr. Klaus Herbers
stellv. Vorsitz: Prof. Dr. Enno Bünz
Sekretär: Prof. Dr. Andreas Ranft

Prof. Dr. Dr. h.c. Bernhard Diestelkamp, Prof. Dr. Irmgard Fees,
Prof. Dr. Dr. h.c. Johannes Fried, Prof. Dr. Martina Hartmann,
Prof. Dr. Paul-Joachim Heinig, Prof. Dr. Johannes Helmrath,
Dr. Kornelia Holzner-Tobisch, Prof. Dr. Kurt-Ulrich Jäschke †,
Prof. Dr. Theo Kölzer, Prof. Dr. Gerhard Lubich,
Prof. Dr. Michel Margue, Prof. Dr. Claudia Märtl,
Prof. Dr. Michael Menzel, Prof. Dr. Pierre Monnet,
Prof. Dr. Harald Müller, Prof. Dr. Wolfgang Petke,
Prof. Dr. Walter Pohl, Prof. Dr. Daniela Rando,
Prof. Dr. Andrea Stieldorf, Prof. Dr. Georg Strack,
Prof. Dr. Stefan Tebruck, PD Dr. Andreas Zajic, Prof. Dr. Claudia Zey

Regionalsprache.de (REDE)

Vorsitz:	Nübling
Mitglieder:	Eichinger, Gärtner, Haubrichs, Wahlster
externes Mitglied:	Prof. Dr. Elvira Glaser, Prof. Dr. Ingrid Schröder

Die Schule von Salamanca

Vorsitz:	Meier
Mitglieder:	Jestaedt, Jan Schröder
externe Mitglieder:	Prof. Dr. Andreas Speer, Prof. Dr. Andreas Thier

III. KLASSE DER LITERATUR UND DER MUSIK

Kommission für „Die Mainzer Reihe, Neue Folge"

Vorsitzender:	Koch
Mitglieder:	Detering, Martynova, Zischler
Sachverständiger:	Thedel von Wallmoden
Mitarbeiterin:	Petra Plättner

Kommission für die Poetik-Dozentur

Vorsitz:	Krechel
Mitglieder:	Kehlmann, von Petersdorff
Sachverständiger:	Prof. Dr. Barbara Thums
Mitarbeiterin:	Petra Plättner

IV. KLASSENÜBERGREIFENDE KOMMISSIONEN

Kommission für Informationstechnologie

Vorsitzender:	Pinkal
Stellvertretender Vorsitzender:	Wahlster
Mitglieder:	Gärtner, Jansohn, A. Rapp, G. Wilhelm

FORSCHUNGSVORHABEN IM AKADEMIENPROGRAMM

I. Laufende geistes- und sozialwissenschaftliche Projekte

Altägyptische Kursivschriften. Digitale Paläographie und systematische Analyse des Hieratischen und der Kursivhieroglyphen

Projektleitung:	Univ.-Prof. Dr. Ursula Verhoeven-van Elsbergen
Kooperationspartnerin:	Prof. Dr. Andrea Rapp
Leitung:	Svenja A. Gülden M.A.
Anschrift:	*Arbeitsstelle Mainz:* Institut für Altertumswissenschaften, Ägyptologie Fachbereich 07, Johannes Gutenberg-Universität Mainz 55099 Mainz (Gebäude: Hegelstr. 59, 55122 Mainz, 02-305 und 02-306) *Arbeitsstelle Darmstadt:* Institut für Sprach- und Literaturwissenschaft Fachbereich 02, Technische Universität Darmstadt Residenzschloss 1, 64283 Darmstadt
Kontakt:	aku@uni-mainz.de Tel. 06131/3938349 (verhoeve@uni-mainz.de) Tel. 06151/1657408 (rapp@linglit.tu-darmstadt.de) Tel. 06131/3938351 (sguelden@uni-mainz.de) https://aku.uni-mainz.de/ http://www.adwmainz.de/projekte/altaegyptische-kursivschrfiten/informationen.html https://www.facebook.com/AKUProjektMainz/ https://twitter.com/AKU_Projekt
Mitarbeitende:	Tobias Konrad M.A., Tabitha Kraus M.A., Michael Leuk, Dr. Kyra V. J. van der Moezel, Pascal Siesenop M.A.

Buber-Korrespondenzen Digital

Leitung:	Prof. Dr. Christian Wiese (Goethe-Universität Frankfurt)
	Prof. Dr. Martin Leiner (Friedrich-Schiller-Universität Jena)

Arbeitsstelle Frankfurt

Anschrift: Buber-Rosenzweig-Institut für jüdische Geistes- und Kulturgeschichte der Moderne und Gegenwart, Johann Wolfgang Goethe-Universität Frankfurt
Norbert-Wollheim-Platz 1, 60323 Frankfurt a. M.

Arbeitsstelle Jena

Jena Center for Reconciliation Studies, Friedrich Schiller Universität Jena
Leutragraben 1 (Raum 15S11), 07743 Jena

Kontakt: 069/798 32154 (Frankfurt a. M.)
03641/9 42784 (Jena)

Mitarbeitende: Dr. Susan Baumert, Michal Bondy M.A., Dr. Heike Breitenbach, Dr. Francesco Ferrari, Rabea Freund-Biton M.A., Julian Jarosch M.A., Denise Jurst-Görlach M.A., drs Thomas Kollatz, Dr. Lea Müller-Dannhausen, Dr. habil. Christof Müller

Burchards Dekret Digital. Arbeitsplattform zu Texterschließung und Wirkungsgeschichte früh- und hochmittelalterlicher Rechtskulturen

Leitung: Prof. Dr. Ingrid Baumgärtner (Universität Kassel)
Prof. Dr. Klaus Herbers (Universität Erlangen-Nürnberg)
Prof. Dr. Ludger Körntgen (Universität Mainz)

Arbeitsstelle Mainz

Anschrift: Johannes Gutenberg-Universität Mainz
Fachbereich 07 Geschichts- und Kulturwissenschaften,
Historisches Seminar – Mittelalterliche Geschichte
Jakob-Welder-Weg 18, 55128 Mainz

Kontakt: Tel. 06131/39 22 66 4, Fax 06131/39 2 54 80
ludger.koerntgen@uni-mainz.de

Arbeitsstelle Erlangen

Anschrift: Friedrich-Alexander-Universität Erlangen-Nürnberg
Lehrstuhl für Mittelalterliche Geschichte und Historische Hilfswissenschaften
Kochstraße 4/BK 9, 91054 Erlangen

Kontakt: Tel. 09131/85 22356, Fax 09131/85 25891
klaus.herbers@fau.de

	Arbeitsstelle Kassel:
Anschrift:	Universität Kassel
	Fachbereich 05 – Mittelalterliche Geschichte
	Nora-Platiel-Str. 1, 34127 Kassel
Kontakt:	Tel. 0561/804 3104 und -3099, Fax 0561/804 3464
	ibaum@uni-kassel.de
	sekr-mittelalter@uni-kassel.de
Mitarbeitende:	Helena Geitz M.A., Daniel Gneckow M.A., Dr. Andreas E. J. Grote, Dr. Birgit Kynast, Michela Parma, Dr. Melanie Panse-Buchwalter, Dr. Cornelia Scherer, Michael Schonhardt M.A., Elena Vanelli M.A.

Das Corpus der hethitischen Festrituale: staatliche Verwaltung des Kultwesens im spätbronzezeitlichen Anatolien

Leitung:	Prof. Dr. Elisabeth Rieken
	Prof. Dr. Daniel Schwemer
	Arbeitsstelle Mainz:
Anschrift:	Hethitologie-Archiv, Akademie der Wissenschaften und der Literatur
	Geschwister-Scholl-Straße 2 (Raum A1-15), 55131 Mainz
Kontakt:	Tel. 06131/577-260 (gerfrid.mueller@adwmainz.de),
	Tel. 06131/577-231 (charles.steitler@adwmainz.de),
	www.adwmainz.de/projekte/corpus-der-hethitischen-festrituale.html
	Arbeitsstelle Marburg:
Anschrift:	Philipps-Universität Marburg
	Institut für Klassische Sprachen und Literaturen
	Fachgebiet für Vergleichende Sprachwissenschaft und Keltologie
	Wilhelm-Röpke-Str. 6F
	35032 Marburg
Kontakt:	Tel. 06421/28-24785 (rieken@staff.uni-marburg.de)
	Tel. 06421/28-24749 (goerke@staff.uni-marburg.de)
	Arbeitsstelle Würzburg:
Anschrift:	Institut für Altertumswissenschaften
	Altorientalistik
	Julius-Maximilians-Universität Würzburg
	Residenzplatz 2, Tor A
	97070 Würzburg
Kontakt:	Tel. 0931/86460 (daniel.schwemer@uni-wuerzburg.de)
Mitarbeitende:	Dr. Susanne Görke, Dr. Adam Kryszeń, Prof. Dr. Gerfrid G.W. Müller, Dr. Charles Steitler

Corpus Vitrearum Deutschland, Arbeitsstelle Freiburg

Leitung:	Dr. Daniel Parello (Projekt), Dr. Uwe Gast (Arbeitsstelle)
Anschrift:	Corpus Vitrearum Arbeitsstelle Freiburg Lugostraße 13, 79100 Freiburg i. Br.
Kontakt:	Tel.: 0761/75502; Fax: 0761/709319 gast@cvma-freiburg.de, parello@cvma-freiburg.de www.corpusvitrearum.de
Mitarbeitende:	Gabriele Biehle, Dr. Michael Burger, Jun.prof. Dr. Julia von Ditfurth, Andrea Gössel, Dr. Elena Kosina, Dipl. Des. (FH) Sarah Pittroff M.A., Dr. Hartmut Scholz, Dr. Jonatan Jalle Steller

Die Deutschen Inschriften

Leitung:	Prof. Dr. Klaus Herbers (Projekt), Dr. Susanne Kern (Arbeitsstelle)
	Arbeitsstelle Mainz:
Anschrift:	Akademie der Wissenschaften und der Literatur Geschwister-Scholl-Straße 2, 55131 Mainz Besucheranschrift: Uferstraße 31, 55116 Mainz
Kontakt:	Tel. 06131/577 291 susanne.kern@adwmainz.de www.inschriften.net
Mitarbeitende:	Dr. Eva-Maria Dickhaut, Dr. Rüdiger Fuchs, Astrid Garth, Dr. Stefan Heinz, Dr. Raoul Hippchen, Dr. Eberhard J. Nikitsch, Dr. Julia Noll, Prof. Dr. Michael Oberweis, Markus Studer M.A., Thomas G. Tempel, Eva-Maria Vering M.A.

Digitales Familiennamenwörterbuch Deutschlands (DFD)

Leitung:	Prof. Dr. Damaris Nübling (Mainz) Prof. Dr. Nina Janich (Darmstadt)
	Arbeitsstelle Mainz:
Leitung:	Dr. Rita Heuser
Anschrift:	Akademie der Wissenschaften und der Literatur Geschwister-Scholl-Straße 2, 55131 Mainz
Kontakt:	Tel. 06131/577-253; Fax: 06131/577-277 dfd@adw.mainz.de, rita.heuser@adwmainz.de www.familiennamenwoerterbuch.de; www.namenforschung.net

	Arbeitsstelle Darmstadt:
Anschrift:	Technische Universität Darmstadt
Leitung:	Prof. Dr. Andrea Rapp Institut für Sprach- und Literaturwissenschaft Residenzschloss 1, Gebäude S3|13, R. 218, 64283 Darmstadt
Kontakt:	Tel.: 06151/16-57454; Fax: 06151/16-57411
Mitarbeitende:	Dr. Amaru Flores, Dr. Julia Alexandra Griebel, Dr. Daniel Kroiß, Anne Rosar M.Ed., Dr. habil. Andrea Scheller, Dr. habil. Christiane Schiller, Dr. Jonatan Jalle Steller, Beate Thull M.A., Luca Winklmüller M.A.

disiecta membra.
Steinarchitektur und Städtewesen im römischen Deutschland

Leitung:	Prof. Dr. Aline Deicke (aline.deicke@auni-marburg.de) Dr. Kerstin P. Hofmann (kerstin.hofmann@dainst.de) Prof. Dr. Johannes Lipps (jlipps@uni-mainz.de)
Kontakt:	disiecta-membra@adwmainz.de
	Arbeitsstelle Mainz
Anschrift:	FB07 / AW / Klassische Archäologie Johannes Gutenberg-Universität Mainz Raum 01-211, Philosophicum II Jakob-Welder-Weg 20 55128 Mainz
	Arbeitsstelle Frankfurt am Main
Anschrift:	Römisch-Germanische Kommission (RGK) des Deutschen Archäologischen Instituts Palmengartenstraße 10-12 60325 Frankfurt a. M.
	Arbeitsstelle Marburg
Anschrift:	Philipps-Universität Marburg Marburg Center for Digital Culture and Infrastructure (MCDCI) Hans-Meerwein-Straße 6 35032 Marburg
Mitarbeitende:	Dr. Manuel Flecker, Thomas Heide M.A., Berenike Rensinghoff M.Sc., Dr. Katja Roesler

Europäische Religionsfrieden Digital (EuReD)

Leitung: Prof. Dr. Irene Dingel
Prof. Dr. Thomas Stäcker

Arbeitsstelle Mainz

Anschrift: Akademie der Wissenschaften und der Literatur | Mainz, Geschwister-Scholl-Str. 2, 55131 Mainz
Kontakt: Tel. 06131/577-161
dingel@uni-mainz.de
voigt-goy@ieg-mainz.de

Arbeitsstelle Darmstadt

Anschrift: Universitäts- und Landesbibliothek Darmstadt (ULB)
Magdalenenstraße 8, 64289 Darmstadt
Kontakt: Tel. 06151/16-76202; Fax: 06151/16-76201
thomas.staecker@ulb.tu-darmstadt.de
https://eured.de/

Mitarbeitende: PD Dr. Christopher Voigt-Goy, Dr. Jan Martin Lies, Dr. Hans-Otto Schneider, Kevin Wunsch

Forschungskontinuität und Kontinuitätsforschung. Siedlungsarchäologische Grundlagenforschung zur Eisenzeit im Baltikum

Leitung: Prof. Dr. Claus von Carnap-Bornheim (Schleswig)
Prof. Dr. Matthias Wemhoff (Berlin)

Arbeitsstelle Schleswig:

Anschrift: Leibniz-Zentrum für Archäologie, Standort Schleswig
LEIZA-ZBSA Zentrum für Baltische und Skandinavische Archäologie
Schloss Gottorf
Schlossinsel 1, 24837 Schleswig
Kontakt: Tel. 04621/813-507 (Ibsen), -669 (Prassolow)
claus.carnap@gmx.de
www.akademieprojekt-baltikum.eu

Archivstandort Berlin:

Anschrift: Museum für Vor- und Frühgeschichte, Staatliche Museen zu Berlin (SMB), Archäologisches Zentrum, Geschwister-Scholl-Str. 6, 10117 Berlin
Kontakt: Tel. 030/26642-5311 (Eilbracht/Kriesch/Fütterer)
m.wemhoff@smb.spk-berlin.de

Mitarbeitende:	Dr. Ute Luise Dietz, Dr. Heidemarie Eilbracht, Judith Fütterer M.A., Dr. Timo Ibsen, Dr. Sebastian Kriesch, Dr. Dr. Jaroslaw A. Prassolow, Hans Whitefield M.Sc.

Handschriftencensus (HSC) – Kompetenzzentrum Deutschsprachige Handschriften des Mittelalters

Leitung:	Prof. Dr. Nathanael Busch (Projekt), Prof. Dr. Jürgen Wolf (Projekt) Dr. Daniel Könitz (Arbeitsstelle)
Anschrift:	Philipps-Universität Marburg Institut für Deutsche Philologie des Mittelalters Deutschhausstr. 15 35037 Marburg
Kontakt:	Tel.: 06421/28-24680 handschriftencensus@adwmainz.de https://handschriftencensus.de https://twitter.com/HSCensus
Mitarbeitende:	Carsten Becker M.A., Teresa Reinhild Küppers M.A., Christiane Römer M.A., Bernhard Runzheimer M.A., Markéta Trillhaase M.A., Svenja Walkenhorst M.A., Kerstin Weidenhiller B.A.

Hans Kelsen-Werke

Leitung:	Prof. Dr. Matthias Jestaedt Rechtswissenschaftliche Fakultät Institut für Staatswissenschaft und Rechtsphilosophie Abteilung 3: Rechtstheorie Albert-Ludwigs-Universität Freiburg Werthmannstraße 4, 2. OG 79085 Freiburg im Breisgau

Hans-Kelsen-Forschungsstelle – Arbeitsstelle Freiburg:

Leitung:	PD Dr. Jörg Kammerhofer, LL.M. (Cambridge)
Anschrift:	Hans-Kelsen-Forschungsstelle Rechtswissenschaftliche Fakultät Albert-Ludwigs-Universität Freiburg Erbprinzenstraße 17a 79085 Freiburg im Breisgau

	Hans-Kelsen-Forschungsstelle – Arbeitsstelle Frankfurt am Main:
Leitung:	Dr. Philipp Hegel
Anschrift:	Johann Wolfgang Goethe-Universität Frankfurt a. M.
	Institut für Rechtsgeschichte
	Gebäude Rechts- und Wirtschaftswissenschaften
	Theodor-W.-Adorno-Platz 4
	60323 Frankfurt a. M.
Kontakt:	Prof. Dr. Matthias Jestaedt
	Tel. 0761/203-97800, Fax 0761/203-97802
	rechtstheorie@jura.uni-freiburg.de
	http://kelsen.online
Mitarbeitende:	Dr. Rodrigo Cadore LL.M., ass. iur. David Freudenberg, Dr. Philipp Hegel, PD Dr. Jörg Kammerhofer, LL.M., Amelie Tscheu M.A., Dr. Nora Zügel

Historische Fremdsprachenlehrwerke digital. Sprachgeschichte, Sprachvorstellungen und Alltagskommunikation im Kontext der Mehrsprachigkeit im Europa der Frühen Neuzeit (FSL digital)

Projektleitung:	Prof. Dr. Natalia Filatkina
	Universität Hamburg
	Institut für Germanistik
	Überseering 35, 22297 Hamburg
	natalia.filatkina@uni-hamburg.de
	Prof. Dr. Andrea Rapp (AWL)
	TU Darmstadt, Institut für Sprach- und Literaturwissenschaft
	Residenzschloss 1, 64283 Darmstadt
	andrea.rapp@tu-darmstadt.de
	Prof. Dr. Horst Simon (BBAW)
	FU Berlin, Institut für Deutsche und Niederländische Philologie
	Habelschwerdter Allee 45, 14195 Berlin
	horst.simon@fu-berlin.de

Lessico Etimologico Italiano (LEI)

Leitung:	Prof. Dr. Elton Prifti, Prof. Dr. Dres. h.c. Wolfgang Schweickard

Arbeitsstelle Saarbrücken:

Anschrift: Lessico Etimologico Italiano (LEI)
Universität des Saarlandes
Fachrichtung Romanistik, Campus A5 3, Zi. 1.07
66123 Saarbrücken

Kontakt: Tel. 0681/302-64050, Fax 0681/302-4588
lei@adwmainz.de | https://lei-digitale.it/

Arbeitsstelle Mannheim:

Anschrift: Lessico Etimologico Italiano (LEI)
Universität Mannheim
Romanisches Seminar, L15, 1–6, 222
68131 Mannheim

Kontakt: Tel. 0621/181-2295
lei@adwmainz.de | https://lei-digitale.it/

Arbeitsstelle Siena:

Anschrift: Lessico Etimologico Italiano (LEI)
Università per Stranieri di Siena
Piazzale Carlo Rosselli 27–28
I-57100 Siena (SI)

Kontakt: Tel. +39/0577/240-100
lei@adwmainz.de | https://lei-digitale.it/

Mitarbeitende: Prof. Dr. Maria Besse, Dr. Adriana Cascone, Marcus Husar, Dr. Maria Marra, Dr. Giorgio Marrapodi, Simone Pepe, Dr. Simone Pregnolato, Luca Refrigeri, Jacopo Torre, Dr. Yvonne Tressel, Dr. Guilia Virgilio,
Doktoratsstipendien: Sara di Giovanantonio, Valentina Iosco

Wissensnetze in der mittelalterlichen Romania (ALMA)

Leitung: Prof. Dr. Elton Prifti, Prof. Dr. Dres. h.c. Wolfgang Schweickard

Arbeitsstelle Saarbrücken:

Anschrift: Wissensnetze in der mittelalterlichen Romania (ALMA)
Universität des Saarlandes
Fachrichtung Romanistik, Campus A5 3, Zi. 1.11
66123 Saarbrücken

Kontakt:	Tel. 0681/302-64050, Fax 0681/302-4588
	alma@adwmainz.de
	https://www.uni-saarland.de/lehrstuhl/prifti/forschungsprojekte/alma-wissensnetze-in-der-mittelalterlichen-romania.html
Mitarbeitende:	Dr. Giulia Barison, Yasmine Posillipo

Mittelhochdeutsches Wörterbuch

Leitung:	Prof. Dr. Ludwig Maximilian Eichinger

Arbeitsstelle Trier:

Leitung:	Dr. Birgit Herbers
Anschrift:	Universität Trier
	Fachbereich II (Sprach-, Literatur- und Medienwissenschaften)
	Universitätsring 15, 54286 Trier

Arbeitsstelle Mainz:

Anschrift:	Deutsches Institut der Johannes Gutenberg-Universität
	Fachbereich 05 (Philosophie und Philologie)
	Jakob-Welder-Weg 18, 55099 Mainz
Kontakt:	www.mwb.uni-trier.de
	Ansprechpersonen, Mailadressen und Telefonnummern:
	siehe: https://www.uni-trier.de/forschung/mittelhochdeutsches-woerterbuch/team
Mitarbeitende:	Dr. Niels Bohnert, Patrick Daniel Brookshire M.A (Digitale Akademie), Dr. Birgit Herbers, Ute Recker-Hamm M.A., PD Dr. Matthias Rein, Dr. Jingning Tao

Regesta Imperii (Quellen zur Reichsgeschichte)

Leitung:	Prof. Dr. Klaus Herbers, Prof. Dr. Steffen Krieb
Anschrift:	Akademie der Wissenschaften und der Literatur
	Geschwister-Scholl-Straße 2, 55131 Mainz
	Besucheranschrift: Uferstraße 31, 55116 Mainz
Kontakt:	Tel. 06131/577-210, Fax 06131/577-214
	regesta-imperii@adwmainz.de
	www.regesta-imperii.de

Mitarbeitende:	Dr. Christina Abel, Saarbrücken; Magdalena-Maria Berkes M.A., Marburg; Dr. Doris Bulach, München; Dr. Johannes Deißler, Mainz; Alice Dragan M.Ed. (Stipendiatin); Prof. Dr. Irmgard Fees, Marburg; Tobias Fischer M.A., München; Dr. Karl Augustin Frech, Tübingen; Prof. Dr. Paul-Joachim Heinig, Mainz; Dr. Dirk Jäckel, Bochum; Dr. Waldemar Könighaus, Erlangen; Prof. Dr. Andreas Kuczera, Gießen (Digitale Akademie); Jan Lemmer M.A., Bochum; Yannick Pultar M.A., Mainz; Franziska Quaas M.A., Marburg; Dr. Dieter Rübsamen, Mainz; Dr. Marianna Spano, Berlin; Dr. Yanick Strauch, Marburg; Viktoria Trenkle, Tübingen; Dr. Veronika Unger, Erlangen; Jun.-Prof. Dr. Matthias Weber, Bochum; Dr. Sebastian Weil, München; Dr. Magdalena Weileder, München; Dr. Miriam Weiss, Saarbrücken; Dr. Johannes Wetzel, München; Prof. Dr. Herbert Zielinski, Gießen

Regionalsprache.de (REDE)

Arbeitsstelle Marburg:

Leitung:	Prof. Dr. Jürgen Erich Schmidt, Prof. Dr. Joachim Herrgen, Prof. Dr. Roland Kehrein (beurlaubt), Prof. Dr. Alfred Lameli
Anschrift:	Philipps-Universität Marburg Forschungszentrum Deutscher Sprachatlas Pilgrimstein 16, 35032 Marburg
Kontakt:	Tel. 06421/28-22483 kontakt@regionalsprache.de www.regionalsprache.de
Projektteam:	Dennis Beitel, Dr. Lisa Dücker, Dr. Robert Engsterhold, Marina Frank, Lea Fischbach, Prof. Dr. Heiko Girnth, Heiko Kammers, Prof. Dr. Simon Kasper, Vanessa Lang, Salome Lipfert, Dr. Nathalie Mederake, Dr. Georg Oberdorfer, Dr. Anna Wolanska
Assoziierte:	Dr. Matthias Hahn, Dr. Jeffrey Pheiff

Arbeitsstelle Rostock:

Leitung:	Prof. Dr. Hanna Fischer
Anschrift:	Universität Rostock Institut für Germanistik Jakobipassage Kröpeliner Straße 57, 18055 Rostock
Projektteam:	PD Dr. Klaas-Hinrich Ehlers
Assoziierte:	Mareike Krause, Ella Wissenbach

Die Schule von Salamanca

Leitung:	Prof. Dr. Thomas Duve, Prof. Dr. Dr. Matthias Lutz-Bachmann (Projekt)
	Dr. Stefan Schweighöfer (Arbeitsstelle)
Anschrift:	Projekt „Die Schule von Salamanca"
	Max-Planck-Institut für Rechtsgeschichte und Rechtstheorie
	Hansaallee 41, 60323 Frankfurt a. M.
	Projekt „Die Schule von Salamanca"
	Institut für Philosophie, Johann Wolfgang Goethe-Universität
	Theodor-Adorno-Platz; 60323 Frankfurt a. M.
Kontakt:	Tel. 069/789-32774
	salamanca@lhlt.mpg.de
Mitarbeitende:	PD Dr. Christiane Birr, Cindy Rico Carmona M.A.,
	Marie-Astrid Hugel M.A., Dr. Stefan Schweighöfer,
	Dr. Andreas Wagner

II. Laufende musikwissenschaftliche Editionen

Beethovens Werkstatt: Genetische Textkritik und Digitale Musikedition

Träger:	Akademie der Wissenschaften und der Literatur, Mainz
Projektleitung:	Prof. Dr. Bernhard Appel (Bonn), Prof. Dr. Johannes Kepper (Detmold)

Arbeitsstelle Bonn:

Anschrift:	Beethoven-Haus Bonngasse 18–26, 53111 Bonn
Kontakt:	Tel.: 0228/98175-69 oder -89 appel@beethovens-werkstatt.de www.beethovens-werkstatt.de
Mitarbeitende:	Dr. Susanne Cox, Dr. Elisa Novara, Richard York Sänger M.A., Lisa Rosendahl M.A. M.A.

Arbeitsstelle Detmold:

Anschrift:	Musikwissenschaftliches Seminar Hornsche Str. 44, 32756 Detmold
Kontakt:	Tel.: 05231/975-672 kepper@beethovens-werkstatt.de www.beethovens-werkstatt.de
Mitarbeitende:	Kristin Herold M.A., Prof. Dr. Johannes Kepper, Ran Mo M.A., Agnes Regina Seipelt M.A., Jan-Peter Voigt B.Sc.

Johannes Brahms – Neue Ausgabe sämtlicher Werke

Träger:	Christian-Albrechts-Universität zu Kiel
Projektleitung:	Prof. Dr. Siegfried Oechsle

Arbeitsstelle Kiel:

Anschrift:	Johannes Brahms Gesamtausgabe, Forschungszentrum Kiel Musikwissenschaftliches Institut der Christian-Albrechts-Universität Olshausenstraße 40 (uni-intern: Rudolf-Höber-Str. 3), 24098 Kiel
Kontakt:	Tel.: 0431/880-2632; Fax: 0431/880-1697 brahmsausgabe@email.uni-kiel.de www.brahmsausgabe.uni-kiel.de
Mitarbeiter:	Dr. Johannes Behr, Dr. Katrin Eich, Dr. Jakob Hauschildt, Dr. Bernd Wiechert

	Arbeitsstelle Wien:
Anschrift:	Johannes Brahms Gesamtausgabe
	Austrian Centre for Digital Humanities and Cultural Heritage
	Austrian Academy of Sciences
	Bäckerstraße 13, 1010 Vienna
Kontakt:	Tel.: 0043/1/51581-3718
	meike.wilfing-albrecht@oeaw.ac.at
	https://www.oeaw.ac.at/acdh/musikwissenschaft/forschung/musikedition-und-quellendokumentation/johannes-brahms
Mitarbeitende:	Mag. Monika Jaroš, Dr. Meike Wilfing-Albrecht

Georg Friedrich Händel – Hallische Händel-Ausgabe

Träger:	Georg-Friedrich-Händel-Gesellschaft e. V.
Projektleitung:	Prof. Dr. Wolfgang Hirschmann
Anschrift:	Hallische Händel-Ausgabe, c/o Händel-Haus
	Große Nikolaistraße 5, 06108 Halle
Kontakt:	Tel.: 0345/50090-230, -231, -232, -233 oder -236; Fax: 0345/50090235
	landgraf@musik.uni-halle.de
	www.haendel.de
Mitarbeitende:	Stephan Blaut M.A., Dr. Annette Landgraf, Dr. Michael Pacholke, Dr. Teresa Ramer-Wünsche, Phillip Schmidt M.A., Hendrik Wilken M.A.

Erich Wolfgang Korngold Werkausgabe

Träger:	Akademie der Wissenschaften und der Literatur, Mainz und Berlin-Brandenburgische Akademie der Wissenschaften
Projektleitung:	Prof. Dr. Arne Stollberg, Prof. Dr. Friederike Wißmann
	Arbeitsstelle Berlin
Anschrift:	Erich Wolfgang Korngold Werkausgabe
	Institut für Musikwissenschaft und Medienwissenschaft
	Humboldt-Universität zu Berlin
	Am Kupfergraben 5, 10117 Berlin
	Postanschrift: Unter den Linden 6, 10099 Berlin
Kontakt:	Tel.: (030) 2093 65807
	info-korngold@uni-frankfurt.de
Mitarbeitende:	Tim Martin Hoffmann M.A., Sandra Kebig M.A.

	Arbeitsstelle Rostock
Anschrift:	Erich Wolfgang Korngold Werkausgabe
	Institut für Musikwissenschaft, Musikpädagogik und Theaterpädagogik
	Hochschule für Musik und Theater Rostock
	Beim St.-Katharinenstift 8, 18055 Rostock
Kontakt:	Tel.: 0152 0900 8322, 0381 5108 129
	info-korngold@uni-frankfurt.de
Mitarbeitende:	Gabriele Groll M.A., PD Dr. Ulrich Krämer, Tim Kuhlmann M. Mus.
	Arbeitsstelle Frankfurt am Main
Anschrift:	Erich Wolfgang Korngold Werkausgabe
	Institut für Musikwissenschaft (FB 09)
	Goethe-Universität Frankfurt a. M.
	Bockenheimer Landstr. 133, 60325 Frankfurt a. M.
	Postfach 111 932, 60054 Frankfurt a. M.
Kontakt:	Tel.: (069) 798 22425, -22429
	info-korngold@uni-frankfurt.de
Mitarbeitende:	Dr. Johannes C. Gall, Silke Reich M.A.

Max Reger, Werkausgabe

Träger:	Akademie der Wissenschaften und der Literatur, Mainz
Projektleitung:	Prof. Dr. Susanne Popp und Prof. Dr. Thomas Seedorf
Anschrift:	Reger-Werkausgabe im Max-Reger-Institut/Elsa-Reger-Stiftung
	Pfinztalstraße 7, 76227 Karlsruhe
Kontakt:	Tel.: 0721-854501
	rwa@max-reger-institut.de
	www.reger-werkausgabe.de
Mitarbeitende:	Nikolaos Beer M.A., Dr. Knud Breyer, Dr. Christopher Grafschmidt,
	Dr. Stefan König, Claudia Seidl B.A., Alexander Nguyen

Franz Schubert – Neue Ausgabe sämtlicher Werke

Träger:	Eberhard Karls Universität Tübingen und Internationale Schubert-Gesellschaft e. V.
Projektleitung:	Prof. Dr. Thomas Seedorf

	Arbeitsstelle Tübingen:
Anschrift:	Neue Schubert-Ausgabe
	Musikwissenschaftliches Institut der Eberhard Karls-Universität Tübingen
	Schulberg 2, 72070 Tübingen
Kontakt:	Tel.: 07071/2972-336 oder -337
	schubert-ausgabe@uni-tuebingen.de
	www.schubert-ausgabe.de
Mitarbeitende:	Dr. Rudolf Faber, Jun.-Prof. Dr. Matthew Gardner,
	Prof. Dr. Michael Kube, Dr. Felix Loy, Dr. Christine Martin,
	Dr. Franziska Reich

	Arbeitsstelle Wien:
Anschrift:	Neue Schubert-Ausgabe
	Österreichische Akademie der Wissenschaften
	Abteilung Musikwissenschaft
	Bäckerstr. 13, A-1010 Wien
Kontakt:	Tel.: 0043/1/51581-3708
	schubert-ausgabe@oeaw.at
	https://www.oeaw.ac.at/acdh/musikwis-senschaft/forschung/musikedition-und-quellendokumentation/franz-schubert/
Mitarbeitende:	Dr. Katharina Loose-Einfalt, Dr. Vasiliki Papadopoulou

Robert Schumanns Poetische Welt (RSPW) – Drama, Oratorium, Vokalsymphonik, Literarisches Werk. Historisch-kritische Hybridausgabe

Träger:	Akademie der Wissenschaften und der Literatur, Mainz
	Sächsische Akademie der Wissenschaften zu Leipzig
	Bayerische Akademie der Wissenschaften, München
Projektleitung:	Prof. Dr. Anne Bohnenkamp-Renken (Frankfurt a. M.),
	Prof. Dr. Stefan Keym (Leipzig), Prof. Dr. Ulrich Konrad (Würzburg)

	Arbeitsstelle Frankfurt a. M.:
Anschrift:	Robert Schumanns Poetische Welt (RSPW)
	Freies Deutsches Hochstift
	Großer Hirschgraben 23–25, 60311 Frankfurt a. M.
Kontakt:	Tel.: 069/13880248
	tevers@freies-deutsches-hochstift.de
	https://www.schumann-portal.de/robert-schumanns-poetischewelt-rspw.html

Mitarbeiter:	Dr. Timo Evers
	Arbeitsstelle Leipzig:
Anschrift:	Robert Schumanns Poetische Welt (RSPW)
	Sächsische Akademie der Wissenschaften zu Leipzig
	Karl-Tauchnitz-Str. 1, 04107 Leipzig
Kontakt:	Tel.: 0341/697642-86, und -87
	armin.koch@saw-leipzig.de
	schumacher@saw-leipzig.de
	tentler@saw-leipzig.de
	https://www.schumann-portal.de/robert-schumanns-poetischewelt-rspw.html
Mitarbeitende:	Dr. Armin Koch, Pia Schumacher M.A, Dr. Isabell Tentler
	Arbeitsstelle Würzburg:
Anschrift:	Robert Schumanns Poetische Welt (RSPW)
	Schelling-Forum der Bayerischen Akademie der Wissenschaften an der Universität Würzburg
	Klinikstr. 3, 97070 Würzburg
Kontakt:	Tel.: 0931/3181798, 3186788 und 3187574
	carolin.hauck@uni-wuerzburg.de
	olivia.varwig@uni-wuerzburg.de
	nelly.kraemer-reinhardt@uniwuerzburg.de
	https://www.schumann-portal.de/robert-schumanns-poetischewelt-rspw.html
Mitarbeitende:	Dr. Carolin Hauck, Nelly Krämer-Reinhardt M.A., Dr. Olivia Varwig

Richard Wagner Schriften (RWS) – Historisch-kritische Gesamtausgabe

Träger:	Akademie der Wissenschaften und der Literatur, Mainz
Projektleitung:	Prof. Dr. Ulrich Konrad
Anschrift:	Richard Wagner Schriften (RWS), Julius-Maximilians-Universität Würzburg, Institut für Musikforschung
	Domerschulstraße 13, 97070 Würzburg
Kontakt:	Tel.: 0931/31-82828; Fax: 0931/31-82830
	rws@uni-wuerzburg.de
	www.musikwissenschaft.uni-wuerzburg.de/rws
Mitarbeitende:	Sarah Finke M.A., Dr. Debora Judith Helmer, Georg E. Högl M.A., Martin Jedamzik M.A., Dr. Bettina Ursula Schwemer

Carl Maria von Weber – Sämtliche Werke, Tagebücher, Briefe und Schriften

Träger:	Akademie der Wissenschaften und der Literatur, Mainz
Projektleitung:	Prof. Dr. Antje Tumat, Prof. Dr. Joachim Veit

Arbeitsstelle Berlin:

Anschrift:	Carl-Maria-von-Weber-Gesamtausgabe Staatsbibliothek zu Berlin – Preußischer Kulturbesitz, Musikabteilung Unter den Linden 8, 10117 Berlin
Kontakt:	Tel.: 030/266435-210, -211 oder -383 www.weber-gesamtausgabe.de
Mitarbeitende:	Dr. Markus Bandur, Dr. Solveig Schreiter, Frank Ziegler

Arbeitsstelle Detmold:

Anschrift:	Musikwissenschaftliches Seminar Detmold/Paderborn Hornsche Str. 44, 32756 Detmold
Kontakt:	Tel.: 05231/975-663, -685 oder -676, veit@weber-gesamtausgabe.de www.weber-gesamtausgabe.de
Mitarbeitende:	Dr. Andreas Friesenhagen, Salome Obert M.A., Peter Stadler M.A.,

Bernd Alois Zimmermann Gesamtausgabe – Historisch-kritische Ausgabe seiner Werke, Schriften und Briefe

Träger:	Akademie der Wissenschaften und der Literatur, Mainz Berlin-Brandenburgische Akademie der Wissenschaften
Projektleitung:	Prof. Dr. Dörte Schmidt

Arbeitsstelle Berlin:

Anschrift:	Berlin-Brandenburgische Akademie der Wissenschaften Jägerstraße 22/23, 10117 Berlin
Kontakt:	Tel.: 030/20370-578, -350 und -556 pasdzierny@bbaw.de hemma.jaeger@bbaw.de felix.marzillier@bbaw.de www.zimmermann-gesamtausgabe.de
Mitarbeitende:	Dr. Hemma Jäger, Felix Marzillier M.Ed., Jun. Prof. Dr. Matthias Pasdzierny

Arbeitsstelle Frankfurt a. M:

Anschrift:	Goethe-Universität Frankfurt, Institut für Musikwissenschaft (HP 112) Bockenheimer Landstr. 133, 60325 Frankfurt a. M.

Kontakt:	Tel.: 069/79822-191, -192; Fax: 069/79822-190
	bohl@em.uni-frankfurt.de
	a.kuhl@em.uni-frankfurt.de
	melkert@em.uni-frankfurt.de
	schlosser@em.uni-frankfurt.de
	www.zimmermann-gesamtausgabe.de
Mitarbeitende:	Benjamin W. Bohl M.A., Dr. Adrian Kuhl, Katharina Schlosser M.A.,

Corpus monodicum. Die einstimmige Musik des lateinischen Mittelalters. Gattungen – Werkbestände – Kontexte

Träger:	Akademie der Wissenschaften und der Literatur, Mainz
Projektleitung:	Prof. Dr. Andreas Haug, Prof. Dr. Frank Puppe
Anschrift:	Corpus monodicum, Universität Würzburg, Institut für Musikforschung
	Domerschulstraße 13, 97070 Würzburg
Kontakt:	Tel.: 0931/3184218
	andreas.haug@uni-wuerzburg.de
	www.musikwissenschaft.uni-wuerzburg.de/forschung/corpus_monodicum
Mitarbeitende:	Gionata Brusa M.A., Tim Eipert M.A., Alexander Hartelt M.A.,
	Dr. Andreas M. Pfisterer

Répertoire International des Sources Musicales (RISM), Zentralredaktion Frankfurt

Träger:	Internationales Quellenlexikon der Musik e. V., Frankfurt a. M.
Projektleitung:	Prof. Dr. Klaus Pietschmann
Anschrift:	RISM-Zentralredaktion Internationales Quellenlexikon der Musik
	Johann Wolfgang Goethe-Universität
	Campus Bockenheim
	Bockenheimer Landstraße 133, 60325 Frankfurt a. M.
Kontakt:	Tel.: 069/706231; Fax: 069/706026
	contact@rism.info.de
	www.rism.info
Mitarbeitende:	Dr. Martina Falletta, Stephan Hirsch M.A., Guido Kraus M.A.,
	Alexander Marxen, Dr. Balázs Mikusi, Jennifer Ward MA, MA, MSLIS

Répertoire International des Sources Musicales (RISM), Arbeitsgruppe Deutschland

Träger:	Répertoire International des Sources Musicales (RISM) – Arbeitsgruppe Deutschland e. V., München
Projektleitung:	Prof. Dr. Nicole Schwindt

Arbeitsstelle München:

Anschrift:	Bayerische Staatsbibliothek 80328 München
Kontakt:	Tel.: 089/28638-2110 gottfried.heinz-kronberger@bsb-muenchen.de www.rism.info/de, für RIdIM: https://ridim.musiconn.de/
Mitarbeitende:	Alan Dergal Rautenberg, Dr. Gottfried Heinz-Kronberger, Dr. Helmut Lauterwasser, Dr. Dagmar Schnell, Dr. Steffen Voss

Arbeitsstelle Dresden:

Anschrift:	Sächsische Landesbibliothek – Staats- und Universitätsbibliothek Dresden 01054 Dresden
Kontakt:	Tel.: 0351/4677-398 Andrea.Hartmann@slub-dresden.de www.rism.info/de
Mitarbeitende:	Dr. Amrei Flechsig, Dr. Andrea Hartmann, Dr. Miriam Roner, Dr. Undine Wagner

SONSTIGE PROJEKTE

AGATE (A European Science Academies Gateway for the Humanities and Social Sciences)

Leitung:	Prof. Torsten Schrade
Kontakt:	Tel.: 06131/577-109 | contact@agate.academy
	https://agate.academy/
Mitarbeiter:	Dr. Frodo Podschwadek, Dipl.-Math. Martin Sievers, Linnaea Söhn M.A.

AMAD (Archivum Medii Aevi Digitale)

Leitung	Prof. Dr. Steffen Krieb
Kontakt:	amad@mittelalter.blog
Mitglieder:	Prof. Dr. Andreas Kuczera, Yannick Pultar M.A.

Anton Ulrich-Ausgabe

Leitung:	Prof. Dr. Hans-Henrik Krummacher
Kontakt:	Tel.: 06131/477550

Centre for Digital Music Documentation (CDMD)

Projektsprecher:	Dr. Kristina Richts-Matthaei
Kontakt:	cdmd@nfdi4culture.de
Mitarbeitemde:	Dr. rer. nat. Carlo Licciulli, Dr. Joshua Neumann, Annabella Schmitz

Concilia der Willigis-Ära (Arbeitsstelle der Akademie in Verbindung mit den Monumenta Germaniae Historica)

Anschrift:	Concilia der Willigis-Ära, Akademie der Wissenschaften und der Literatur Geschwister-Scholl-Straße 2, 55131 Mainz
Kontakt:	ernst-dieter.hehl@adwmainz.de
Mitarbeiter:	Prof. Dr. Ernst-Dieter Hehl

DALIA: Knowledge-Base für „FAIR data usage and supply" als Knowledge-Graph

Anschrift:	Technische Universität Darmstadt
	Institut für Fluidsystemtechnik
	Otto-Berndt-Str. 2
	64287 Darmstadt
Leitung	Prof. Dr. rer. nat. Sonja Herres-Pawlis, Prof. Dr.-Ing. Peter F. Pelz
Lenkungskreis:	Dr. Gábor Kismihók, Prof. Matthias Müller, Prof. Thomas Stäcker, Prof. Ulrich Sax, Prof. Torsten Schrade
Kontakt:	Dr. Canan Hastik (canan.hastik@tu-darmstadt.de)
Mitglieder:	Jonathan D. Geiger M.A., Constanze Hahn M.A.

Epigraf

Projektleiter:	Jun.-Prof. Dr. Jakob Jünger
Kontakt:	Tel.: 0251/83-21273 | jakob.juenger@adwmainz.de
	Tel.: 0251/83-21264 | chantal.gaertner@adwmainz.de
	Tel.: 04161/503913 | wolf-dieter.syring@adwmainz.de
	https://epigraf.inschriften.net/
Mitarbeitende:	Chantal Gärtner M.A., Dr. Georg Hertkorn

Flacius Briefwechsel. Digital

Projektleiter:	Prof. Dr. Armin Kohnle, Prof. Dr. Dr. h. c. Irene Dingel
Kontakt:	kohnle@rz.uni-leipzig.de; dingel@uni-mainz.de
Mitarbeitende:	Marion Bechtold-Mayer M.A., drs. Thomas Kollatz, Paul Herdt

HERMES – Humanities Education in Research, Data, and Methods

Projektleiterin:	Prof. Dr. Aline Deicke
Kontakt:	aline.deicke@adwmainz.de
Mitarbeitende:	Alexandra Büttner M.A., Dr. Aglaia Schieke

Das Buch der Briefe der Hildegard von Bingen.
Genese – Struktur – Komposition (DFG-Projekt)

Projektleitung:	Univ.-Prof. Dr. Mechthild Dreyer, Prof. Dr. Andreas Kuczera, Prof. Dr. Thomas Stäcker
Kontakt:	Tel.: 06341/280-33250 | mechthild.dreyer@uni-landau.de
	Tel.: 0641/309-2467 | andreas.kuczera@mni.thm.de
	http://www.adwmainz.de/projekte/das-buch-der-briefe-der-hildegard-von-bingen-genese-struktur-komposition/beschreibung.html

Portal „Kleine Fächer"

Projektpartner:	Prof. Torsten Schrade
Kontakt:	Tel.: 06131/577-119 | torsten.schrade@adwmainz.de
	Tel.: 06131/577-109 | martin.sievers@adwmainz.de
	https://www.kleinefaecher.de/
Mitarbeiter:	Dr. Frodo Podschwadek, Dipl.-Math. Martin Sievers

Medizinhistorisches Journal

Herausgeber:	(geschäftsführend): Prof. Dr. Volker Hess
Anschrift:	Institut für Geschichte der Medizin und Ethik in der Medizin
	Charité – Universitätsmedizin Berlin
	Thielallee 71, 14195 Berlin
Kontakt:	Tel.: 030/450 529 031
	www.adwmainz.de/index.php?id=482

Nationale Forschungsdateninfrastruktur for Culture (NFDI4Culture)

Sprecher:	Prof. Torsten Schrade
Kontakt:	Michaela Loos (Administration), Tel.: 06131 577-130
	info@nfdi4culture.de
	https://nfdi4culture.de/
Mitarbeitende:	Alexandra Büttner M.A., Jonathan D. Geiger M.A., Michaela Loos, Sarah Pittroff M.A., Dr. Frodo Podschwadek, Dr. Christian Schröter, Zahia Schlott M.A., Linnaea Söhn M.A.

Platon-Werke

Leitung:	Prof. Dr. Kurt Sier
Anschrift:	Institut für Klassische Philologie und Komparatistik, Universität Leipzig
	Beethovenstraße 15, 04107 Leipzig
Kontakt:	sier@rz.uni-leipzig.de

Shakespeare Album

Leitung:	Prof. Dr. Christa Jansohn
Anschrift:	Lehrstuhl für Britische Kultur
	Otto-Friedrich-Universität Bamberg
	Kapuzinerstr. 16, 96047 Bamberg
Kontakt:	christa.jansohn@uni-bamberg.de
	http://www.uni-bamberg.de/britcult/
	http://www.shakespearealbum.de

Die Sozinianischen Briefwechsel

Projektleiter:	Prof. Dr. Kęstutis Daugirdas, Prof. Dr. Andreas Kuczera
Kooperationspartner:	Dr. Pablo Toribio Pérez, Prof. Dr. Martin Mulsow, Dr. Maciej Ptaszyński, Prof. Dr. Kristi Viiding
Kontakt:	Tel.: 0641/309-2467 | andreas.kuczera@mni.thm.de
	https://sozinianer.mni.thm.de/home
Mitarbeiter:	Sebastian Enns, Julian Jarosch M.A.

DER STURM / Digitale Quellenedition zur Geschichte der internationalen Avantgarde

Projektleitung:	Prof. Torsten Schrade, Marjam Trautmann M.A.
Kontakt:	anne.lorenz@adwmainz.de
	marjam.trautmann@adwmainz.de
	https://sturm-edition.de/
Mitarbeitende:	drs Thomas Kollatz, Dr. Anne Lorenz, Dr. Lea Müller-Dannhausen

Text+

Projektpartner:	Prof. Dr. Roland Kehrein
Mitarbeiter:	Dipl.-Math. Martin Sievers
Kontakt:	Tel.: 06131/577-109 | martin.sievers@adwmainz.de
	https://www.text-plus.org

Mit der Fächergruppenkommission „Außereuropäische Sprachen und Kulturen" assoziierte Projekte:

Historiographie und Geisteskultur Kaschmirs
„Anonymus Casmiriensis (10. Jhd.): Mokṣopāya"

Leitung:	Prof. Dr. Walter Slaje
Anschrift:	Martin-Luther-Universität Halle-Wittenberg,
	Seminar für Indologie
	H.-u.Th.-Mann-Straße 26, 06108 Halle (Saale)
Kontakt:	Tel.: 0345/5523650, Fax 0345/5527211
	walter.slaje@indologie.uni-halle.de
	www.adwm.indologie.uni-halle.de

Wissenschaftliches Pāli

Leitung:	Dr. Petra Kieffer-Pülz
Anschrift:	Cranachstr. 9
	99423 Weimar
Kontakt:	Tel.: 03643/770447 | petra.kieffer-puelz@adwmainz.de
	www.pali.adwmainz.de

Der Streit um die Rechtsgültigkeit der buddhistischen Gemeindegrenze (sīmā) von Balapiṭiya in Sri Lanka im 19. Jh.

Leitung:	Dr. Petra Kieffer-Pülz
Anschrift:	Cranachstr. 9
	99423 Weimar
Kontakt:	Tel.: 03643/770447 | petra.kieffer-puelz@adwmainz.de
	www.adwmainz.de/projekte/der-streit-um-die-sima-von-balapitiya/informationen.html

Verbundprojekt
Frühwarnsysteme für globale Umweltveränderungen und ihre historische Dokumentation in natürlichen Klimaarchiven

(Verbundprojekt der Mainzer Akademie mit dem Alfred-Wegener-Institut Helmholtz-Zentrum für Polar- und Meeresforschung, Bremerhaven und dem GEOMAR Helmholtz-Zentrum für Ozeanforschung Kiel)

Leitung:	Prof. Dr. Volker Mosbrugger
Anschrift:	Akademie der Wissenschaften und der Literatur, Mainz
	c/o GEOMAR Helmholtz-Zentrum für Ozeanforschung
	Wischhofstraße 1–3, Geb. 12, 24148 Kiel
Kontakt:	Tel.: 0431/600-2855 und -2856; Fax 0431/600-2961
	hbauch@geomar.de
	rspielhagen@geomar.de
Mitarbeiter:	Dr. Henning Bauch, Dr. Robert Spielhagen

FOTONACHWEISE

S. 7: (Andrea Rapp) © Katrin Binner
S. 7: (Daniela Danz) © Nils Christian Engel
S. 13, 26f.: (Jahresfeier) © Ernst-Dieter Hehl
S. 16, 30f.: (Eröffnung Kalkhof-Rose-Saal) © Ernst-Dieter Hehl
S. 18: (WissKomm Academy) © Astrid Garth
S. 19: (Capitol-Kino) © Aglaia Schieke
S. 19: (Ralph Tharayil) © Stefan F. Sämmer
S. 20: (Theateraufführung) © Astrid Garth
S. 21: (Joseph-Breitbach-Preis) © Michael Jordan
S. 22: (Parlamentarischer Abend) © Aglaia Schieke
S. 25: (Steinway-Flügel) © Astrid Garth
S. 28: (RLP-Preis) © Astrid Garth
S. 29: (Hans Gál-Preis) © Astrid Garth
S. 32: (Sasha Salzmann) © Lutz Knospe
S. 32: (Nora Gomringer) © Judith Kinitz
S. 33: (Albert Ostermaier) © Suhrkamp Verlag
S. 33: (Melanie Wald-Fuhrmann) © privat
S. 34: (Kristian Kersting) © Gregor Schuster
S. 35: (Jan C. Aurich) © RPTU, Koziel
S. 36: (Michael Grünbart) © privat
S. 37: (Salomé Voegelin) © GUSAC, Mainz 2019
S. 38: (Ehepaar Barner) © privat
S. 39: (Olga Martynova) © Daniel Jurjew
S. 40: (Ivan Đikić) © Goethe-Universität, Foto: Uwe Dettmar
S. 43: (Kiran K. Patel) © Milette Raats
S. 45: (Rolf Müller) © Leopoldina/M. Schulz
S. 48: (George Coupland) © privat
S. 50: (Peter R. Schreiner) © privat
S. 51: (Maike Albath) © privat
S. 53: (Hans van Ess) © privat
S. 56: (Werner Habicht) © privat
S. 61: (Helmut Ringsdorf) © privat
S. 63: (Clemens Zintzen) © Akademie
S. 66: (Friedhelm Debus) © privat
S. 72: (Dorothee Gall) © Ernst-Dieter Hehl
S. 171: (AMZ-Tag) © Die Deutschen Inschriften, Mainz
S. 178: (NFDI4Culture) © NFDI4Culture/Alexander Stark
S. 181–184: (WissKomm Academy) © Astrid Garth

PERSONENREGISTER
zu den Seiten 7–11, 32–55, 104–256

Abderhalden, Emil 215
Abel, Christina 241
Abel, Uwe 201
Adam, Klaus G. 200
Adam, Viktoria 209
Ahlmann, Hans W. 215
Aichinger, Ilse 205
Aigner, Thomas 222
Albath, Maike 51, 110, 189
Albers, Susanne 110, 187, 223
Alföldi, Andreas 215
Alker, Ernst 215
Almagro-Basch, Martin 215
Alp, Sedat 215
Alsdorf, Ludwig 215
Altenhöner, Reinhard 176
Altmeier, Peter 198
Anderl, Reiner 7, 29, 110, 186, 194, 223
Andreae, Bernard 110, 185, 224
Andreae, Clemens-August 215
Andresen, Sabine 79, 110, 188, 225
Angster, Julia 164
Antomo, Jennifer 153
Appel, Bernhard 243
Appleton, Sir Edward Victor 215
Arf, Cahit 215
Arias, Paolo Enrico 215
Arnold, Claus 110, 189
Arnold, Matthieu 110, 193, 224, 227
Artelt, Walter 215
Asano, Yuki 160

Aurich, Jan Christian 35, 111, 190
Ax, Peter 215
Baade, Walter 215
Baasner, Frank 111, 186, 225
Backsmann, Horst 198
Bae, Wonhee 206
Baldus, Christian 208
Balke, Siegfried 197
Bandmann, Günter 215
Bandur, Markus 248
Bárány, Ernst H. 215
Bardong, Otto 199
Bargmann, Wolfgang 215
Barison, Giulia 240
Barner, Andreas 29, 38, 185, 201
Barner, Susanne 29, 38, 185, 201
Bartel, Karin 208
Bartels, Dorothea 7, 111, 187, 223
Barthlott, Wilhelm 111, 185, 223
Bartz, Hans-Werner 9, 10
Battaglia, Felice 215
Bauch, Henning 256
Baudis, Laura 111, 193, 223
Bauer, Martin 160
Bauer, Roger 215
Baumert, Susan 232
Baumgärtner, Franz 215
Baumgartner, Günter 215
Baumgärtner, Ingrid 232
Bayer, Otto 215
Bazin, Louis 215
Bechthold-Mayer, Marion 252
Becker, Carsten 237

Becker, Friedrich 215
Becker, Jürgen 111, 185, 213
Becker-Obolenskaja, Wilhelm 215
Becker, Walter P. 199
Beck, Kurt 201
Beer, Nikolaos 245
Bégouën, Henri Graf 215
Behr, Johannes 243
Beitel, Dennis 241
Békésy, Georg von 215
Belentschikow, Renate 112, 191, 225
Bellen, Heinz 215
Bellow, Saul 215
Belmonte, Carlos 112, 191, 223
Belzer, Monika 10
Belzner, Emil 215
Bender, Hans 195, 213, 215
Bendix, Jörg 112, 187, 207, 223
Benedum, Jost 215
Benninghoff, Alfred 215
Benyoëtz, Elazar 205
Benz, Ernst 215
Benzing, Johannes 215
Bergengruen, Werner 215
Berger, Julius 112, 187
Berkes, Magdalena-Maria 241
Berning, Nora 160
Bernius, Frieder 214
Berve, Helmut 215
Besse, Maria 239
Bettinger, Patrick 153
Betzwieser, Thomas 112, 166, 192, 225
Beumann, Helmut 215

Beutel, Jens 200
Beyer, Marcel 205, 214
Białostocki, Jan 215
Biehle, Gabriele 234
Biermann, Horst 112, 187, 223
Binder, Kurt 215
Birbaumer, Niels-Peter 112, 185, 223
Birklein, Frank 167, 168
Birr, Christiane 242
Bisang, Walter 112, 188, 224, 225
Bischoff, Friedrich 215
Bischoff, Karl 215
Bittel, Kurt 216
Blaauw, Sible de 113, 192, 224, 227
Blaschke, Wilhelm 216
Blaut, Stephan 244
Bleckmann, Horst 113, 186, 223
Blossfeld, Pia 153
Blümel, Ina 176
Blumenberg, Hans 216
Bock, Hans 216
Boehm, Franziska 177
Boesch, Hans 204
Boetius, Antje 113, 187, 223
Bohl, Benjamin W. 166, 249
Bohnenkamp-Renken, Anne 113, 192, 225, 246
Böhner, Kurt 216
Bohnert, Niels 240
Böhnert, Tim 204
Böhning-Gaese, Katrin 113, 188, 223
Bohr, Niels 216
Böldl, Klaus 113, 187
Böll, Heinrich 216
Bollig, Michael 113, 188
Bondy, Michal 232
Boochs, Frank 202

Borbein, Adolf Heinrich 114, 191, 224
Borchers, Elisabeth 213
Borek, Luise 153
Borkovskij, Viktor Ivanovič 216
Born, Karl Erich 216
Born, Nicolas 216
Borovic, Ivan 10
Borren, Charles van den 216
Borrmann, Stephan 202
Borst, Julia 207
Bossong, Nora 114, 189, 205
Boulez, Pierre 210
Bove, Jens 176
Bracht, Christian 176
Brandt, Angelika 114, 187, 223
Brandt, Hugo 199
Brang, Peter 216
Bräsel, Jieqiong 8
Bräuer, Herbert 216
Braun, Daniela 202
Brauner, Christina 207
Bräuninger, Thomas 7, 114, 188, 195, 225
Braun, Volker 114, 191
Bredt, Heinrich 194, 216
Breiding, Paul 153
Breitenbach, Heike 232
Brenner, Günter 196, 222
Brentano, Bernard von 216
Breuil, Henri 216
Breyer, Knud 245
Brockstieger, Sylvia 160
Broglie, Louis-César Duc de 216
Brookshire, Patrick Daniel 9, 240
Brück, Hermann Alexander 216
Brückweh, Kerstin 164
Bruer, Stephanie-Gerrit 208

Bruhn, Kai-Christian 147, 202
Brunner, Otto 216
Brusa, Gionata 249
Büchel, Karl Heinz 216
Buchmann, Johannes 114, 186, 223
Buddenbrock-Hettersdorf, Wolfgang Freihr. von 215
Büdel, Julius 216
Bulach, Doris 241
Bulanda-Pantalacci, Anna 202
Bung, Stephanie 209
Büning, Eleonore 214
Bünz, Enno 229, 240
Burckhardt, Ramona 8
Burger, Michael 234
Burkart, Erika 205
Burnautzki, Sarah 153
Büschenfelde, Karl-Hermann Meyer zum 219
Büscher, Thies Henning 204
Busch, Nathanael 237
Büttner, Alexandra 253
Büttner, Reinhard 114, 192, 223
Buzzati, Dino 216
Cadore, Rodrigo 238
Cady, Walter 216
Caetano da Rosa, Catarina 160
Calvente, Teresa Jiménez 209
Campbell, Paul-Henri 153
Cancik, Pascale 165
Carmona, Cindy Rico 242
Carnap-Bornheim, Claus von 114, 192, 224, 236
Carrier, Martin 114, 186, 224
Carstensen, Carsten 115, 192, 223

Cascone, Adriana 239
Caullery, Maurice 216
Cecchet, Lucia 161
Champollion, Elisabeth 153
Chantraine, Heinrich 216
Chenais, Pauline 206
Christmann, Hans Helmut 216
Cidlinsky, Anuschka 206
Claußen, Martin 115, 192, 223
Cocteau, Jean 216
Cola, Luisa De 115, 192, 223
Condorelli, Orazio 226
Conforto, Fabio 216
Contzen, Eva von 154
Conze, Eckart 165
Cordes, Lisa 154
Corrêa, Antonio Augusto Esteves Mendes 216
Coupland, George 48, 115, 189, 223
Cox, Susanne 243
Croce, Elena 216
Cronauer, Elena Suárez 9
Cullmann, Oscar 216
Czechowski, Heinz 213
Czernin, Franz Josef 214
Dabelow, Adolf 216
Dahlmann, Hellfried 216
Damler, Daniel 207
Damm, Sigrid 115, 186
Danz, Daniela 7, 115, 188, 195, 214
Danzmann, Karsten 115, 186, 223
Da, Sylvestre 204
Daugirdas, Kęstutis 254
Debus, Friedhelm 55, 66, 115, 216
Defant, Albert 216
Dehio, Ludwig 216

Dehnen, Stefanie 116, 188, 223
Deichgräber, Karl 216
Deicke, Aline 9, 147, 172, 235
Deißler, Johannes 10, 241
Delgado, Honorio 216
Delius, Friedrich Christian 205
Delp, Heinrich 197
Demargne, Pierre 216
Demus, Otto 216
Depauw, Mark 147, 226
Dergal Rautenberg, Alan 250
Déry, Tibor 216
Detering, Heinrich 116, 186, 214, 213
Deuring, Max 216
Dhom, Georg 216
Dickhaut, Eva-Maria 234
Dieckmann, Lisa 176
Diepgen, Paul 195, 216
Diesmann, Markus 116, 169, 189, 223
Diestelkamp, Bernhard 116, 191, 225, 229
Dietz, Ute Luise 147, 227, 237
Đikić, Ivan 40, 116, 189
Diller, Hans 216
Dingel, Irene 116, 186, 224, 236, 252
Ditfurth, Julia von 234
Dittberner, Hugo 116, 185, 213
Döblin, Alfred 195, 215
Docter, Dominic 161
Doemming, Klaus-Berto von 197
Doering-Manteuffel, Anselm 116, 165, 187, 224, 228
Domagk, Gerhard 216

Domin, Hilde 213
Dorst, Tankred 216
Draesner, Ulrike 214
Dragan, Alice 241
Dreizler, Andreas 117, 189
Dreyer, Mechthild 253
Duchhardt, Heinz 117, 186, 224
Dücker, Lisa 241
Duden, Anne 117, 191
Duden, Konrad 161
Duhamel, Georges 216
Duncan, Ruth 117, 191
Dusel, Georg 202
Dusil, Stephan 226
Duve, Thomas 117, 187, 225f., 228, 242
Duvnjak, Mario 8
Dyggve, Ejnar 216
Eberhard, Wolfram 216
Ebert-Schifferer, Sybille 117, 192, 224
Eckardt, Kai-Uwe 117, 168, 188, 223
Eckert, Christian 195, 216
Eder, Claudia 7, 29, 118, 187, 202, 206
Edfelt, Johannes 216
Edinger, Tilly 216
Edschmid, Kasimir 216
Effinger, Maria 176
Eggebrecht, Hans Heinrich 216
Eggert, Moritz 118, 187, 214
Egle, Karl 216
Ehlers, Jürgen 216
Ehlers, Klaas-Hinrich 241
Ehrenberg, Hans 216
Ehrhardt, Helmut 216
Ehrlich, Roman 203
Eichelbaum, Michel 118, 192, 223
Eicher, Hermann 199

Eich, Günter 216
Eichinger, Ludwig Maximilian 118, 192, 225, 228f., 240
Eich, Katrin 243
Eichstaedt, Angelika 9
Eifler, Dietmar 202
Eilbracht, Heidemarie 237
Einem, Herbert von 216
Einsele, Hermann 118, 188, 223
Eipert, Tim 249
Eisentraut, Julia 154
Eißfeldt, Otto 216
Eißfeller, Verena 204
Elsbergen, Ursula Verhoeven-van 187, 202, 231
Emge, Carl August 216
Emrich, Wilhelm 216
Engsterhold, Robert 241
Enns, Sebastian 9, 254
Enzensberger, Theresia 203
Erben, Heinrich Karl 216
Erichsen, Wolja 216
Erler, Joachim 201
Erpenbeck, Jenny 118, 188, 205
Ertan, Semra 203
Esper, Jan 118, 188, 223f.
van Ess, Hans 53
Ess, Hans van 93, 118, 189, 224
Etkind, Efim 216
Evans, Jack D. 208
Evers, Timo 247
Faber, Karl-Georg 216
Faber, Rudolf 246
Falk, Harry 119, 192, 224
Falletta, Martina 249
Falter, Jürgen W. 119, 187, 225
Favier, Amanda 206
Fees, Irmgard 229, 241

Felser, Claudia 119, 189
Feng, Zhi 216
Feo, Michele 208
Ferella, Chiara 154
Ferrari, Francesco 232
Ficker, Heinrich von 216
Fiebig, Manfred 119, 193, 223
Fiedler, Lutz 147, 226
Finglass, Patrick 209
Finke, Sarah 247
Finscher, Ludwig 216
Fischbach, Lea 241
Fischer, Alfred G. 216
Fischer-Elfert, Hans-Werner 147, 226
Fischer, Hanna 93, 154, 241
Fischer, Hubertus 207
Fischer, Jens Malte 119, 187, 225
Fischer, Kurt von 216
Fischer, Susanna 209
Fischer, Tobias 241
Flasch, Kurt 205, 208
Flechsig, Amrei 250
Fleckenstein, Bernhard 217
Flecker, Manuel 235
Fleischhauer, Michael 119, 188, 223
Flores, Amaru 235
Foljanty, Lena 207
Föllinger, Sabine 119, 189, 224
Folz, Robert 217
Font, Márta 119, 191, 224f.
Forestier, Hubert 217
Forster, Karl August 198
Franke, Herbert 199
Frankenberg, Peter 147, 223
Frank, Marina 241
Františová, Karolína , 29, 29
Franzen, Hans 200
Fratzl, Peter 120, 188, 223

Frech, Karl Augustin 241
Frenzel, Burkhard 217
Freudenberg, David 238
Freund-Biton, Rabea 232
Frey, Dagobert 217
Freye, Hans-Albrecht 217
Freyer, Hans 217
Frey-Wyssling, Albert 217
Friauf, Eckhard 202
Fried, Johannes 120, 186, 224, 229
Friesenhagen, Andreas 248
Frisch, Karl von 217
Fritz, Walter Helmut 195, 213, 217
Fröhlich, Hans Jürgen 213, 217
Fröhlich, Jürg Martin 120, 192, 223
Frölich, August 200
Fuchs, Christoph 120, 191, 223
Fuchs, Jockel 198
Fuchs, Rüdiger 234
Funke, Gerhard 217
Furrer, Gerhard 217
Fütterer, Judith 237
Gabriel, Gottfried 120, 191, 224f.
Gade, Lutz H. 91, 120, 193, 223
Gagé, Jean Gaston 217
Gahse, Zsuzsanna 213
Galimov, Eric Mikhailovich 217
Gall, Dorothee 55, 72, 217
Gall, Johannes C. 245
Gambke, Gotthardt 198
Gamillscheg, Ernst 217
Gammert, Jonathan 9
Gantenberg, Mathilde 197
Gantner, Joseph 217
Ganzer, Klaus 217

Gardner, Matthew 246
Garloff, Mona 161
Garth, Astrid 10, 234
Gärtner, Chantal 9, 252
Gärtner, Kurt 120, 166, 191, 225f., 228–230
Gast, Uwe 234
Geiger, Arno 120, 193, 205
Geiger, Jonathan D. 9, 252f.
Geisler, Claudius 7f., 196
Geisslinger, Gerd 167, 168
Geitler, Lothar 217
Geitz, Helena 233
Gerhaher, Christian 121
Gerke, Friedrich 217
Gerok, Wolfgang 217
Gerstenberg, Annette 209
Gerstner, Wulfram 80, 121, 169, 193
Giarola, Valentino 208
Gibbons, Brian Charles 121, 191, 225
Giese, Martina 226
Giese, Willy 217
Gilles, Peter 147, 227
Ginzburg, Natalia 217
Giovanantonio, Sara di 239
Girnth, Heiko 241
Giron, Irène 197
Glasenapp, Helmuth von 217
Glaser, Elvira 147, 227, 229
Globke, Christina 161
Gneckow, Daniel 233
Goebbels, Heiner 121, 192
Goebel, Reinhard 214
Goetzke, Bernd 214
Göhring, Thea 209
Goldammer, Kurt 217
Goldblum-Krause, Sonia 148, 226
Goldschmidt, Georges-Arthur 205

Gölz, Tanja 9f., 148, 166, 225
Gomringer, Nora-Eugenie 32, 121, 190
Gorb, Stanislav N. 121, 192
Görke, Susanne 233
Gosepath, Stefan 121, 189, 224
Gosewinkel, Dieter 165
Göske, Daniel 121, 192, 225
Gössel, Andrea 234
Gottstein, Günter 121, 186, 223
Götz, Karl Georg 122, 191, 223
Gräff, Gernot 217
Graffi, Kálmán György 161
Grafschmidt, Christopher 245
Grammel, Richard 217
Granholm, Johann Hjalmar 217
Grauert, Hans 217
Grau, Juliane 8
Green, Julien 217
Grégoire, Charles 217
Grégoire, Henri 217
Grehn, Franz 122, 168, 191, 223
Greve, Ludwig 217
Grewing, Michael 122, 185, 223
Griebel, Julia Alexandra 235
Grimm, Christoph 200
Groll, Gabriele 245
Grønbech, Kaare 217
Grosse, Siegfried 200
Grosse-Wilde, Thomas 210
Grote, Andreas E. J. 10, 233
Gruber, Traudel 10
Grünbart, Michael 122, 193, 224
Grünbein, Durs 213

Gründer, Karlfried 217
Grünewald, Herbert 198
Guarducci, Margherita 217
Gülden, Svenja A. 231
Gül (geb.) Wünsch, Désirée 161
Gülke, Peter 122, 187, 206, 214
Günther, Felix 89, 154
Günther, Frieder 165
Gurlitt, Wilibald 217
Guse, Juan Sebastian 154
Gustafsson, Lars , 214
Gusy, Christoph 164, 165
Haas, Walter 148
Haberland, Gert L. 217
Habicht, Werner 56, 217
Hachenberg, Otto 217
Hacker, Katharina 122, 189, 214
Hadot, Pierre 217
Haferkamp, Hans-Peter 165
Hagener, Malte 177
Hagen, Oscar 206
Hahn, Constanze 9, 252
Hahn, Matthias 241
Hahn, Otto 215
Hairer, Martin 122, 193
Halfwassen, Jens 208
Hamel, Georg 217
Händler, Ernst-Wilhelm 122, 188, 214
Hanfmann, George 217
Hanhart, Ernst 217
Hanneder, Jürgen 122, 148, 189, 224
Hansen, Björn Helland 217
Hansen, Kurt 217
Hanser-Strecker, Peter 201
Hanson, Jutta 123, 189, 223
d'Harcourt, Robert Comte 217
Harig, Ludwig 213, 217

Harnisch, Heinz 217
Hartelt, Alexander 249
Härtling, Peter 217
Hartmann, Andrea 250
Hartmann, Hermann 217
Hartmann, Martina 229
Hartmann, Nicolai 217
Hartung, Harald 123, 185, 213
Hasse, Hans 89, 123, 189, 202, 223
Hasse, Helmut 217
Hastik, Canan 252
Hatzinger, Birgitt 8
Haubrichs, Wolfgang 123, 185, 225, 227–229
Hauck, Carolin 247
Haug, Andreas 148, 225, 249
Haug, Gerald H. 123, 189, 223
Haupt, Andreas 161
Haupt, Otto 217
Hauschildt, Jakob 243
Hausenstein, Wilhelm 217
Hausmann, Manfred 217
Haussherr, Reiner 217
Haustein, Jens 148, 228
Haverkamp, Alfred 202
Ha, Yuna 206
Heckmann, Herbert 213, 217
Hediger, Vinzenz 123, 188, 225
Hedvall, Johan Arvid 217
Heepe, Lars 161
Hegel, Philipp 238
Hegenbart, Sarah 80, 155
Hehl, Ernst-Dieter 251
Heidemann, Stefan 123, 188, 224
Heide, Thomas 235
Heimpel, Hermann 217

Heimsoeth, Heinz 217
Heinen, Heinz 217
Heinig, Paul-Joachim 229, 241
Hein, Nicola 155
Heinz, Andreas 88, 124, 187, 223
Heinze, Hans-Jochen 124, 192, 223
Heinz-Kronberger, Gottfried 250
Heinz, Stefan 234
Heise, Hans Jürgen 213
Heißenbüttel, Helmut 213, 217
Heitler, Walter Heinrich 217
Heitsch, Ernst 217
Helbig, Holger 148
Hellpach, Willy 215
Helmer, Debora Judith 247
Helmrath, Johannes 229
Helwig, Werner 217
Helzer, Hans 199
Hempel, Wido 217
Hennigfeld, Ursula 209
Henning, Hansjoachim 217
Henn, Walter 217
Heo, Yeeun 206
Herbers, Birgit 240
Herbers, Klaus 124, 187, 224, 229, 232, 234, 240
Herdt, Paul 9, 252
Herold, Kristin 243
Herres-Pawlis, Sonja 252
Herrgen, Joachim 241
Herrmann, Günter 217
Herrmann, Wolfgang A. 124, 191, 223
Hertkorn, Georg 9, 252
Hertrampf, Marina Ortrud M. 209
Herzog, Roman 215
Hesberg, Henner von 124, 186, 224

Hesse, Helmut 195, 217
Hesse, Jan-Otmar 165
Hess, Volker 253
Hettche, Thomas 205, 213
Hettrich, Heinrich 217
Heuser, Rita 234
Heuss, Theodor 215
Heymans, Corneille 217
Hillebrand, Bruno 218
Hillebrands, Burkard 7, 124, 187, 194, 223
Himmelmann-Wildschütz, Nikolaus 218
Hinüber, Oskar von 124, 185, 224f.
Hippchen, Raoul 234
Hirschmann, Wolfgang 244
Hirsch, Rudolf 218
Hirsch, Stephan 249
Hirzebruch, Friedrich 218
Hock, Jonas 155
Hoffer, Klaus 213
Hoffmann, Dieter 195, 213, 218
Hoffmann, Helmut 218
Hoffmann, Tim Martin 244
Hofmann, Andrea 155
Hofmann, Kerstin P. 235
Högl, Georg Ewald 247
Hoinkes, Herfried 218
Höllermann, Peter 148
Holliger, Heinz 210
Holtmeier, Friedrich-Karl 148, 223
Holtus, Günter 148, 228
Holzer, Stephan 161
Holzhauser, Hanspeter 148, 223
Holzner-Tobisch, Kornelia 229
Honigmann, Barbara 124, 192

Hoogers, Gregor 202
Hoppe, Felicitas 214
Hörnle, Tatjana 125, 192, 210, 225
Horst, Karl August 218
Hotz, Günter 125, 185, 223
Houdremont, Edouard 218
Hradil, Stefan 125, 187, 195, 225
Huber, Franz 218
Hübner, Paul 155
Hugel, Marie-Astrid 242
Huhn, Kuno 199
Hülshoff, Alexander 29, 206
Hundius, Harald 149, 224
Hunger, Herbert 218
Hürlimann, Thomas 205
Husar, Marcus 239
Husein, Taha 218
Huxley, Aldous 218
Ibisch, Pierre Leonhard 203
Ibsen, Timo 237
Inhoffen, Hans Herloff 218
Instinsky, Hans Ulrich 218
Iosco, Valentina 239
Isele, Hellmut Georg 194, 195, 218
Iserloh, Erwin 218
Issing, Otmar 125, 185, 225
Jäckel, Dirk 241
Jacobi, Claudia 106, 209
Jacobsen, Werner 222
Jacobs, Karin 125, 188, 223
Jacobs, Steffen 125, 187, 214
Jaeger, Werner 218
Jäger, Eckehart J. 125, 191, 223
Jäger, Hemma 248
Jahn, Matthias 210
Jahnn, Hans Henny 218
Janich, Nina 234
Janicka, Johannes 125, 187, 223

Jansohn, Christa 126, 186, 225, 230, 254
Jarosch, Julian 9, 232, 254
Jaroš, Monika 244
Jäschke, Kurt-Ulrich 229
Jedamzik, Martin 247
Jedin, Hubert 218
Jenny, Zoë 213
Jentschke, Willibald 218
Jestaedt, Matthias 126, 165, 188, 225f., 229, 237
Jirgl, Reinhard 126, 187, 205
Johannsen, Nele 204
Jordan, Pascual 194, 218
Jost, Jürgen 126, 169, 186, 223f.
Jülicher, Frank 126, 187, 223
Junge, Christian 218
Jünger, Jakob 252
Jung, Jochen 126, 192
Jung, Richard 218
Jursa, Michael 209
Jurst-Görlach, Denise 232
Justi, Eduard 194, 218
Kaenel, Hans-Markus von 126, 191, 224, 227
Kahl, Jochem 149, 226
Kahsnitz, Rainer 126, 191, 224
Kaiser, Anna-Bettina 149, 165, 228
Kaiser, Jochen 208
Kalkhof-Rose, Sibylle 127, 164, 167, 199, 207, 211, 215
Kalkhof-Rose, Walter 164, 167, 197, 207, 211, 215
Kammerhofer, Jörg 237f.
Kammers, Heiko 241
Kandel, Eric Richard 127, 191
Karling, Tor G. 218
Kasack, Hermann 218

Kaschnitz-Weinberg, Marie Luise von 218
Kaspar, Kai 161
Kasper, Dominik 9, 10
Kasper, Simon 241
Kästner, Erich 218
Katajew, Valentin 218
Kebig, Sandra 244
Kehlmann, Daniel 127, 186, 213
Kehrein, Roland 8, 241, 255
Kellermann, Bernhard 218
Kemp, Friedhelm 204
Kepper, Johannes 166, 243
Kerjaschki, Dontscho 168
Kermani, Navid 205, 214
Kern, Adolf 197
Kern, Stephan , 11
Kern, Susanne 172, 234
Kersten, Markus 155
Kersting, Kristian 34, 127, 190
Kesedžić, Emir 10
Kessel, Martin 218
Kesten, Hermann 218
Keym, Stefan 246
Kiefer, Peter 127, 189
Kieffer-Pülz, Petra 255
Kier, Gerold 204
Kilcher, Andreas 149, 226
Kim, Jiwon 206
Kiparsky, Valentin 218
Kirchgässner, Klaus 218
Kirsten, Wulf 205, 213, 218
Kisch, Wilhelm 218
Kismihók, Gábor 252
Kitzinger, Ernst 218
Kleiber, Wolfgang 218
Klein, Alexandra 204
Klein, Laura 106, 207
Klemstein, Franziska 9
Kleßmann, Eckart 127, 185
Klingenberg, Wilhelm 218

Klinger, Jörg W. 149, 227
Kling, Thomas 213
Klöppel, Kurt 218
Klug, Ulrich 218
Koch, Armin 247
Koch, Claudia 204
Koch, Eckhart 200
Koch, Hans-Gerd 79, 127, 189
Koch, Werner 218
Kodalle, Klaus-Michael 127, 186, 224
Köhler, Kristina 155
Kohler, Max 218
Kohnle, Armin 227, 252
Kolb, Annette 218
Kolb, Fabian 208
Kollatz, Thomas 9f., 232, 252, 254
Koller, Heinrich 218
Kollmann, Franz Gustav 127, 185, 223
Kölzer, Theo 229
König, Barbara 195, 218
Könighaus, Waldemar 241
König, Stefan 245
Könitz, Daniel 237
Konrád, György 218
Konrad, Tobias 231
Konrad, Ulrich 127, 192, 225, 246f.
Koopman, Ton 128, 192, 214
Kopff, August 218
Kordić, Martin 203
Körntgen, Ludger 232
Koschaker, Paul 218
Kosina, Elena 234
Kosswig, Curt 218
Kraft, Ernest A. 218
Krahe, Hans 218
Kramer, Johannes 149, 228
Kramer, Michael 128, 189

Krämer-Reinhardt, Nelly 247
Krämer, Ulrich 245
Krämer, Werner 198
Krapp, Maria Luisa 241
Krausch, Georg 201
Krause, Mareike 241
Kraus, Guido 249
Krauß, Angela 128, 186, 214
Kraus, Tabitha 231
Krebs, Bernt 128, 185, 223
Krechel, Ursula 128, 187, 195, 205, 214
Kresten, Otto 128, 191
Kreuder, Ernst 218
Krieb, Steffen 172, 240, 251
Kriesch, Sebastian 237
Krings, Alexander 10
Krings, Tina 8, 9, 180
Kristeller, Paul Oskar 218
Kroiß, Daniel 235
Krolow, Karl 218
Kronauer, Brigitte 204
Krüger, Michael 128, 185, 205
Kruggel-Emden, Harald 162
Krull, Wilhelm 200
Krull, Wolfgang 218
Krummacher, Hans-Henrik 128, 185, 225, 251
Kryszeń, Adam 233
Kube, Michael 246
Kuczera, Andreas 9, 241, 251, 253f.
Kuhl, Adrian 249
Kuhlmann, Tim 245
Kuhn, Barbara 209
Kühn, Dieter 218
Kühnel, Ernst 218
Kuhn, Hans 218
Kühn, Herbert 218
Küpfmüller, Karl 194, 218

Küppers, Teresa Reinhild 237
Kurelec, Branko 218
Kurzke, Hermann 218
Kuße, Holger 128, 188, 225
Kynast, Birgit 233
Lambsdorff, Johann Graf 207
Lameli, Alfred 241
Landgraf, Annette 244
Lang, Christine 156
Lange, Hermann 218
Lange, Horst 218
Lange, Norbert 162
Langgässer, Elisabeth 218
Lang, Vanessa 241
Lantier, Raymond 218
Laquai, Frédéric 208
Lauer, Thomas 8
Lauer, Wilhelm 194, 212, 218
Laurent, Torbern 218
Laurien, Hanna-Renate 198
Lauterwasser, Helmut 250
Lautz, Günter 218
Lavant, Christine 218
Laves, Fritz 218
Laxness, Halldór 218
Legasa, Angèle 206
Legath, Lars 164
Lehmann, Karl Kardinal 219
Lehmann, Klaus-Dieter 129, 191
Lehmann, Wilhelm 219
Lehnert, Christian 129, 188
Lehn, Jean-Marie 129, 191, 223
Lehn, Manfred 202
Lehr, Thomas 129, 188, 205
Leiner, Martin 232
Leithoff, Horst 219
Lemmer, Jan 241
Lentz, Michael 213

Lenz, Widukind 219
Leonardi, Claudio 208
Leonhard, Jörn 165
Leonhard, Kurt 219
Leopold, Silke 214
Lepenies, Wolf 205
Leppin, Volker 226
Lepsius, Oliver 165
Leuk, Michael 231
Leupold, Dagmar 213
Lewald, Hans 219
Licciulli, Carlo 9, 251
Lichnowsky, Mechtilde 219
Lichtenthäler, Sören 107, 210
Liebig, Stefan 129, 190
Lienhard, Marc 129, 191, 224
Liersch, Antje 203
Lies, Jan Martin 236
Liljeblad, Ragnar 219
Lindauer, Martin 219
Lindblad, Bertil 219
Linder, Hans Peter 129, 192, 223
Lipfert, Salome 241
Lippmann, Kristina 162, 169
Lipps 129, 224
Lipps, Johannes 235
Lissa, Zofia 219
List, Benjamin 129, 189
Littmann, Enno 219
Loewe, Fritz 219
Loher, Dea 205
Loher, Werner 130, 191
Lohmann, Sophie 156
Lohwasser, Angelika 130, 189, 224, 226
Lombardi, Luigi 215
Lommatzsch, Erhard 219
Loose-Einfalt, Katharina 246

Loos, Erich 219
Loos, Michaela 9, 253
Lorenz, Anne 254
Lorenz, Konrad 219
Lorenz-Sinai, Friederike 156
Lotze, Franz 219
Loy, Benjamin 156, 209
Loy, Felix 246
Lübbe, Hermann 130, 191
Lübbers, Dietrich W. 219
Lübbe, Weyma 208
Lubich, Gerhard 229
Luce, Friederike 10
Lucht, Rabea 7
Luckhaus, Stephan 222
Lüddeckens, Erich 219
Ludwig, Günther 219
Luterbacher, Jürg 130, 189, 223
Luther, Alexander 219
Lütjen-Drecoll, Elke 130, 168, 185, 194, 223
Lütteken, Laurenz 207
Lutz-Bachmann, Matthias 242
Lützeler, Paul Michael 130, 191
Magris, Claudio 130, 192
Mahlke, Inger-Maria 162
Maier, Andreas 213
Maier, Anneliese 219
Maier, Joachim 130, 186, 223
Malkowski, Rainer 205, 213, 219
Malraux, André 219
Mangel, Gerd 201
Mann, Gunter 219
Manns, Michael P. 131, 192, 223
Manz, Wolfgang 10
Marcus, Ernst 219
Margue, Michel 229

Marian, Franca 204
Markschies, Christoph 131, 192, 224, 226
Marra, Maria 239
Marrapodi, Giorgio 239
Martin, Albrecht 199, 215
Martin, Alfred von 219
Martin, Christine 246
Märtl, Claudia 229
Martynova, Olga 39, 131, 189
Marxen, Alexander 249
Marynissen, Ann 149, 227
Marzillier, Felix 248
Massignon, Louis 219
Matthes, Ernest 219
Matz, Friedrich 219
Maul, Stefan 208
Mažiulis, Vytautas 219
Meckel, Christoph 205, 213
Mederake, Natalie 241
Meding, Olaf 9, 10
Meersch-Dini, Melanie 156
Mehl, Dieter 219
Mehnert, Klaus 219
Meierhöfer, Melissa 8
Meier, Johannes 131, 186, 224, 229
Meiling, Lina Samira 204
Meimberg, Rudolf 200
Meinecke, Thomas 214
Meixner, Sebastian 86, 156
Mell, Max 219
Menasse, Robert 205
Menzel, Michael 229
Menzel, Randolf 131, 191
Merlo, Clemente 219
Messerli, Bruno 219
Metzner-Nebelsick, Carola 87, 131, 189, 224, 227
Meuer, Marlene 156
Michaelis, Jörg 131, 191, 200, 223

Michel, Maximilian 9
Michelsen, Axel 132, 191
Migge, Sonja 204
Mihaylova, Elitza 162
Mikusi, Balázs 249
Milch, Werner 219
Miller, Norbert 132, 185, 195, 225
Miltenburger, Herbert 219
Minder, Robert 219
Moeglin, Jean-Marie 132, 192, 224
Moezel, Kyra V. J. van der 231
Mohr, Manuela 209
Möller, Rolf 200
Molo, Walter von 195, 215
Mon, Franz 213
Monnet, Pierre 229
Monot, Pierre-Héli 162
Mo, Ran 243
Mora, Terézia 214
Moruzzi, Guiseppe 219
Mosbrugger, Volker 132, 186, 223, 256
Moser, Alexandra 206
Moser, Jürgen 219
Mothes, Kurt 219
Moulin, Claudine 202
Müller, Carl Werner 219
Müller, Christof 232
Müller-Dannhausen, Lea 9, 232, 254
Müller, Dominik M. 162
Müller, Gerfrid G. W. 233
Müller, Gerhard 132, 185, 226
Müller, Harald 229
Müller, Heiner 219
Müller, Hermann Joseph 219
Müller, Herta 205
Müller, Kai 204

Müller, Matthias 252
Müller-Plathe, Florian 132, 187, 223
Müller, Rolf 45, 132, 188, 223
Müller-Stach, Stefan 133, 190
Müller, Walter W. 132, 185, 224
Müller-Wille, Michael 219
Mulsow, Martin 254
Mundry, Isabel 133, 188
Münzmay, Andreas 177
Muschg, Adolf 133, 191
Muth, Gerhard 201
Mutke, Jens 204
Mutschler, Ernst 133, 185, 223
Nachtigall, Werner 133, 185, 223
Nagel, Svenja 162
Nahm, Werner 133, 192, 223
Nasledov, Dimitrij Nikolaevič 219
Nawrat, Matthias 203
Nebes, Norbert 133, 187, 224, 226f.
Neubert, Matthias 133, 188, 223
Neu, Erich 219
Neumann, Joshua 9, 251
Neumann, Ulfrid 149, 228
Neunzert, Helmut 202
Neuwirth, Olga 210
Nickel, Claudia 209
Nickel, Herbert 204
Nicoló, Mariano San 220
Niehrs, Christof 134, 192, 223
Nikitsch, Eberhard J. 234
Noll, Julia 234
Nord, Ernst 197

Norinder, Ernst Harald 219
Nossack, Hans Erich 195, 219
Novara, Elisa 243
Nübling, Damaris 134, 188, 202, 225, 228f., 234
Oberdorfer, Georg 241
Oberreuter, Heinrich 134, 191, 225
Obert, Salome 248
Oberweis, Michael 10, 234
Oechsle, Siegfried 243
Oelschläger, Herbert 219
Oesterhelt, Dieter 134, 191
Oettinger, Norbert 149, 227
Ogan, Aziz 219
Oğlakcıoğlu, Mustafa 210
Oleschinski, Brigitte 213
O'Meara, Dominic 134, 192, 224
Oppel, Horst 219
Orth, Eduard 198
Ortheil, Hanns-Josef 214
Osche, Günther 219
Osten, Manfred 134, 186
Osterkamp, Ernst 134, 186, 224f.
Ostermaier, Albert 33, 134, 190
Otten, Ernst-Wilhelm 219
Otten, Fred 134, 185, 224f.
Otten, Heinrich 194f., 219
Otten, Karl 219
Ott, Karl-Heinz 134, 186, 205, 214
Overbeck, Anja 209
Pacholke, Michael 244
Pagenstecher, Max 219
Pange, Jean Comte de 219
Panse-Buchwalter, Melanie 233
Papadopoulou, Vasiliki 162, 246

Pardi, Leo 219
Parello, Daniel 234
Parisse, Michel 219
Parma, Michaela 233
Parzinger, Hermann 207
Pasdzierny, Matthias 248
Patat, Franz 219
Patel, Kiran Klaus 43, 134, 165, 189, 224
Pauc, Christian Yvon 219
Paulig, Wolfgang 199
Paul, Ludwig 135, 189, 224
Paul, Norbert W. 135, 192
Paulsen, Friedrich 167, 168
Pausch, Dennis 135, 224
Paustovskij, Konstantin 219
Pedersen, Johannes 219
Peltzer, Ulrich 214
Pelz, Peter F. 252
Penke, Niels 157
Penzoldt, Ernst 219
Pepe, Simone 239
Pérez, Pablo Toribio 254
Peters, Christoph 213
Petersdorff, Dirk von 135, 186, 214
Petersen, Birger 202
Petersen, Konrad 198
Peters, Wilhelm 219
Petke, Wolfgang 229
Petras, Vilém 29
Pfannenstiel, Max 219
Pfeiffer, Stefan 208
Pfisterer, Andreas M. 249
Pfister, Max 219
Pheiff, Jeffrey 241
Pietschmann, Klaus 135, 189, 225, 249
Piganiol, André 219
Pilkuhn, Manfred 219
Pinault, Georges-Jean 135, 192, 224, 225
Pinget, Robert 219

Pinkal, Manfred 135, 166, 187, 225, 227, 230
Pittroff, Sarah 9–11, 234, 253
Plank, Rudolf 219
Plättner, Petra 8, 230
Plessner, Helmuth 220
Podschwadeck, Frodo 251
Podschwadek, Frodo 9, 253
Pohlit, Stefan 85, 157
Pohl, Walter 229
Politycki, Matthias 213
Poppe, Nikolaus 220
Popp, Susanne 166, 245
Pörksen, Uwe 136, 185
Porzig, Walter 220
Poschmann, Marion 105, 136, 188, 214
Posillipo, Yasmine 240
Potthast, Daniel 162
Präauer, Teresa 214
Prassolow, Jaroslaw A. 237
Pregnolato, Simone 239
Preuss, Fritz 199
Prifti, Elton 209, 239
Ptaszyński, Maciej 254
Pugin, Laurent 166
Pultar, Yannick 241, 251
Puppe, Frank 249
Pyritz, Lennart Wolfgang 204
Quaas, Franziska 241
Rabinovici, Doron 136, 192
Radbruch, Gustav 220
Radnoti-Alföldi, Maria 220
Radtke, Henning 210
Rahelivololona, Marie Elisette 204
Ramer-Wünsche, Teresa 244
Ramm, Ekkehard 136, 186, 223
Rammensee, Hans-Georg 136, 192, 223

Ramos-Murguialday, Ander 208
Rando, Daniela 229
Ranft, Andreas 229
Raphael, Lutz 136, 164, 165, 188, 224
Rapp, Andrea 88, 136, 189, 195, 225–228, 230f., 235
Rapp, Christof 136, 192, 224
Rapp, Ulf R. 136, 186, 223
Rassow, Peter 194, 220
Rauh, Werner 220
Raumer, Kurt von 220
Rau, Wilhelm 220
Recker-Hamm, Ute 240
Recktenwald, Horst Claus 220
Reeh, Peter W. 168
Reese, Stefanie 207
Refrigeri, Luca 239
Reichardt, Werner 220
Reichert-Facilides, Fritz 220
Reich, Franziska 246
Reich, Silke 245
Reimann, Aribert 210
Rein, Matthias 240
Reis, André 137, 187, 223
Reiter, Josef 200
Remane, Adolf 220
Rensinghoff, Berenike 9, 235
Repke, Lydia 157
Richts-Matthaei, Kristina 9, 167, 251
Riehl, Herbert 220
Riehl, Torben 157
Rieken, Elisabeth 92, 137, 189, 224, 233
Riethmüller, Albrecht 137, 185, 224, 225
Riezler, Erwin 220
Rihm, Wolfgang 137, 187, 210

Ringger, Kurt 209, 211
Ringsdorf, Helmut 55, 61, 220
Ripoll, Élodie 209
Ritsos, Yannis 220
Ritter, Joachim 220
Rittgen, Helmut , 11
Rittner, Christian 137, 191, 223
Röckner, Michael 137, 186
Roesler, Katja 235
Roethel, Anne 165
Rohen, Johannes W. 194, 220
Röhl, Hans Christian 165
Römer, Christiane 237
Roner, Miriam 250
Rosar, Anne 235
Rosendahl, Lisa 243
Rosendorfer, Herbert , 213
Rösler, Johann Baptist 198
Rößner, Christian 157
Rostosky, Sylvester 200
Rothacker, Erich 220
Rothenbücher, Judith 204
Röwenstrunk, Daniel 176
Rübner, Tuvia 220
Rübsamen, Dieter 241
Rückert, Joachim 165
Rudder, Bernhard de 220
Rudolph, Harriet 137, 188, 224, 226f.
Runge, Doris 138, 187
Runzheimer, Bernhard 237
Rupprecht, Hans-Albert 220, 224
Rychner, Max 220
Rydbeck, Olof Erik Hans 220
Sack, Harald 176
Saeedi, Hanieh 157
Safranski, Rüdiger 213
Sahin, Cemile 203

Şahin, Uğur 138, 189, 223
Salzmann, Miriam 157
Salzmann, Sasha Marianna 32, 138, 190, 214
Sammet, Rolf 220
Samuelson, Paul A. 220
Sanctis, Gaetano de 215
Sandeman, David 138, 191
Sandig, Ulrike Almut 162, 214
Sänger, Richard York 243
Sauer, Dirk Uwe 36, 193, 223
Saul, Fabian 203
Sax, Ulrich 252
Schäck, Ernst 198
Schädlich, Hans Joachim 205
Schaefer, Matthias 220
Schaeffer, Albrecht 220
Schäfer, Fritz Peter 220
Schäfer, Hans Dieter 138, 186
Schafföner, Stefan 158
Schalansky, Judith 138, 189
Schalk, Fritz 220
Scharf, Joachim-Hermann 220
Schätzel, Walter 220
Schaumann, Gabriele E. 202
Schaurte, Werner T. 198
Scheel, Helmuth 196, 220, 222
Scheibe, Erhard 220
Scheller, Andrea 235
Scherer, Cornelia 233
Scherhag, Richard 220
Scheuermann, Silke 214
Schieder, Theodor 220
Schieke, Aglaia 9, 172, 180
Schiller, Christiane 235
Schimank, Hans Friedrich Wilhelm Erich 220

Schindel, Robert 213
Schindewolf, Otto H. 220
Schindler, Tanja 85
Schindler, Tanja Isabelle 163
Schink, Bernhard 138, 186, 223
Schirmbeck, Heinrich 220
Schirnding, Albert von 138, 186, 195, 213
Schirner, Rebekka 163
Schlegel, Jürgen 201
Schlögl, Reinhard W. 220
Schlosser, Katharina 249
Schlott, Zahia 253
Schmetkamp, Susanne Maria 163
Schmidtbonn, Wilhelm 220
Schmidt, Christoph M. 138, 188, 225
Schmidt, Dörte 177, 248
Schmidt-Glintzer, Helwig 139, 186, 224, 225
Schmidt, Jürgen Erich 138, 225, 192, 241
Schmidt, Peter 150, 228
Schmidt, Phillip 244
Schmidt, Rainer 214
Schmidt, Robert F. 220
Schmid, Wolfgang P. 195, 220
Schmitz, Annabella 9, 251
Schmitz, Arnold 220
Schmitz, Stefan 201, 211
Schmitz, Winfried 139, 187, 224
Schmölders, Günter 220
Schnabel, Franz 220
Schnack, Friedrich 220
Schneider, Hans-Otto 236
Schneider, Hartmut 210
Schneider, Hermann 220
Schneider, Reinhold 220
Schneider, Ute 165

Schnell, Dagmar 250
Schnurr, Sarah Maria 204
Schöler, Hans R. 139, 192
Scholl, Andreas 139, 188
Schölmerich, Paul 220
Scholze, Peter 139, 188, 223
Scholz, Hartmut 234
Schönberger, Christoph 165
Schonhardt, Michael 233
Schönthaler, Philipp 163, 214
Schorkopf, Frank 165
Schrade, Torsten 9f., 167, 176, 251–254
Schramm, Gerhard 220
Schreier, Anno 163
Schreiner, Peter R. 139, 188
Schreiter, Solveig 248
Schröder, Ingrid 150, 229
Schröder, Jan 139, 186, 224f., 228f.
Schröder, Jörg 139, 188, 223
Schröder, Rudolf Alexander 220
Schröder, Werner 220
Schröter, Christian 9
Schrott, Raoul 205
Schubert, Giselher 150, 225
Schulenburg, Johann-Matthias Graf von der 140, 186, 225
Schulte, Petra 150, 227, 229
Schulze, Ingo 205
Schulz, Günther 140, 165, 186, 224f.
Schulz, Volker 202
Schumacher, Pia 247
Schumann, Eva 165
Schütz, Helga 140, 185
Schwab, Matthias 140, 168, 187f.
Schwarz, Hans-Peter 220
Schwedhelm, Karl 220

Schweickard, Wolfgang 140, 186, 225, 227f., 238f.
Schweighöfer, Stefan 242
Schwemer, Bettina Ursula 247
Schwemer, Daniel 7, 140, 187, 224, 226, 233
Schwenkmezger, Peter 200
Schwerdtfeger, Malin 213
Schwidetzky-Roesing, Ilse 220
Schwindt, Nicole 250
Schwöllinger, Marie-Therese 206
Sciascia, Leonardo 220
Sebald, W. G. 205
Seebach, Dieter 140, 191, 223
Seedorf, Thomas 245
Seefelder, Matthias 220
Seewald, Friedrich 220
Seibold, Eugen 220
Seidl, Claudia 245
Seiler, Lutz 141, 186, 214
Seip, Didrik Arup 220
Seipelt, Agnes Regina 243
Seus, Hans 104, 201
Séville, Astrid 163
Seybold, August 220
Sfienti, Concettina 107, 203
Siegbahn, Karl Manne Georg 220
Sier, Kurt 141, 186, 208, 224, 254
Sievers, Martin 9, 251, 253, 255
Silja, Anja 214
Simon, Arndt 141, 191, 223
Simon, Holger 177
Sinn, Hansjörg 141, 191, 223
Slaje, Walter 141, 187, 224, 255

Smekal, Adolf 220
Soden, Wolfram Freiherr von 220
Söhn, Linnaea 9, 251, 253
Söllner, Alfred 220
Sommerfeld, Arnold 215
Sommer, Jan Henning 204
Spano, Marianna 241
Spatz, Hugo 220
Specht, Franz 220
Speer, Andreas 150, 229
Speyer, Wilhelm 220
Spielhagen, Robert 256
Spieß, Karl-Heinz 150, 227
Spitra, Sebastian 158
Srbik, Heinrich Ritter von 220
Staab, Steffen 202
Stach, Reiner 205
Stäcker, Thomas 150, 226, 236, 252f.
Stadler, Arnold 141, 186, 213
Stadler, Peter 248
Štajner, Tamara 158
Šteger, Aleš 141, 193
Steinaecker, Thomas von 141, 189, 214
Steinbeck, Wolfram 141, 192, 225
Steinhofer, Adolf 198
Steinle, Friedrich 142, 187, 224
Steitler, Charles 233
Steller, Jonatan Jalle 9, 234f.
Stent, Günter S. 220
Sternal, Sebastian 214
Stern, Elsbeth 142, 192
Stieldorf, Andrea 229
Stimm, Helmut 220
Stocker, Thomas 142, 192, 223
Stollberg, Arne 244

Stolleis, Michael 221
Störmer-Caysa, Uta 142, 192, 225, 228
Strack, Georg 229
Strauch, Friedrich 221
Strauch, Yanick 241
Streeruwitz, Marlene 213
Strehler, Bernhard Louis 221
Streit, Manfred E. 221
Strubel, Antje Rávik 142, 189, 214
Studer, Markus 9, 234
Stumpf, Sören 158
Stütz, Marc 8
Suder, Frank 201
Supervielle, Jules 221
Süssmuth, Rita 199
Süsterhenn, Adolf 197
Suzuki, Tomoji 221
Szentágothai, János 221
Szöllösi-Janze, Margit 165
Tacke, Felix 209
Taha, Karosh 203
Tamborini, Marco 158
Tamm, Ernst 207
Tank, Franz 221
Tao, Jingning 240
Tawada, Yoko 142, 188, 214
Tebruck, Stefan 229
Temmen, Jens 158
Tempel, Thomas G. 234
Tennstedt, Florian 142, 191
Tentler, Isabell 247
Tharayil, Ralph 105, 203
Theis, Christoffer 159
Thenior, Ralph 213
Thews, Gerhard 194, 221
Thiede, Jörn 221
Thier, Andreas 150, 229
Thiessen, Jan 164, 165
Thiess, Frank 195, 221
Thill, Hans 214
Thissen, Heinz Josef 221
Thoenes, Wolfgang 221
Thomas, Werner 221
Thommel, Wulf 196, 222
Thull, Beate 235
Thums, Barbara 230
Tockner, Klement 142, 189, 223
Töpfer, Klaus 199
Torre, Jacopo 239
Tranchina, Antonino 159
Trappen, Stefan 207
Trautmann, Marjam 254
Treichel, Hans-Ulrich 214
Trenkle, Viktoria 10, 241
Tressel, Yvonne 239
Treue, Wolfgang 198
Trillhaase, Markéta 237
Troll, Carl 221
Troll, Wilhelm 221
Tscheu, Amelie 238
Tumat, Antje 248
Türeci, Özlem 142, 189, 223
Tuxen, Poul 221
Ubl, Karl 151, 227
Unbegaun, Boris Ottokar 221
Unger, Veronika 159, 241
Unterburger, Klaus 226
Unterweger, Daniel 163
Usinger, Fritz 221
Utler, Anja 214
Utlu, Deniz 214
Vallauri, Giancarlo 221
Vallois, Henri 221
Vanelli, Elena 233
Varwig, Olivia 247
Vasmer, Max 221
Vater, Christian 253
Vaupel, Peter W. 143, 186, 223
Vaynzof, Yana 208
Vecchio, Giorgio del 221
Vec, Miloš 208
Veith, Michael 143, 187, 223
Veit, Joachim 151, 167, 225, 248
Veltri, Giuseppe 143, 188, 224
Verhoeven-van Elsbergen, Ursula 143, 224, 227
Vering, Eva-Maria 234
Verschuer, Otmar Frhr. von 221
Vesper, Guntram 213, 221
Vieweg, Richard 194, 221
Viiding, Kristi 254
Virgilio, Guilia 239
Virnau, Peter 208
Vittmann, Günter 208
Voegelin, Salomé 37, 143, 193
Vogel, Bernhard 199
Vogel, Hans Rüdiger 199
Vogel, Joachim 210, 221
Vogel, Paul Stefan 221
Vogenauer, Stefan 143, 188, 225, 228
Vogt, Joseph 194, 221
Voigt-Goy, Christopher 236
Voigt, Jan-Peter 243
Voigt, Richard 198
Volkert, Heinz Peter 199
Volxem, Otto van 197
Vormweg, Heinrich 221
Voss, Steffen 250
Vowinckel, Antje 143, 189
Waetzoldt, Stephan 221
Wägele, Johann Wolfgang 143, 188, 223
Wagner, Andreas 242
Wagner, Hermann 143, 169, 188, 223
Wagner, Jan 144, 187, 214
Wagner, Karl Willy 194, 221
Wagner, Kurt 221
Wagner, Undine 250

Wahlster, Wolfgang 144, 186, 223, 229f.
Wald-Fuhrmann, Melanie 33, 144, 192f., 225
Waldmann, Herbert 144, 187, 223
Walkenhorst, Svenja 237
Wallmoden, Thedel von 151, 230
Walzer, Richard 221
Ward, Jennifer 249
Wassiliwizky, Eugen 159
Weber, Adolf 221
Weber, Anne 213
Weber, Julia 203
Weberling, Focko 221
Weber, Matthias 241
Weberskirch, Ralf 208
Weber, Werner 221
Wedepohl, Karl Hans 221
Wegner, Gerhard 144, 185, 194, 223
Wegner, Otto 197
Wehner, Rüdiger 144, 191
Weickmann, Ludwig 221
Weidenhiller, Kerstin 237
Weidenholzer, Anna 159
Weikum, Gerhard 144, 187, 223
Weiland, Thomas 144, 185, 223
Weileder, Magdalena 241
Weil, Sebastian 241
Weinrich, Harald 205
Weißmann, Tobias Christian 159
Weiss, Miriam 241
Wellershoff, Dieter 205, 221
Welte, Dietrich H. 145, 191, 223
Welzig, Werner 221
Wemhoff, Matthias 236

Wendland, Katrin 145, 188, 223
Werding, Martin 145, 188, 225
Werner, Markus 205
Wessén, Elias 221
Westphal, Otto 221
Westphal, Siegrid 151, 227
Wetenkamp, Lena 160
Wetzel, Johannes 241
Wezler, Karl 221
Whitefield, Hans 237
Wich, Peter R. 163
Wickersheimer, Ernest 221
Wickert, Erwin 221
Widmann, Jörg 145, 188, 210
Wiechert, Bernd 243
Wieland, Theodor 221
Wiendl, Heinz 167f.
Wiermann, Barbara 176
Wiese, Christian 232
Wiese und Kaiserswaldau, Leopold von 221
Wilder, Thornton 221
Wilfing-Albrecht, Meike 244
Wilhein, Thomas 202
Wilhelm, Gernot 145, 186, 194f., 224f., 227, 230
Wilhelm, Julius 221
Wilhelm, Manfred 84, 145, 189
Wilken, Hendrik 244
Willeke, Stephanie 160
Willroth, Karl-Heinz 55
Willson, A. Leslie 221
Winiger, Matthias 145, 185, 223
Winklmüller, Luca 235
Winnacker, Karl 221
Wirsching, Andreas 165
Wissenbach, Ella 241

Wißmann, Friederike 244
Wissmann, Hermann von 221
Wittern-Sterzel, Renate 145, 186, 223f., 226
Wittke, Burger 201
Wittstock, Uwe 213
Witzel, Jörg 9
Wodin, Natascha 205
Woelk, Ulrich 213
Woermann, Emil 221
Wohmann, Gabriele 213
Wolanska, Anna 241
Wolff, Jonas O. 204
Wolf, Jürgen 237
Wolf, Uljana 214
Wriggers, Peter 146, 186, 223
Wübbeler, Markus 163
Wühr, Paul 213
Wunsch, Kevin 236
Wurster, Carl 221
Würtenberger, Thomas 146, 191
Wynsberghe, Aimee van 146, 189
Zagajewski, Adam 221
Zahn, Rudolf K. 221
Zajic, Andreas 229
Zarnitz, Marie-Luise 199
Zarra, Giuseppe 209
Zaykov, Filip , 29, 29
Zeller, Bernhard 195, 221
Zeller, Eva 213, 221
Zeller, Michael 213
Zeltner-Neukomm, Gerda 221
Zeuner, Friedrich E. 221
Zey, Claudia 229
Zgoll, Annette 109, 209
Zgoll, Christian 109, 209
Ziegler, Frank 248
Ziegler, Leopold 221

Zielinski, Herbert 241
Zimmer, Karl Günter 221
Zimmermann, Andreas 146, 187, 224, 227
Zimmermann, Harald 221
Zimmermann, Ruth 10
Zinn-Justin, Jean 146, 192, 223
Zintzen, Clemens 55, 63, 194f., 221
Zippelius, Reinhold 146, 185, 225
Zischler, Hanns 146, 187, 230
Zöllner, Jürgen 200
Zorn, Magdalena 163
Zuckmayer, Carl 221
Zügel, Nora 238
Zwick, Robert 9
Zwierlein, Otto 146, 191, 225
Zwink, Julia 209